Franz Unger

Wissenschaftliche Ergebnisse einer Reise in Griechenland und in den jonischen Inseln

Franz Unger

Wissenschaftliche Ergebnisse einer Reise in Griechenland und in den jonischen Inseln

ISBN/EAN: 9783954272013
Erscheinungsjahr: 2012
Erscheinungsort: Bremen, Deutschland

© maritimepress in Europäischer Hochschulverlag GmbH & Co. KG, Fahrenheitstr. 1, 28359 Bremen. Alle Rechte beim Verlag und bei den jeweiligen Lizenzgebern.

www.maritimepress.de | office@maritimepress.de

Bei diesem Titel handelt es sich um den Nachdruck eines historischen, lange vergriffenen Buches. Da elektronische Druckvorlagen für diese Titel nicht existieren, musste auf alte Vorlagen zurückgegriffen werden. Hieraus zwangsläufig resultierende Qualitätsverluste bitten wir zu entschuldigen.

Wissenschaftliche Ergebnisse

einer

Reise in Griechenland

und in den

jonischen Inseln.

Von

Dr. Fr. Unger,

Professor an der Hochschule in Wien.

Mit 45 Holzschnitten, 27 Abbildungen im Naturselbstdruck und mit einer Karte der Insel Corfu.

WIEN, 1862.

Wilhelm Braumüller,

k. k. Hofbuchhändler.

Einleitung.

Mehr um Erholung und Zerstreuung zu suchen, als nach wissenschaftlicher Ausbeute zu jagen, habe ich im Jahre 1858 und später im Jahre 1860 den Wanderstab ergriffen. Das erste Mal bin ich den Nil entlang bis zu seinen ersten Katarakten, ferner über die Höhen des Libanon und Antilibanon nach Damascus gezogen, zwei Jahre später durch die Strapazen der ersten Reise gestärkt und ermuthiget, habe ich die jonischen Inseln, einen Theil von Griechenland und das Eiland Euboea zum Ziele meiner Wanderschaft auserkoren. Der classische Boden, wie man diese Länder zu nennen pflegt, ist bekanntlich in neuerer Zeit so vielfach und vielseitig ein Gegenstand intensiver Forschungen gewesen, dass ich kaum erwarten konnte, noch etwas zu finden, was nicht schon von Andern beobachtet und vortrefflich erläutert, zum Frommen der Ethnographie, der Alterthumskunde, der Sprach- und Geschichts-Forschung diente. Nur die Natur war bisher weniger beachtet worden, theils weil die Länder, wo der laute Jahrmarkt der Geschichte so lange seine Schaubühne und Trödelbude aufschlug, wenig Ursprüngliches mehr zu bieten versprachen und daher mehr in Schatten gestellt wurden, theils weil es denselben fast ganz an Forschern fehlte, die auch nur eine Andeutung zu geben im Stande gewesen wären, was noch auf diesem abgehüteten Boden übrig geblieben und einer Beachtung werth sei. Erst im Laufe dieses Jahrhunderts ist der Orient auch wissbegierigen Fremden anderer Art mehr oder weniger zugänglich geworden, und erst von dieser Zeit an datiren geognostische, geologische, botanische, zoologische, meteorologische und Forschungen ähnlicher Art.

Nur wer durch längere Zeit und zu wiederholten Malen eine Gegend durchforscht, von dem kann man sagen, dass er sie kennen gelernt hat. Allen früheren Reisenden, und wenn dieselben auch geraume Zeit an dem Orte ihrer Untersuchung verweilten, war es aus mehrfachen Ursachen nicht vergönnt, ganz und gar ihrem Ziele nahe zu kommen. In Ägypten ist der Fremde und Reisende nur desswegen sicher, weil es gegen das Interesse der gesammten Bevölkerung wäre, was dieselbe wohl zu kennen scheint, den Tribut von Tausenden, die das Land jährlich an sich zieht, leichtsinnig von sich zu werfen. Anders ist es schon in Palästina. Wie geheuer es in Syrien ist, davon geben die neuesten Ereignisse des Jahres 1859 ein schaudervolles Beispiel. Wo ist der Einzelne, und wenn er auch kein Parteigänger ist, in einer so masslosen Aufregung sicher? Als ich im Jahre 1858 an der Ostseite des Libanon von Deir el Achmar nach Ainete ritt, wurde ich auf dem einsamen Gebirgswege von zahlreichen bewaffneten Banden überholt, von denen es hiess, dass sie auf einem Rache- und Raubzug gegen einige ihnen missliebige Dorfschaften im westlichen Libanon begriffen seien. Die wilden Gesichter, die langen Flinten und Messer bildeten einen seltsamen Contrast zu meiner Waffenlosigkeit und der Intention eines friedlichen und bescheidenen Blumenraubes, auf den auszugehen auch ich eben im Begriffe war. Fast komisch war es, wie im Antilibanon dort und da aus dem Verstecke von Felsvorsprüngen und alten Baumstummeln bewaffnete Kerle vor unsere Pferde traten und ein Lösegeld verlangten, weil sie, wie sie sagten, die Hüter der Gegend zur Sicherung der Reisenden seien (?) — Ein bekannter Lehrer in Athen erzählte mir, dass er noch vor wenigen Jahren, sobald er sich in Geschäften auch nur auf eine Tagreise landeinwärts von der Hauptstadt entfernte, sein Testament in Ordnung zu bringen für räthlich fand. Als ich den gelehrten Herrn Consul Dr. Hahn auf Syra besuchte und mir seinen Rath in Bezug auf die Bereisung Euboeas, das er nach jahrelangem Aufenthalte in Chalkis genau kannte, erbat, bedeutete er mir, dass ich ruhig und gefahrlos reisen könne und nichts zu befürchten habe. „Von Athen", fuhr er fort, „rathe ich Ihnen den schöneren und namentlich für den Naturforscher interessanten Weg über Hagios Mercurios einzuschlagen, doch müssen sie eine Sicherheits-Bedeckung mitnehmen". Beispiele, welchen Gefahren der Reisende noch vor wenigen Jahren in Griechenland ausgesetzt war, finden sich unter andern auch noch in W. Vischer's Buche zur Beherzigung angeführt.

Unter solchen Verhältnissen und bei dem Umstande, dass selbst an den illustren Orten der Hochschulen im Oriente der Naturerforschung nur im geringen Grade Rechnung getragen wird, ja dass diese Keime zumeist fremder (deutscher) Abkunft sind, ist es wohl begreif-

lich, dass selbst der flüchtig Wandernde dort und da
einen Brosamen aufzulesen vermag. Einige derselben
sind auch meinem Auge nicht entgangen und ich habe
mich bestrebt, sie zu sammeln, zu einem Ganzen zu
verbinden und sie so dem wissenschaftlichen Publicum
zum Genusse anzubieten. Ich habe nur eine kleine Auswahl von Gegenständen getroffen, und zwar solcher,
die mich im Augenblicke besonders ansprachen und zu
deren Bearbeitung ich eben Lust und Geschick hatte.
Das Übrige muss für andere Zwecke vorbehalten
bleiben.

Geringer war die Ausbeute in Ägypten; was ich
davon für besonders wissenswerth erachtete, habe ich
bereits theilweise veröffentlicht [*]. Mit mehr Fleiss und
Sorgsamkeit bin ich auf der Reise in Griechenland und
in den jonischen Inseln zu Werke gegangen und würde
die Jahreszeit nicht zu sehr vorgerückt gewesen sein, als
ich den Piräus verliess, so würde ich wohl noch meinen
Fuss auf den Boden des Peloponnes gesetzt haben.
So schmerzlich mir die Entsagung war, die Wälder Ar-
cadiens und die Alpenmatten des Taygetes nicht näher
kennen gelernt zu haben, so froh muss ich anderseits
sein, diese Selbstüberwindung geübt zu haben, da die
Fortsetzung einer so ungewohnten und anstrengen-
den Reise mir leicht bedenkliche Übelstände eines bereits im Anzuge befindlichen Leidens hätte verursachen
können. Im Ganzen dauerte diese Reise vom 25. März

---

[*] Die Pflanzen des alten Ägyptens. Sitzungsberichte der kaiserl.
Akademie der Wissenschaften mathem.-naturw. Classe, Bd. 38, p. 69.

Der versteinerte Wald bei Cairo u. s. w. Sitzungsberichte der
kaiserl. Akademie der Wissenschaften mathem.-naturw. Classe, Bd. 33, p. 299.

bis 10. Juni, somit nicht einmal ein Viertel Jahr, während welcher kurzen Zeit ich reichliche Sammlungen von getrockneten Pflanzen, von Petrefacten, Mineralien und Gebirgsarten zu Stande brachte, die sowohl mir als andern*) noch auf einige Zeit ein hübsches Material für specielle Untersuchungen darbieten werden.

In dankbarer Erinnerung werden mir aber auch noch die schönen Stunden bleiben, die mir dort und da die Natur und die Begegnung äusserst freundlicher und zuvorkommender Menschen verschaffte. Die Genüsse, die mir schon früher in Cairo und später in Athen als Naturforscher wurden, sind nicht zu unterschätzen in Ländern, wo die Wissenschaft kaum zu athmen anfängt und jeder, der sie treibt, auf einem Isolirschämel steht und von da aus thätig sein muss, wo die Welle der Mittheilung noch nicht die eigene Fluth hebt und senkt und wo alle Kräfte, dieselbe zu schwellen von weiter Ferne herkommen und durch viele Klippen sich brechen müssen.

Meine Reise in Syrien habe ich ganz allein an der Hand eines braven Dragoman, des Kopten Surian gemacht. Auf dem Nile erfreute ich mich der Begleitung eines lieben wissenschaftlich gebildeten Deutschen, dem Ägypten, das er als Kranker besuchte, nun zur zweiten Heimat geworden ist. In den jonischen Inseln hatte ich das Vergnügen mit dem als Zoologen allerwärts bekannten Naturforscher Oscar Schmidt Dach und Fach zu theilen. Vieles wurde im Interesse beider gemein-

---

*) Tschermak. Analyse eines dem Hydrophan ähnlichen Minerales von Theben. Sitzungsberichte der kaiserl. Akademie der Wissenschaften mathem.-naturw. Classe, Bd. 43, p. 381.

schaftlich unternommen, manches zog den Botaniker und Geologen mehr an als den Zoologen. So ward gewissermassen die Arbeit getheilt und was die Zoologie abwarf, bereits zur Kenntniss der Fachgenossen gebracht *).

Für die Reise in Griechenland verband sich mir ganz unerwartet Herr J. F. Julius Schmidt, Director der Sternwarte in Athen, der mit seiner sublimen Wissenschaft auch noch viel Interesse für das, was auf der Erde lebt und webt, verbindet. Dass an der Seite eines solchen Begleiters meine Reisezwecke vielfach gefördert und die Reise erst dadurch zu einer genussreichen wurde, versteht sich von selbst. Herr Schmidt, obgleich erst ein paar Jahre in Athen, hat bereits einen Theil seiner sehr werthvollen meteorologischen und topographischen Beobachtungen der Öffentlichkeit übergeben **) und es steht sowohl von dieser wie von anderer Seite in Athen noch mancher schätzenswerthe Aufschluss über die Natur des Orients zu erwarten. — Möge auch diese kleine Gabe, die ich hier auf den Opferaltar der Wissenschaft lege, nicht spurlos in Dunst und Rauch aufgehen!

*) Untersuchungen über Turbellarien von Corfu und Cephalonien etc. von O. Schmidt, Leipzig. Engelman 1861 (Zeitschrift für wissenschaftliche Zoologie. Bd. 11, Heft 1).
**) Publications de l'Observatoire d'Athènes. II Ser. Tom. I. Beiträge zur physikalischen Beschaffenheit von Griechenland. 1. Zur Topographie. 2. Über Bourdon's Metallbarometer. 3. Das Klima von Athen nebst phänologischen Notizen und Angaben über Maxima der Vegetation in Attica. Athen 1861. 4. Karl Wilberg.

INHALT.

	Seite
Einleitung	III—VIII
Zur Erklärung der landschaftlichen Bilder	IX—X
Zur Erklärung der Karte von Corfu	XI—XII
I. Der Frühling in Corfu	1 — 22
II. Zur Charakteristik der Quellen	23 — 29
III. Die Meermühlen von Argostoli	30 — 42
IV. Die Kyklopen-Mauern der jonischen Inseln	43 — 51
V. Der Monte nero auf Cephalonia und die cephalonische Tanne	52 — 67
VI. Der Berg Delphi auf Euboea und die Apollo-Tanne	68 — 93
VII. Ausbeute der in Griechenland und auf den jonischen Inseln gesammelten Pflanzen. Beschreibung der neuen Arten	94 —142
VIII. Die fossile Flora von Kumi auf Euboea	143 —186
IX. Ist der Orient von Seite seiner physischen Natur einer Wiedergeburt fähig?	187 —211

Zur Erklärung der landschaftlichen Bilder.

Von den vielen mitgebrachten nach und nach auf der Reise entstandenen Skizzen ist hier nur eine ganz kleine Auswahl getroffen worden und zwar meist in so ferne, als sie zur Charakteristik der Vegetation dienen sollten. Mit ungleich wichtigeren Arbeiten tagtäglich vollauf beschäftiget, konnte ich denselben nur hie und da eine erübrigte Stunde widmen, daher ihnen auch nur zu sehr der Stempel der Unvollkommenheit aufgedrückt ist. Wenn diese Allotria aber hier dennoch auf künstlerischen Werth Anspruch machen, so ist dies nicht meine sondern des Zeichners und des Xylographen Verdienst. Unstreitig hat sich Herr v. Berghof bemüht, nicht nur mich, sondern auch das urtheilsfähige Publicum möglichst zufrieden zu stellen.

X

Seite 6. **Grabmonument des Menekrates**, in der Ebene zwischen der Stadt Corfu und deren Vorstadt Castrades, wenig über den Erdboden hervorragend. Man sieht rechts die ersten Häuser der genannten Vorstadt und hat links den Ausblick auf das nahe Meer und die Bergkette Albaniens. Näheres hierüber in dem unten angeführten Werke W. Vischer's.

Seite 16. Aus der Gegend von **Bragagnotica**, einem Dorfe des südlichen Theiles von Corfu. Von einer mässigen Höhe im Süden des Dorfes gewinnt man zunächst eine Ansicht über die von schönen Olivenwaldungen umgebenen Häuser der Ortschaft mit der Villa des Grafen Capodistria, über welche hinaus der blaue Meeresspiegel und die beschneiten Wipfel der albanesischen Gebirge sich erheben.

Seite 30. Die **Mühle des Herrn Stevens** von der Westseite gezeichnet. Ausser dem Meere rechts ist links der ferne mit Schneeflecken bedeckte Monte nero ersichtlich. Der Schlund, in welchem sich die durch den kurzen Canal in's Land getretenen Wässer verlieren, ist durch eine rohe Steinmauer den Blicken verborgen. Ein Grundriss dieser Localität findet sich im südöstlichen Bildersaal, Bd. III, p. 496.

Seite 49. Ein kleines Stück einer **Kyklopenmauer** mit der natürlichen Felsunterlage auf der östlichen Landzunge von Vathy, der Hauptstadt der Insel Ithaca. Dergleichen Mauerüberreste sind noch mehrere über diese Insel zerstreut.

Seite 56. Die **Casa inglese des Monte nero** von der Westseite. Nur ein kleiner von Bäumen entblösster Rasenplatz breitet sich vor dem Eingange dieses niedlichen Sommerhäuschens aus, während es auf den übrigen Seiten von hochstämmigen Tannen umgeben ist.

Seite 85. Ein Bildchen vom **Gebirgspasse nächst dem Delphi** auf Euboea mit den charakteristischen Apollo-Tannen, welche auf einer Waldblösse stehen, vom üppigen Farnkraut *(Pteris aquilina L.)* umwuchert. Bewaldete so wie vom Wald entblösste Bergrücken verschliessen den Horizont.

Seite 88. Vom Hintergrunde der **Schlucht von Steni** in Euboea überblickt man nach Westen gerichtet zunächst die mit Seestrandskiefern *(Pinus halepensis Mil.)* bedeckten Kalkfelsen und das Serpentingebirge, worauf sich die Häuser des Dorfes Steni ausbreiten. Die fernen Berge liegen schon jenseits des Canales von Talandi in Boeotien, unter denen der Klephto Vuno mit dem berühmten Messapion zu nennen sind.

XI

Zur Erklärung der Karte von Corfu.

Die diesem Buche beigegebene Karte der Insel Corfu ist nur durch das Bedürfniss gerechtfertigt, welches sich von Tag zu Tag mehr kundgibt, sowohl für diejenigen, welche diesen reizenden Winkel der Erde näher kennen lernen möchten, als für jene, welche seine lauen milden Lüfte einzuathmen und dadurch Heilung ihrer Leiden zu erlangen suchen.

Insbesonders Brustkranken, welchen das südliche Frankreich und Spanien so wie Venedig und andere Küstentheile des Mittelmeeres für unzureichend, das entlegene Madeira, Palermo oder Cairo u. s. w. zu entfernt halten, wird sich das liebliche Corfu bald zum Zielpunkt ihrer Wünsche machen.

Was ist dem Fremden ausser der nöthigen Versorgung seiner leiblichen Bedürfnisse aber angenehmer und nützlicher, als mit der Topographie des Landes vertraut zu werden, das er als Neuling betritt.

Unter den vielen Karten, die ihm dies geistige Bedürfniss am schnellsten und sichersten befriedigen helfen, ist nur eine besonders empfehlenswerth, welche unter dem Titel „Carta topografica dell'isola Corfu. Sull'Originale dell'Ing. Sr. P. A. Gironci, disegnato da Franc. Go. Rivelli in der Lithographia Kaeppelin, Quai Voltaire 17 Parigi" zu Paris im Jahre 1850 erschienen ist, aber leider weder von dorther noch überhaupt im Buchhandel bezogen werden kann. Dieser Umstand hat mich veranlasst, diese im Massstabe von 12·6 Millim. = 1 engl. Meile ausgeführte Karte auf zwei Drittel reducirt als Unterlage meiner geologischen Aufnahmen zu benützen.

Was namentlich diese letztere betrifft, so kann man von einem vierzehntägigen Aufenthalte auf der eben nicht so kleinen Insel nicht mehr verlangen, als ich hier gebe. Allerdings ist es mir nicht entgangen, dass ausser den zwei der Zeit nach sehr verschiedenen Ablagerungen, und welche ich hier allein in ihren Grenzen angebe, nämlich den Kreidegebilden und den Tertiärablagerungen, auch noch andere Zwischenglieder sich befinden und dass namentlich einige Sandsteine, welche den Charakter des Tassello oder Macegno an sich zu tragen scheinen, hieher gehören dürften. Dieselben aber in ihrer Begrenzung von dem vorherrschenden Kreidekalke auszuscheiden, habe ich bei der kurzen Zeit meines Aufenthaltes nicht vermocht. Eben so wenig gelang es mir den Nummulitenkalk und die eocänen Sandsteine, welche wahrscheinlich auch einen Theil der auf der Oberfläche der Insel erscheinenden Formation ausmachen, in ihren charakteristischen Petrefacten nachzuweisen.

XII

Überhaupt erschweren die mancherlei Abänderungen des Kalksteines, der fast immer ohne Petrefacte erscheint *) und bald dolomitisch, breccien- und rauchwackenartig, bald dicht und geschichtet erscheint, zuweilen Hornsteinkugeln einschliesst oder von Gypsstöcken durchsetzt wird, seine sichere Bestimmung sehr, welche nur im Hinblicke auf verwandte Bildungen des istrianischen, dalmatinischen und albanesischen Continentes möglich wird. Ob in diesem ohne Zweifel vorherrschenden Kreidegebilde auch noch jurassische Schichten unterschieden werden können, kann nur eine gründlichere Forschung in's Licht stellen.

Am genauesten glaube ich das jüngste Terrain, seiner horizontalen Ausbreitung nach abgegrenzt zu haben, doch wird auch dessen genaue Einreihung in die Schichtenfolge der jüngeren Meeresablagerungen erst dann stattfinden können, wenn von einigen Localitäten, namentlich von jener bei Potami auf der Südspitze der Insel, Petrefactensammlungen im grösseren Massstabe gemacht sein werden, wozu jedoch bereits alle Einleitungen getroffen wurden.

Es ist nicht zu zweifeln, dass auch die tertiäre Formation der Insel aus mehreren dem Alter nach verschiedenen Gliedern zusammengesetzt ist, wobei die Sandsteine, Conglomerate u. s. w. die tieferen Schichten, hingegen die ausgebreiteten Mergelablagerungen mit ihren zahlreichen und meist wohlerhaltenen organischen Einschlüssen die oberen, d. i. jüngeren Ablagerungen bilden. Es wird sich erst später entscheiden, ob dieselben unseren oberen tertiären Schichten gleich zu stellen oder von noch jüngerer Beschaffenheit seien.

Verbesserungen.

Seite	13,	Zeile	19 v. u.	statt:	konnte ein Herz lese:	könnte einem Herzen,
„	46,	„	2 „ „	„	Platoea	„ Platæa,
„	54,	„	8 „ „	„	Fes	„ Fess,
„	69,	„	10 „ o.	„	sind	„ ist,
„	79,	„	15 „ u.	„	der von uns u. s. w.	„ der mancherlei Beschäftigung bietend von uns,
„	81, 82, 83			„	Wultisch	„ Wultsch,
„	83,	„	17 „ „	„	jehe	„ jähe.
„	90,	„	9 „ o.	„	ροδοδαφνε	„ ῥοδοδάφνη,
„	96,	„	10 „ „	„	integripelata	„ integripatala,
„	144	ist über den oberflächlichen Punkt rechts im Holzschnitte zu setzen: Kumi, über den Punkt links zu setzen: Colonie.				

*) Nur H. Mousson fand in denselben bei Scripero nerineenartige Petrefacte und Cap. Portlock auf der Insel Vido Terebrateln und Ammoniten-Reste.

Reiseergebnisse.

I. Der Frühling in Corfu.

Ille terrarum mihi praeter omnes
Angulus ridet, — — — —

Ver ubi longum tepidasque praebet
Jupiter brumas.

                      Horat. ad Septimium.

Wenn auch dem südlichsten Eilande in der jonischen Inselgruppe, nämlich Zante, in Bezug auf Fertilität des Bodens der Preis zuerkannt werden muss, so ist doch das am nördlichsten gelegene Corfu, was Abwechslung des Terrains, Mannigfaltigkeit der Cultur, Frische und Lebhaftigkeit des Ausdruckes betrifft, allen übrigen jonischen Inseln weit voraus. Seine dem epirotischen Berglande genäherte Lage gibt ihm zwar nur das Ansehen eines von diesem losgerissenen Stückes, erhält aber eben durch diese majestätische Folie einen sehr malerischen Ausdruck.

    Zwischen dem 39.—40. Grade nördl. Breite, an der Grenze der von Schiffen durchschwärmten Adria und des jonischen Meeres hingestellt, bildet es wie ehedem, wo es als wichtige Station von den verbannten Corynthern ausersehen und colonisirt wurde (710 v. Chr.), einen wichtigen Knotenpunkt für die Schifffahrt. Obgleich an Umfang von Cephalonia übertroffen, lässt Corfu doch an Anmuth nicht nur diese, sondern auch die übrigen jonischen Inseln hinter sich. Um diese Zauberinsel, diese „selige Insel der Phæaken", wie sie einst genannt wurde, kurz zu bezeichnen, könnte man sie einen Paradisus von Oliven nennen, in dem auf die lieblichste Weise allenthalben kleine Dörfchen eingestreut liegen, beschützt von einem Felsen, der wie ein Wald mit drohenden Kartaunenschlünden besetzt ist. Dieser Fels, nach der alten herrschenden venetianischen Bezeichnung „Fortezza vecchia" genannt, dient nicht blos zur Beschützung der unter ihrem Fittig sich ausbreitenden freundlichen Stadt, sondern ist zugleich der Hort der kommenden und gehenden Schiffe. Schon längst hat der grimmige Löwe, das Wahrzeichen des Unnahbaren, seinen erprobten*) Zahn verloren (1797), aber der schützende Genius Albion's ist nicht minder gerüstet, jeden Angriff auf die Insel und den ganzen jonischen Freistaat zurückzuschlagen.

Die strategische Wichtigkeit dieses Punktes nicht nur für die Adria, sondern für das Mittelmeer überhaupt, hat der Stadt Corfu auch auf der Nordseite Festungswerke gegeben — Fortezza nuova — und sie noch durch massive Festungsmauern in einen schwer zu lösenden Panzer gehüllt. Dank der neueren Kriegführung, die dieses Schutzmittels für die wehrlose Stadt nicht mehr bedarf, und ihr die Freiheit gab, sich nach Bedürfniss und Gefallen auszubreiten. Schon ist ein Theil dieser Bollwerke mit dem Löwen an der Spitze gestürzt, und bald werden anmuthige Grasplätze und schattige Promenaden die Stelle einnehmen, die einst dem Kriegsmateriale zur sicheren Lagerstätte dienten. —

Ungeachtet der bedeutenden Annäherung an das Festland, deren schneebedeckte Felshäupter noch bis zum Monat Juni auf das zarte Eiland drohend herübersehen, hat Corfu doch ein gemildertes freundliches Klima, welches das ganze Jahr hindurch Pflanzen im Freien blühen lässt und daher sich als Winterstation für Brustleidende eignet, wenn es gleich dem um mehrere Breitegrade südlicheren Madera und Cairo nachsteht. Nach Beobachtungen, die durch drei Jahre, nämlich vom Jahre 1858 bis 1860 auf der Bibliothek des Lesecasinos in Corfu gemacht wurden, stellt sich die mittlere Jahrestemperatur auf 15°7 Réaum. Es dürfte aber wegen nicht ganz zweckmässiger Aufstellung der

---

*) In der muthigen Vertheidigung des venetianischen Heerführers Schulemburg gegen die Türken im Jahre 1716.

Beobachtungsinstrumente an dem gedachten Orte diese Temperatur jedenfalls zu hoch sein und dem wahren Jahresmedium nicht vollkommen entsprechen.

Wenn wir Ragusa (unter 42° 38′ nördl. Br.) mit 13°2 R. Mitteltemperatur und Valona (unter 40° 29′ nördl. Br.) mit 13°9 R. annehmen, so kann für Corfu (unter 39° 38′ nördl. Br.*) wohl keine höhere Jahrestemperatur als 14°3 R. entfallen. Aber auch diese Temperatur scheint mir noch um mehr als Einen Grad zu hoch zu sein, wenn anders die Quellentemperatur dem Mittel der Luft annäherungsweise gleichkommt, was an einer von mir beobachteten Quelle der Fall zu sein scheint. Diese Quelle, ein starkes, aus dem Felsen hervorbrechendes Wasser, befindet sich an der Strasse von Corfu nach Gusturi, kommt aus einer mässig hohen Hügelgegend wenige Fusse über dem Meere hervor und ergiesst sich nach kurzem Laufe in die Bucht der alten Hafenstadt (Palaeopolis). Diese Quelle zeigte nach einer zweimaligen Untersuchung mit einem verglichenen 100theiligen Thermometer von Kapeller 13°2 R., eine Temperatur, die mit den übrigen auf verschiedenem Niveau beobachteten Quellen der Insel im besten Einklang steht.

Wir dürfen also jedenfalls für Corfu die mittlere Jahrestemperatur der Luft nicht viel über 13° R. setzen.

Wenn es nun auch auf der Insel keinen Schneefall gibt und Eis zu den Seltenheiten gehört, so ist nichts desto weniger der Sommer und zwar die Monate Juli, August und die erste Hälfte Septembers so excessiv heiss, dass der Nordländer diese Hitze schwer erträgt, und sich dagegen auf alle mögliche Weise zu schützen sucht. Ein immerwährend blauer Himmel, der nur selten durch rasch vorübergehende Gewitterstürme verdunkelt wird, bildet eine unversiegbare Wärmequelle, zu der noch die durch die strahlende Wärme vom Festlande ausgehende Glut hinzukommt, welche selbst die ohne Unterlass fächelnden Seewinde kaum zu mässigen im Stande sind.

*) Die Fahne des Fortes Campana Breite 39⁰ 37′ 39′′,
Länge von Paris 17⁰ 36′ 19′′.
Ich danke diese Daten der gefälligen Mittheilung des Herrn Directors Kreil in Wien.

So muss denn auch, sobald die Getreideernte vorüber ist, die ganze Landschaft ein trauriges Bild annehmen, wobei der Rasen verdorret, die Bäche versiegen und nur der Weinstock und der Ölbaum sich in ihrem spärlichen Grün zu behaupten suchen. Mit der Mitte Septembers treten einige Regenschauer ein, die sich wiederholen und nach der Olivenernte, welche im October fällt, in den anhaltenden Winterregen übergehen.

Aber schon mit der ersten Feuchtigkeit schwellen die fast vertrockneten, schlummernden Knospen vieler Gewächse wieder auf, und das ganze Land zieht das zarte Kleid des Nachsommers an, das es über den nur drei kurze Monate dauernden Winter anbehält, um es mit Eintritt des Thaumonats mit dem Schmucke des Lenzes zu vertauschen. Im März bricht der Frühling mit aller Macht hervor. Die mit einer spärlichen Vegetation überzogenen Anger werden zu einem Blumenteppich, die Wiesen und Grasplätze ein Heer von Stern-Anemonen (*Anemone stellata* Lam.); aus allen Hecken gucken und lugen die Äuglein lieblicher Veilchen, Rosen und Lilien hervor, überall heben sie farbige Kelche und süssduftende Blumenbecher empor, als wollte sie sagen, „nimm', und freue dich des Lebens". Was aber dem Frühling in Corfu noch einen besonderen Reiz verleiht, ist, dass er mit den Gaben der Chloris zugleich jene der Pomona verbindet und den Fremdling mit der süssesten und angenehmsten aller Früchte beschenkt. Als ich vom Frost und Schneegestöber der heimatlichen Alpen begleitet meine Reise nach Corfu antrat, war ich nach 3mal 24 Stunden nicht wenig verblüfft, in einem Blumengarten zu stehen, und was die üppigste Phantasie kaum vermochte, in Wirklichkeit vor mir ausgebreitet zu sehen. Eben waren die hesperischen Äpfel zur Reife gekommen, und man wusste nicht, sollte man eher nach dem dunkeln Laube langen, das jene Süssigkeiten verbarg oder nach den duftenden Sträussen, die sich überall zum Pflücken anboten. Corfu ist im Frühling wahrhaftig eine holde geschmückte Braut!

Wer auch nur einige Wochen während der schönen Frühlingszeit in Corfu sein Standquartier aufschlägt, was, nebenbei gesagt, mit allem Comfort geschehen kann, der wird sich nicht blos da, sondern auf der ganzen Insel bald heimisch fühlen. Kleinere Spaziergänge in der Umgebung der Stadt unternimmt er zu Fuss, auf weiteren bedient er sich einer Carrosse, die ihn auf den prachtvoll angelegten und bestens erhaltenen Strassen, mit der Schnelligkeit des Windes zu einem und dem andern Ende der Insel hinträgt. Die milde Morgensonne ladet ihn dazu ein und die funkelnden Sterne zaudern noch am späten Abend ihn in das verschlossene Gemach zu entlassen. —

An den krummen, engen, bergansteigenden Strassen der Festungsstadt wird jeder Fremde nicht viel Geschmack finden, desto mehr wird er überrascht, sobald er auf das Plateau, worauf der übrige Theil der Stadt liegt, tritt, wo ein hübscher, breiter von Häusern freier Platz sich befindet. Es ist die Esplanade, ein Rasenplatz, von Alleen schattiger Bäume umgürtet und durchkreuzt. Der Palast des Lord-Obercommissärs, mehrere Monumente und die schönsten und ansehnlichsten mit Arcaden versehenen Häuser der Stadt befinden sich in dessen Nähe. Hier versammelt sich die Bevölkerung der Stadt, hier werden öffentliche Spiele getrieben und die Besatzung der Festung im Kriegsspiele eingeübt.

Da eben vor der Esplanade der mächtige Fels mit seinen Festungswerken emporsteigt (Fortezza vecchia), so erlangt die reizende Fernsicht auf das Meer und die nahen Gebirge Albaniens den imposantesten Vordergrund. Stunden lang wird das Auge von den wechselvollen Bildern nicht satt, die sich hier in einer nahezu vollkommenen Rundschau entfalten.

Doch gehen wir weiter — nur ein kleines Stündchen — auf die Hügelkette, welche sich im Süden der Stadt zu einer Art Landzunge gestaltet, so haben wir hier eine Folge der anziehendsten Scenerien. Wo jetzt die Vorstadt Castrades seine weissen Häuschen über die fruchtbare Ebene ausbreitet, mögen einst die „goldschimmernden Thore" Alkinoos gestanden und daran sich die Gärten dieses vielgepriesenen Königs „der gottentstammten Phæaken" geschlossen haben, in denen schon vor 3000 Jahren Äpfel, Birnen, Feigen, Granatfrüchte, Oliven und Trauben gediehen, wenn anders Κορκυρα oder Κερκυρα die Homerische

Insel Σχερια ist, wofür freilich manches eben so gut passt, **wie** anderes nicht. Die zahlreichen hier und da in den noch **jetzt** üppig dastehenden Gärten ausgegrabenen Anticaglien, selbst das unfern davon aufgedeckte Grabmonument des Menekrates*) gehören offenbar einer viel späteren Zeit an.

So wie man die Häuser der Vorstadt verlassen hat, hebt sich der Weg und führt in den anmuthigen Park, in dem sich die Villa des Lord-Obercommissärs, zwischen hohen Pinien, Lorbern- und Judasbäumen, der fremdländischen *Phytolacca dioica* und andern gepflanzten Strauch- und Baumarten versteckt. Es ist El Canon — so genannt, weil diese Höhe einst als Redoute benutzt worden ist, wozu sie vollkommen passt. Sowohl der weitläufige Park selbst, als die darüber hinaus fortlaufende Hügelkette, ist ein ununterbrochener Olivenwald.

Die meist alten Bäume, deren Stämme schon zu einem zierlich durchbrochenen Flechtwerk geworden, nichts desto weniger aber in ihren Kronen vollkommen gut und unverkümmert erhalten sind, sind so schön und wahrhaft malerisch, wie man sie selbst

---

*) Eine um die flach kegelförmige Decke angebrachte gut leserliche Inschrift bezeugt, dass derselbe aus Oeanthe in Locris gebürtig, zur See verunglückt und Proxenos, d. i. Ehrenbürger der Stadt gewesen sei.

in ihrem Vaterlande Syrien und Griechenland nicht findet. Eben diese prachtvolle Erhaltung solcher uralter Bäume ist ein sprechender Beweis für das glückliche Klima der Insel, wo weder harte Fröste die jungen Triebe anfeinden und zerstören, noch Stürme das morsche, oft kaum noch zusammenhaltende Gerüste von Holzfasern zusammenbrechen.

Sowohl auf Fahr- als auf Fusswegen gelangt man endlich zur letzten Bergterrasse und hat jene verengte Stelle des Meeres vor sich, wo die weite in das Land eindringende Bucht mit dem umgebenden Meere zusammenhängt. Unwillkürlich bleibt hier der Blick an einem aus dem Meere auftauchenden und von einem Kirchlein gekrönten Felsen hängen; es ist eine Einsiedelei, ein Nonnenkloster. Nicht ferne davon ist ein zweiter ähnlicher Fels, in dem die Phantasie des Sängers der Odyssee das durch den erzürnten Meeresgott in Stein verwandelte Schiff erblickte, das den schiffbrüchigen Herrscher von Ithaca in sein Heimatland zurückbrachte.

Hier an dieser Bucht, jetzt zu einer Saline benützt, muss einst der alte hylläische Hafen der Stadt Paläopolis gelegen haben, wofür gleichfalls viele Ausgrabungen sprechen. —

An anziehenden Spaziergängen fehlt es übrigens auch nach anderen Seiten der Stadt nicht, wie z. B. auf der Strasse nach Alipi, Potamó u. s. w.; überall wird man in diesem mit Landhäusern übersäten Hügellande, wohlbestellte Felder, Weinculturen so wie schattige Ölgärten finden. Unterhalb Potamó überschreitet man auf einer schönen Bogenbrücke das grösste Flüsschen des Landes. Im Monate April hatte es noch hinlängliches, klares Wasser. An seinem Ausflusse zwischen den Inselchen Vido und Lazzareto ist eine nicht unansehnliche Deltabildung zu bemerken, dessen Entstehung wohl um viele tausend Jahre früher fallen muss, als die liebliche Königstochter Nausikaa mit ihren Gespielinnen da noch schmutzige Wäsche wusch.

Ein durch seine Abwechslung vielleicht allen vorzuziehender Ausflug geht nach dem südwärts gelegenen Bergdorf Gasturi und nach Benize, wohin man auf guten Strassen auch zu Wagen gelangen kann. Hat man die Bucht der früher erwähnten

Saline umgangen, so erhebt sich der Weg allmählich, von Stein- und Kermes-Eichen, von Büschen dichter Phillyräen und Pistazien umschattet. Gasturi liegt so in den Kalkfelsen verborgen, dass es wie von Festungsmauern eingeengt scheint. Die reinlichen und gut erhaltenen Häuser deuten auf einigen Wohlstand. Von der Höhe hinter dem Dorfe hat man einen Überblick auf die ferne Stadt und auf einen grossen Theil der mittleren Insel, der in der Abendbeleuchtung zu den schönsten gehört, die ich je genossen habe. Ein ansehnliches Landhaus auf einem passenden Bergvorsprunge hingestellt, hat das Glück Tag für Tag, Jahr für Jahr, dies reizende Bild vor sich zu haben. Fast möchte man die Steine darum beneiden!

Von diesem Punkte an wendet sich die Strasse und führt in Zikzakwindungen an der Ostseite des Berges rasch zum Meere hinab. Hier wird das Gestrüpp reichlicher und dichter; belaubte Wipfel kräftiger Bäume ragen aus der Tiefe hervor und darüber schwanken auf hohen Stämmen die Kronen herrlicher Pinien. Auch an saftigen Kräutern fehlt es nicht, ja selbst auf mächtigen Felsblöcken haben sich Rasen von *Saponaria calabrica* Guss. angesiedelt, deren Purpurblüthe die Frühlingswärme eben hervorlockte — ein prachtvoller Anblick, der mit dem Charakter der Frische sicher auch den der Ursprünglichkeit verband. Um so mehr fiel mir hier ein verlassenes wohl gebautes Landhaus auf, das nun schon zur halben Ruine geworden ist; ich ward aber mit dieser seltsamen Erscheinung bald vertrauter als ich nach dem Süden der Insel und nach Cephalonia kam, wo ich auch halb fertig gewordene Häuschen dem Verfalle Preis gegeben fand. Auf meine Fragen gab man stets zur Antwort „il padrone di casa è morto".

Aus der Gegend von Gasturi erhält Corfu sein Trinkwasser. Bei dem grossen Wassermangel, welchem die reich bevölkerte Stadt alljährlich zur Sommerszeit ausgesetzt war, ist es kein geringes Verdienst der englischen Obervormundschaft, dieselbe mit frischem Quellwasser versorgt zu haben. Die Wasserleitung hat eine Erstreckung von nahezu einer geographischen Meile, bis sie die Stadt erreicht.

Das Fischerdorf Benize, zu dem man am Fusse des Berges gelangt, ist allerliebst, auch abgesehen von seinen Orangengärten, die ihm ohnedies einen paradiesischen Anstrich geben würden. Der Abend war zu lau und die Winde spielten zu kosend mit dem Detritus des Gestades, als dass man der Einladung den Nachen zu besteigen nicht Folge geben sollte. Bald blies ein Lüftchen das Segel voll und nun schwanden schnell die von Fluthen ausgewaschenen Kalkfelsen, eine um die andere. In kurzer Zeit erreichten wir den bekannten Ulyssesfels und legten an der Landzunge an. Auch der Mond zeigte sich gefällig und leuchtete uns nach der Stadt, wo noch alles auf der Esplanade der Frische des Abends genoss und ich mich überdies noch der blitzenden Funken der Leuchtkäfer *(Lampyris italica)* erfreuen konnte. So war der Nachmittag des 3. April verlebt, ich möchte vielmehr sagen — verträumt.

Die Insel Corfu hat ausser vielen niederen zwei höhere Berge, die sich zwei bis dreitausend Fuss über das Meer erheben; der eine, nämlich der höhere, St. Salvator, von der auf der Spitze befindlichen Kirche so genannt, oder Παντοκρατωρ, gehört dem nördlichen, der niedere Monte Deca dem von diesen rechtwinkelig abzweigenden südlichen Gebirgssysteme an. Zu beiden wird der rüstige Wanderer wohl nicht versäumen einen Gang zu unternehmen. Ich bedaure es sehr, dass die Ungunst des Wetters die Excursion auf den kahlen 2900 Par. Fuss[*)] hohen Pantocrator vereitelte. Eine Schilderung desselben findet der Leser in Liebetrut's Reise, der eine Nacht auf dieser Bergspitze unter Hunderten von Wallfahrern zubrachte. Da dieser Berg von Corfu etwas entfernt liegt, so thut man wohl, die Reise bis zu dessen Fusse in einer Barke zu unternehmen. Vom Landungsplatze erreicht man den Gipfel über Signes in zwei Stunden. Bequemer lässt sich die Besteigung des Monte Deca, dessen Höhe meinen Messungen zufolge 1786 Par. Fuss beträgt, ausführen, da bis Apo Garuna eine wohlgebahnte Strasse führt, von wo aus sich der letzte ebenfalls kahle Felskopf

---

[*)] Nach einer Barometermessung von Tilling, mitgetheilt von Dr. Josch.

des Berges erhebt. In einer kleinen Einsattlung oder Mulde desselben befindet sich ein Klostergebäude — Phanocrates, was jedoch ziemlich verlassen aussieht. Ringsherum wird auf dem schon ziemlich sterilen Boden noch Korn (βρόμι) gebaut. Die Aussicht vom Gipfel, wo nach einer verfallenen Mauer zu schliessen gleichfalls ein Gotteshaus gestanden haben mag, erstreckt sich über die ganze Insel, und man kann von hier aus deren Sichelgestalt (δρέπανον) wohl entnehmen.

Der Botaniker findet hier manches liebliche Pflänzchen, deren Aufzählung ich aber um so leichter umgehen kann, als in dem nachfolgenden systematischen Verzeichnisse ohnehin die Standorte aller von mir eingesammelten Pflanzen gewissenhaft angegeben sind. —

Ausser Gusturi gilt noch Pelleca für das Ziel eines besonders empfehlenswerthen Ausfluges, der selbst zu Fusse leicht in einem halben Tage zu bewerkstelligen ist. Das grosse Dorf Pelleca liegt gerade im Westen der Stadt und wie diese am Saume des Festlandes. Man hat also bis dahin die ganze Insel quer zu durchschneiden und da die Ostküste niedrig, die Westküste hingegen steil gegen das Meer abfällt, so steigt der Weg fortwährend dahin. Man schlägt anfänglich die Strasse von Alipi ein; hat man die Anhöhe, worauf dieses Dörfchen liegt, erreicht, so senkt sich dieselbe in das schöne und fruchtbare Thal des Potamó. Getreidefelder, ausgedehnte Weingärten, die noch unverändert vom Herbst her standen, kleine Bosquets von Oliven und Obstpflanzungen wechseln wunderlieblich mit einander ab. Hier fehlt es nicht an Feuchtigkeit, daher alles voll Blumen, selbst die Weingärten, die man eben zu behacken anfing. Mit Vergnügen erinnere ich mich der schönen Farbentinten, welche die ganze Landschaft streckenweise darbot, wie namentlich das weissblühende *Tordylium apulum* mit dem gelben Ackersenf den Boden gleich einem weissen Tuche bedeckte, auf welchem Schwefelblumen ausgestreut waren.

Der gute Ackergrund veranlasste hier die Anlage von grösseren Wirthschaften, wie das einige darauf bezügliche Gebäude verrathen, die dort und da zerstreut umherliegen. Im innersten Winkel des Thales, wo eine Strasse sich rechts nach dem eben so fruchtbaren Val di Ropa abzweigt, übersetzt man auf einer gut ausgeführten, aber höchst sonderbaren Schlangenbrücke das Flüsschen. Das Terrain gebot derselben eine *s*-förmige Krümmung zu geben. Nun erhebt sich der Felsboden und auf ihm die Strasse, die anfänglich durch schöne Olivenwaldungen und dann an wohlbestellten Landhäusern vorüberführt. Ein murmelndes Bächlein in der nahen bebuschten Bergschlucht versetzte mich träumerisch in die nordische Heimat und einzelne Gruppen von Kiefern *(Pinus halepensis)* vollendeten die Täuschung. Der Weg schlängelt sich indess fortwährend in die Höhe, hier sieht man einen kleinen (Alpen-?) See neben sich, dort schweift der Blick in ein Gewirre von Schluchten; Kirchlein und Häuschen stehen vereinzelt und verlassen; endlich erblickt man über sich die Häuserkette von Pelleca am Rücken des Kalkgebirges wie am First eines Daches hingeklebt. Aber auch hier verschwindet noch nicht alle Cultur, ja selbst manches Sanssouci der Stadtbewohner hat sich bis in diese Einsamkeit zurückgezogen. Tiefe Cisternen sorgen aus Mangel an Quellen für das zweitnöthigste Medium des Lebens.

Schon vor dem letzten Ansteigen vernimmt man ein eigenthümliches dumpfes Geräusch, was ich nicht zu deuten verstand. Wie überrascht war ich, mich auf dem Kamme eines über 1000 Fuss hohen Felsabsturzes zu sehen, an dem sich tief unten die Wellen des Meeres schäumend brachen. Es war ein Anblick voll Majestät, von dem man sich nicht sobald trennen konnte.

Haufwolken zogen über die Berge her und bedeckten den Himmel so dicht, dass die Sonne nur durch enge Spalten ihre goldenen Geschosse herunter zu senden vermochte. Dunkel, fast schwarz im Wiederscheine der Wolken färbte sich das unbegrenzte Meer hie und da von einzelnen Streiflichtern zur Fackelglut erhellt. Bang und ahnungsvoll, eines kommenden Sturmes sicher, schien die ganze Natur zu seufzen — ein Moment, wie ihn nur der Pinsel eines Calame wiederzugeben im Stande ist. Endlich mahnte der heranbrechende Regen zur Rückkehr und liess mich selbst in Kautschuck eingehüllt erkennen, dass es Jupiter pluvius gut meint, wenn er einmal hier zukehrt.

Um die Insel in ihren extremsten Theilen kennen zu lernen ist ein Wagen nothwendig, und auch mit Hilfe dessen wird man genöthiget sein irgendwo ein Nachtquartier zu suchen. Da wir aus Mangel an Zeit auf Manches verzichten mussten, so war es bei der nach dem Norden der Insel unternommenen Excursion nur darauf abgesehen, einen Blick in dieses Bergrevier werfen zu können. Wir fuhren am östlichen Meeresgestade über Govino bis zur Theilung des Weges, jetzt „Dotori" genannt, weil sich da ein paar Rechtsfreunde der Stadt hübsche Villen erbauten, liessen da den Wagen zurück und begaben uns mit einem Führer nach Palaeocastrizza und von dort über Lacones, Vitulades, Alimatades bis Acardades und kehrten über St. Pantaleone zurück.

Schon um 5 Uhr am 9. April rollte der Wagen zur Porta reale hinaus. Eben erblasste der Mond und die ganze Gegend war in Nebel gehüllt. Wir fuhren rasch durch Olivenwälder nahe der Meeresküste und hatten daher häufig den Anblick auf die grösseren und kleineren Buchten, die sich in das Land drängen. Die Gegend mit der Bodenunterlage von Lehm, Sand und Mergel ist fruchtbar, besonders jene von Govino. Die weit ausgedehnten Olivenhaine sind hier mit buschigem Unterholz von Myrten, Mastix-Pistazien und Kermes-Eichen versehen, um die sich von allen Seiten Brombeerhecken spinnen und sie dadurch gegen den scharfen Zahn der naschhaften Ziegen in Schutz nehmen.

Vor Ducades erhebt sich ein sehr massiger und schroffer Aufbau von Kalkstein, so dass man sich einen Augenblick in unsere Kalkalpen versetzt glaubte, wenn nicht die strauchartigen *Euphorbia dendroides* und *Salvia trilobata*, ferner *Aurinia orientalis, Malcolmia incrassata* neben Rosmarin und Wermuth viel weiter nach Süden hinwiesen.

Auf abwechselnden Schlangenzügen gelangt man endlich an die westliche Meeresküste und sieht auf prallen in's Meer hinausragenden Felsen die weissen Mauern von Palaeocastrizza vor sich.

Palaeocastrizza, nach der Etymologie des Wortes „ehedem ein Fort", ist jetzt ein Nonnenkloster, das auf den Trümmern der venetianischen Festung erbaut wurde. Wir waren sehr begierig den Zustand dieses Asyles der Gedanken- und Arbeitscheue zu sehen. Welch' ein Anblick! die ziemlich weitläufigen Gebäude mehr als halb verfallen, die Kirche ihres Altares und ihrer Heiligenbilder entblösst, der Thurm zwar noch mit einer Glocke versehen, zu der aber nur eine Leiter führte. Im Hofraume sass ein alter Einsiedler im schwarzen Talar, mit dem Reinigen einer silbernen Ampel beschäftigt. Seine Wohnung glich mehr einer Rumpelkammer als einem Gemache. Ein Frauenzimmer, vielleicht seine Gattin, war mit dem Aufhängen von Wäsche beschäftiget, die nur elenden Fetzen glich. Ringsumher lag Schutt, Balken und Steine, die dem Ganzen ein wüstes, verlebtes Ansehen gaben. Die Aussicht dagegen auf das an den Klippen brandende Meer und die Buchten, welche das schroffe Ufer auf die mannigfaltigste Weise zerreissen, ist mit allen Reizen des Grotesken ausgestattet, und konnte ein Herz, das sich aus dem Sturme der Welt zu retten suchte, den sichersten und erhebendsten Hafen der Ruhe gewähren. Doch wie diese so haben auch viele andere Zufluchtsstätten bedrängter Seelen ausgelebt, denn wo kein Bedürfniss, entschwindet der Geist.

Von Palaeocastrizza nach Lacones zu kommen kostet Schweiss, denn dieses Dorf liegt hoch zwischen Kalkfelsen verborgen, denen mühsam einige Kornfelder abgewonnen wurden. Zu diesem Zwecke ist der Abhang in viele übereinander liegende Terrassen aufgemauert worden. Mitten darin stehen die kleinen ärmlichen Häuschen der Bewohner. Eben als wir vorbei gingen, begegnete uns ein Zug von Mädchen und Frauen, schwer beladen mit Bündeln von Reisig und Gestrüppe auf dem Kopfe, unter deren Last sie völlig zusammengedrückt wurden. Auch hier muss das Weib wie im ganzen Orient das Feuerungsmaterial für die Küche herbeischaffen und hat bei dieser herculischen Arbeit vom Manne nicht die geringste Beihilfe zu erwarten.

Das Bergplateau, auf welches wir traten, bot wenig Anziehendes dar; Baumlosigkeit und Vegetationsarmuth geben ihm den Charakter. Eines Umstandes muss ich bei dieser **Gelegenheit** Erwähnung thun, weil er für die Pflanzengeographie nicht ohne Interesse ist. Aus dem die ganze Gegend beherrschenden Kalksteine brechen hie und da beträchtliche Gypslager hervor, so bei Palaeocastrizza und bei Lacones. Ich war begierig zu erfahren, wie die Veränderung der Bodenunterlage auf die **Vegetation** Einfluss nimmt, war aber sehr erstaunt, keine einzige Pflanze, ja nicht einmal eine Steinflechte auf dem krystallinischen Gypse zu finden, die nicht ebenfalls auf dem Kalke vorhanden gewesen wäre.

Die vorgerückte Zeit erlaubte uns nicht mehr den berühmten „**Albero grande**" — vermuthlich das letzte Prachtexemplar einer Steineiche — aufzusuchen, der noch jetzt das Ziel städtischer Landpartien bildet. Nachdem wir uns in St. **Pantaleone** aus unserem mitgeführten Proviant ein wenig restaurirten, bestiegen wir wieder unsere bis hieher gefahrene Kutsche und lenkten auf der schönen Kunststrasse nach **Scripero** zu. Nach einem kleinen Aufenthalte bei den „Dotori", der zum Sammeln von Naturalien und Zeichnen verwendet wurde, erreichten wir noch vor Einbruch der Nacht die Stadt. —

Sämmtliche bisher beschriebene Ausflüge auf der Insel habe ich in Gesellschaft meines verehrten Reisegefährten Herrn Professor Os. Schmidt gemacht, nur die einzige etwas länger dauernde Excursion nach dem Südende der Insel war mir vom Schicksal allein zugedacht. Mich leitete dabei der Gedanke, gerade in diesem Theile der Insel, als dem weniger cultivirten, den eigentlichen Vegetationscharakter derselben kennen zu lernen. Nur als ein rein zufälliges Ergebniss muss ich dabei die Entdeckung eines reichen Petrefactenlagers betrachten.

Ich fuhr ziemlich früh bei heiterem Wetter ab und hatte in einer Stunde den Fuss des Berges **Deca** erreicht. Hier hebt sich die Strasse nach dem Süden der Insel in Serpentinen bis zur Höhe des Dorfes **Deca**, das an die emporragenden Kalkfelsen wie ein Vogelnest angeklebt ist. Ich bestimmte dessen Höhe zu 622 Par. Fuss. Zerrissene Rauhwacke und Conglomerate wechselten da in sonderbarer Weise. Das Conglomerat in aufrecht stehenden Bänken ist aus vollkommen abgerundeten Geschieben gebildet, die, indem sie immer kleiner werden, dasselbe in einen Sandstein überführen. Den höchsten Punkt der Strasse nimmt dieser graubraune, petrefactenlose Sandstein ein. Von da an aber waltet wieder der Hornsteinkugeln einschliessende Kalkstein vor. Die Aussicht von diesem Übergangspunkte ist entzückend. Man sieht weit durch ein etwas verschobenes Längenthal, beiderseits von Bergzügen begrenzt und darüber hinaus den blauen Meeresspiegel. Dieses Thal ist wenig cultivirt und trägt mehr als andere Gegenden der Insel noch seinen originellen Charakter. Aber ausser den angepflanzten Ölbäumen und Cypressen hat jeder Baumwuchs auch hier längst aufgehört und einer Gestrippvegetation Platz gemacht. Dieses Buschwerk, welches die ganze Oberfläche des Bodens bedeckt, bald kleiner, bald grösser, bald locker, bald dichter auftritt, ist nicht etwa wie in unseren Bergen die Gebüsche von *Betula viridis*, *Rhododendron hirsutum* u. s. w. von einerlei Strauchart zusammengesetzt, sondern stets in der buntesten Mischung vorhanden. Am meisten betheiligen sich dabei *Pistacia Lentiscus* und *Pistacia Terebinthus*, *Quercus coccifera*, *Phillyrea media*, *Myrtus communis*, *Arbutus Unedo* und *Arbutus Andrachne*, ferner *Crataegus Oxyacantha* und *Prunus spinosa* und stellenweise *Tamarix gallica*, *Erica verticillata* und *Erica arborea*, letztere den Honigduft ihrer Blüthen weit umher verbreitend. Selten haben viele krautartige Pflanzen in diesem sich gegenseitig beengenden Gewirre von Ästen und Sprossen Platz und selbst die weidenden Thiere können sich nur mühsam Bahn brechen. Der Charakter, der durch diese Buschvegetation der Landschaft ertheilt wird, ist zwar eigenthümlich, nichts desto weniger aber ursprünglich, da er nur eine Folge der Vernichtung der früheren Wälder ist.

Obgleich keine directen Nachrichten über die früheren Zustände der Insel vorliegen, so ist doch mehr als wahrscheinlich, dass die Stein- und Kermeseiche mit der Seestrandskiefer, von welchen allen noch verkümmerte Nachkömmlinge vorhanden sind, sich einst in den Besitz des Bodens theilten. Die Einführung des Ölbaumes mag den Wald zuerst in engere Grenzen gebracht, die Ausbreitung der Cultur, die Weidewirthschaft und insbesondere die Einführung der Ziege ihm den Todesstoss gegeben haben. Die stete Vernichtung, welche die junge dem Boden entspriessende Baumvegetation durch diese Thiere erfuhr, hat es den ursprünglich gewiss mehr localen strauchartigen Pflanzen möglich gemacht, weiter um sich zu greifen und allmählich die Stelle des Waldes zu vertreten. So sehen wir also in dieser bunten Buschvegetation keineswegs ein ursprüngliches Verhältniss, sondern nur eine spätere Eroberung, die ein kleiner Theil der Pflanzendecke durch die Macht der äusseren zufälligen Verhältnisse über den früheren Bestand errungen hat.

In Bragagniotica, einem ansehnlichen Dorfe mit der nunmehr im verödeten Zustande befindlichen Villa des Grafen Capodistria wurde angehalten, um den ermüdeten Pferden Wasser zu geben und sie herumgrasen zu lassen. Ich benutzte die kurze Zeit, um gleichfalls auf den luftigen Höhen und hinter den Gebüschen zu grasen, was auf den mit hübschen Orchideen und anderen seltenen Pflänzchen überdeckten Trockenhügeln mit vielem Wohlbehagen geschah. Diese Gegend ist besonders durch die Gegensätze der beschneiten epirotischen Gebirge, des lieblichen Blau des Meeres und des matten Grün seiner ausgebreiteten Olivenwälder im hohen Grade malerisch, und kann füglich als ein Charakterbild der Insel angesehen werden. Erst auf dem Rückwege war ich in der Lage, davon eine kleine Skizze zu entwerfen, die ich natürlich nur in sehr verkleinertem Massstabe hier wieder gebe.

Bis Perivoli änderte sich in der Landschaft wenig, hier aber bei dem Wechsel des Terrains (es nahmen blaue Mergel die Stelle des Kreidekalkes ein) war dies auffallend genug. Gestrüpp von *Spartium junceum* machte den Vorposten und bald folgten Weizen- und Gerstenfelder, die sich bis an die Südspitze der Insel hinzogen. Der fruchtbarere Boden bedingte auch hier die Anlage zahlreicher Dorfschaften, von denen ich nur die in einer Reihe ohne Unterbrechung auf einander folgenden: Anaplades, Ringlades, Theodoro, Potami und Melichia mit ihren zahlreichen bewohnten und unbewohnten Häusern nennen

will. Bis **Potami** reicht eine gute fahrbare Strasse, hier aber gebot der deplorable Zustand der steinernen Bogenbrücke, die über das Flüsschen gleichen Namens führt, Halt zu machen. In dem Augenblicke, als ich aus dem Wagen stieg und mit mir zu Rathe ging, wohin ich mich für diese Nacht um ein Quartier wenden solle, trat ein junger Mann heran und offerirte mir gastfreundlich seine Wohnung. Ich nahm das Anerbieten dankbar an und war höchst erfreut in meinem Wirthe überdies einen so gefälligen Mann zu finden, der sich bereit erklärte, mit mir in die Umgebung dieser Dörfer einen Spaziergang zu machen. Wir gingen über **Melichia** hinaus und betraten einen ganz unfruchtbaren hügeligen Boden, dessen Lehmschichten jedoch für mich die besten Früchte trug, denn er war voll von wohlerhaltenen Tertiärpetrefacten.

Ich weiss nicht, wie viele Zeit wir mit der Aufsammlung derselben, wobei uns die Jungen des Dorfes hinlänglich unterstützten, zubrachten; zuletzt hatte ich alle Taschen und Säcke voll und vor der Hand genügend, um darnach eine Bestimmung der Altersperiode dieser interessanten Ablagerung vornehmen zu können. Da ich später bei Lixuri auf Cephalonia ein ähnliches Lager von Fossilien auszubeuten Gelegenheit nahm, zugleich in Erfahrung brachte, dass Herr Dr. Rolle sich mit den zu eben diesen Schichten gehörigen Petrefacten von **Rhodos** beschäftigte, so habe ich es ihm überlassen, die Wissenschaft mit diesen nicht unwichtigen Ergebnissen zu bereichern. Unter den in beiden Localitäten von mir gesammelten Fossilien waren am häufigsten *Dentalium Delessertianum* Chenu, *Turritella communis* Risso, *Aporrhais pes pelicani* Liane, *Buccinium semistriatum* Broc., *Natica millepunctata* Lam., *Cardium edule* Lin. var. *rusticacea* Chemnitz, *Vermetus semisurrectus* Bivona, *Cerithium vulgatum* Brug., *Dentalium sexangulare* Gmel. und *Cardium tuberculatum* Lam. Die ganze Sammlung enthielt nach vorläufigen Angaben Dr. Rolle's mehrere Arten, die dem Wiener Becken und den Subapenninen nicht, wohl aber der heutigen Fauna des Mittelmeeres fehlen. Die Tertiärlager von Corfu und Lixuri deuten daher wie jene von **Rhodos** und **Sicilien** bestimmt auf **obertertiäre Schichten**, vielleicht auf **marines Diluvium**.

Die niedrige, nur wenige Fuss über das Meer erhabene Lage des Bodens, so wie der fast unmerkliche Abzug der Gewässer, macht diese Gegend ungesund und es ist nur zu wundern, wie sie dem ungeachtet so stark bevölkert ist.

Nachdem ich Abends noch einer sehr erbaulichen kirchlichen Function beiwohnte, wobei ich sogar mit Bonbons beschenkt wurde, begab ich mich in mein Nachtquartier.

Schon bei dem ersten Eintritte in die Wohnung meines Wirthes fielen mir einige Schulbänke auf, die in einem kleinen Nebenraume beisammen standen. Es ergab sich im Gespräche, dass ich in meinem Wirthe in der That einen Collegen zu verehren hatte. Bald erfuhr ich von ihm noch mehr, nämlich, dass er seine Studien in Athen gemacht und sich kürzlich hier als Dentist niedergelassen habe. Auf meine Frage, ob die Zahnpraxis hier zu Lande wohl ein hinlänglich rentables Geschäft sei, zuckte er freilich die Achseln. Aber mein Staunen erreichte einen noch viel höheren Grad, als ich in den auf einem Schranke liegenden Büchern lauter Jurisprudenz vertreten fand, die mir hinlänglich zu verstehen gaben, dass der Mann, der im Stande ist das Hirn der Kinder mit dem a, b, c, vollzustopfen und schadhafte Zähne mit Pasta zu verkitten, auch der Kunst theilhaftig werden könne, den Leuten den Kopf zu verdrehen.

Nachdem ich am frühen Morgen nach einer wenig erquicklichen Nacht meinem freundlichen Wirthe und seiner jungen hübschen Frau Lebewohl sagte, hatte ich noch zur guten Stunde Corfu wieder erreicht. —

Wenn der Leser aus diesen kurzen Schilderungen sich schon ein beiläufiges Bild der lieblichen Insel Corfu zu machen im Stande ist, so dürften einige weitere Notizen nicht überflüssig sein, um dasselbe zu vervollständigen und zu einem Ganzen abzurunden.

Wer die Insel auch nur flüchtig durchwandert, wird bald gewahr werden, dass neben veralterten und für die Zeit unpassenden Gebräuchen und Gewohnheiten manches Neue und

Zweckmässige Platz gegriffen hat, was aber leider mehr einer aufgedrungenen als eigenmächtigen Hebung der Cultur und des Wohlstandes gleichsieht. Bemerkt man wie hie und da, und vielleicht wohl im Allgemeinen so, der Feldbau betrieben wird, so kann man über den Starrsinn der Gewohnheiten, den der Mensch so schwer abzustreifen vermag, nur mitleidig die Achseln zucken.

Wenn an der Handhabung des Pfluges und der dazu gehörigen Zugthiere, wie ich selbst gesehen, **neun** Menschen beschäftiget waren, so muss man erstaunt fragen, ob dieses Land denn wirklich ausser allem Verkehr mit anderen Ländern steht. Wie wenig Musterwirthschaften bei dem Volke Eingang finden und Nachahmung zur Folge haben, konnte ich hier eben so wie in ganz Griechenland gewahr werden. Vom Anbaue der Futterkräuter z. B. weiss man nichts, auch werden die Kartoffeln nur in Gärten gezogen. Bedenkt man, dass Gemüse, wie Kopfkohl, Blumenkohl, Artischoken, Rettige u. s. w., die in den Gärten der Stadt zu einer herculischen Grösse und luculischen Güte herangezogen werden, ja dass selbst Brod ($\pi\sigma o \mu\iota$) in der Stadt gebacken, über die ganze Insel colportirt wird, so muss man ärgerlich werden über die Sorglosigkeit und Faulheit der Landleute, die es bei ihrer übertriebenen Mässigkeit nicht der Mühe werth achten, auch für die einfachsten Lebensbedürfnisse Sorge zu tragen.

Wein ($\varkappa\rho\alpha\sigma\sigma\iota$) erzeugt die Insel wenig und auch der gehört aus Mangel zweckmässiger Pflege nicht zu den besten, Korynthen keine. Aus Mangel an Holz erhält der Weinstock hier wie auf allen jonischen Inseln keine Stütze und muss mehr oder weniger am Boden hinkriechen. Da ihm alle Äste bis auf die Tragsprossen genommen werden, so entstehen daraus unförmige knorrige Stöcke von Armesdicke und mehr.

Das Haupterzeugniss, worauf der Insulaner stolz ist, ist das Olivenöl. Man gibt 3 Millionen Ölbäume für die Insel an, vielleicht zu wenig, denn wer hat sie gezählt? Es lässt sich daraus entnehmen, wie viel dieselben jährlich Öl liefern können, wenn die kleine Insel Paxo durchschnittlich 8000 Centner gibt.

Unglaublich ist, wie viel Öl schon im Lande beim Mange eines anderen Beleuchtungsmateriales verwendet, ich sage vergeudet wird, ungerechnet die tausend und tausend Lämpchen, die in den zahlreichen Kirchen und Capellen Tag und Nacht an diesem Lebensquell der Insel zehren. Dem ungeachtet ist das Olivenöl die Basis des Wohlstandes derselben, und eine einzige gute Olivenernte heilt viele jahrealte pecuniäre Wunden wieder zu.

Nur hie und da beschäftiget man sich mit der Zucht der Agrumen in grösserem Massstabe, sie würde aber allgemein betrieben dem Lande grossen Vortheil bringen. Orangen (Νεραντζια), Citronen (Κιτρια) und Limonien (Λεμωνια), Pergamoten *Citrus limetta* (Περγαμοτια) gedeihen vortrefflich. In neuerer Zeit ist auch die japanische Mispel *(Mespilus japonica)* eingeführt worden. Sie blüht schon im Februar und liefert die zeitigste Jahresfrucht (im Juni), die übrigen Obstarten mit Ausnahme der Feigen sind unbeträchtlich, dahin gehören Äpfel, Birnen, Pfirsiche, Mandeln, Granatäpfel und Johannisbrod. Von Dattelpalmen, die an Kirchen und Klöstern der Blätter wegen für den Palmsonntag gepflanzt werden, reifen keine Früchte. Melonen, Wassermelonen, Gurken u. dgl. werden gigantisch. Man ersieht hieraus, wie gut in diesem Phaeakenlande noch jetzt für den Nachtisch gesorgt ist, und wie auch der heisse Sommer seine natürlichen Erfrischungen besitzt.

Der Corfiote in seinen Pumphosen und rothem Fesse scheint gutmüthiger Natur zu sein. Ich kann mich nicht über irgend eine unangenehme Begegnung beklagen; im Gegentheile fand ich selbst den gemeinen Mann überall höflich und zuvorkommend. Dass das schöne Geschlecht nicht auf europäischem, sondern auf orientalischem Fusse behandelt wird, habe ich schon bemerkt. Schöne Gestalten sind selten, ihr Altern frühzeitig. In der Stadt, wo natürlich ein guter Theil angesiedelte Fremde leben, verdrängen französische und englische Kleidungen die einheimischen mehr und mehr, und es behauptet sich sowohl die Fustanelle als die Pluderhose nur mühsam.

Der Landbewohner kommt nicht zu Fuss in die Stadt; neben dem Ölkrug oder dem Holzbündel, den er auf seinem Esel hereinbringt, findet er noch immer ein Plätzchen zum Sitzen. Es ist zwar für den Zuschauer amüsant, den Reiter fort und fort mit den nackten Füssen auf dem Bauche des geduldigen Lastthieres trommeln zu sehen, doch für dasselbe sicherlich nichts weniger als erquicklich.

Volksfeste mit Ausnahme einiger kirchlichen Productionen, die an das graue Alterthum erinnerten, habe ich nicht zu sehen bekommen, aber schon diese liessen mich tief in die intellectuellen Zustände des Volkes hineinblicken und den Grad seiner Aufklärung bemessen. Leider kann ich nicht viel Besseres von den beiden Pflegerinnen der Aufklärung, der hiesigen **Universität** und der **Akademie der Wissenschaften**, sagen. Buchhandlung, wenn man nicht einen Bücherladen, der zugleich auch andere Verkaufsartikel enthält, dafür nehmen will, existirt keine. Eine wissenschaftliche Zeitschrift, — „**Die Jonische Anthologie**"*) — von der mehrere Jahrgänge erschienen sind, hat zu vegetiren aufgehört. Professor **Labranos** hat in einem botanischen Lehrbuche, das im Jahre 1853 zu Corfu herauskam, deutsche und französische Theorien gut zusammengebraut**). Ein ausgezeichneter Lehrer, Professor Dr. **Josch**, ein Böhme von Geburt, der in seinen jungen Jahren von dem Hörsale **Jenull's** nach Corfu verschlagen wurde, tradirt Handelsrecht und Criminalrecht in neugriechischer Sprache ***).

Am meisten scheint noch Alterthumskunde, Geschichte und schöne Literatur betrieben zu werden, wozu wenigstens für die erstere der Ort einladend genug ist. Leider hatte ich die Sammlung der im Universitäts-Gebäude aufgestellten Alterthümer anzusehen versäumt. Ich zweifle nicht, dass sie sich besser ausgenommen haben wird als die eben dort befindliche Sammlung naturhistorischer Gegenstände, denen das Einheimische ganz fehlt, bei den von ferne her bezogenen Dingen aber leider die Etiquetten verwechselt wurden.

*) ΙΟΝΙΟΣ ΑΝΘΟΛΟΓΙΑ, Κερκυραι 1834, 1835, 8.
**) ΣΤΟΙΧΕΙΑ ΒΟΤΑΝΙΚΗΣ περιεχοντα την οργανογραφιαν, φυσιολογιαν και ταξινομιαν ...... υπο ΧΡΙΣΤΟΦΟΡΟΥ ΛΑΒΡΑΝΟΥ. Εν Κερκυρα, τυπογραφειον ερμης Α. Τερζάκη κα Θ. 'Ρωμαίου 1853.
***) Er ist leider wenige Wochen nach meinem Besuche gestorben.

Hier thäte vor Allem mitteleuropäische Aushilfe Noth. Das ist aber nur möglich, wenn die Insulaner, statt sich von dem Bildungscentrum abzusondern, sich ihm näherten, und vor Allem den Wahn aufgäben, ihr Heil im fernen Osten zu suchen.

II. Zur Charakteristik der Quellen.

Abgesehen von den Thermen, den Mineral- und anderen besonderen Quellen ist eine Untersuchung der **gewöhnlichen Quellen** nach ihrem Ursprunge, nach ihrer Stärke, dem Gehalte und der Temperatur des Wassers nicht blos in volkswirthschaftlicher Beziehung von Interesse, sondern ist auch im Stande der Geologie die wichtigsten Behelfe an die Hand zu geben, wo es sich darum handelt, die Ausdehnung gewisser Schichten, die Zerklüftung des Gesteines, das Vorhandensein und die Erstreckung von Höhlen und unterirdischen Sammelbecken durch Belege zu constatiren.

Durch die wenig variable Temperatur jener Quellen, die aus einer Tiefe hervortreten, wo die Wärmeschwankungen der Atmosphäre keinen Einfluss auf den Boden mehr ausüben, gewinnen dieselben auch in meteorologischer Hinsicht eine Bedeutung, und sind dort, wo Beobachtungen über den Temperaturgang der Luft fehlen, die einzigen Anhaltspunkte, um wenigstens das Jahresmittel annäherungsweise zu erfahren.

Die Quellen, indem sie aus ihren Klüften, Höhlungen und Grotten hervorbrechen und in mehr oder minder beengten Rinnsälen dahinfliessen, theilen ihrer Umgebung immerhin etwas von ihrer Temperatur mit und werden daher nicht selten der **Sammelplatz einer Vegetation und Thierwelt**, die von der umgebenden organischen Welt mehr oder weniger verschieden ist. Zeichnet sich überdies das Wasser durch seine chemischen Bestandtheile vor andern aus, so wird eine solche Quelle nicht selten zugleich die Trägerin speciell verschiedener Lebensformen.

Für die Thier- und Pflanzengeographie haben solche kleine Quellendistricte desshalb einen besonderen Werth, weil sie zeigen, wie diese oft durch mehrere Breitengrade von einander getrennte Enclaven, wenn die Natur ihres Quellwassers nur einigermassen Ähnlichkeit besitzt, denselben Charakter ihrer organischen Welt beibehalten.

Es ist eine bekannte Erfahrung, dass Wassergewächse, Sumpfpflanzen u. s. w., so wie die ihnen entsprechenden Thiere eine grosse geographische Verbreitung besitzen, und sich selbst über verschiedene Klimate auszudehnen im Stande sind, weil eben das Medium, in dem sie leben, oder durch das ihr Leben wenigstens zunächst beeinflusst wird, den grellen Eindruck der Lufttemperatur u. s. w. zu mildern im Stande ist. Kömmt nun die leichtere Verschleppung der Individuen sowohl als ihrer Keime hinzu, wie sie in der That bei Wasserpflanzen und Thieren im Gegensatze zu den Landgewächsen und Landthieren stattfindet, so verliert sich das Wunderbare, das wir in der Verbreitung dieser Organismen wahrnehmen.

Doch dieser Umstand hat auf die Vegetation und Thierwelt der Quellen weniger Einfluss, da eben nicht die grossen, sondern gerade die kleinsten und verborgensten Quellen sich durch ihren besonderen Charakter hervorthun und daher unmöglich durch solche äussere und nur zufällig wirkende Umstände ihre Bevölkerung, ihren Charakter erhalten konnten.

Der Grund dieser eigenthümlichen Verbreitung scheint hier ein anderer zu sein; und es löset sich das Räthsel von selbst, wenn man diese Quellen-Oasen als die letzten Reste einer ausgebreiteten Vegetation und Thierwelt betrachtet, die wie Inseln auf einem Boden übrig geblieben sind, über den sich eine Fluth anders gearteter Wesen verbreitete, gegen die der frühere Bestand im ungleichen Kampfe unterliegen musste. Die Pflanzen und Thiere sind nicht aus weiter Ferne und zufällig an diese Stellen versetzt worden, sondern sind vielmehr von ihren zahlreichen Compatrioten als die letzten Repräsentanten einer andern Ordnung der Dinge übrig geblieben, weil sie sich auf ein Terrain zurückzogen, auf welches ihnen die neuen Eindringlinge nicht mehr folgen konnten. **Die Quellen boten somit dem älteren organischen Leben des Landes Schlupfwinkel dar, in welchen es sich noch kümmerlich zu erhalten im Stande ist.**

Nach dieser Ansicht dürfte eine Charakteristik der Quellen, welche gerade diese Eigenthümlichkeit hervorhebt, eine nicht unwillkommene Bereicherung der Geologie sein.

Da ich auf vielfachen Reisen diesen Gegenstand, wenn ich ihm auch keine besondere Aufmerksamkeit widmen konnte, dennoch nie ganz und gar aus dem Auge verlor, so haben sich nach und nach Daten gesammelt, die um so brauchbarer zu werden versprechen, je mehr sich Ähnliches daran reihen wird. Nur aus der Übersicht einer grösseren Anzahl ähnlicher Beobachtungen werden sich in der Folge Schlüsse ableiten lassen. Sie jetzt schon zu versuchen würde nur ein verfrühtes Unternehmen sein.

Über die Form der speciellen Mittheilungen lässt sich im Allgemeinen zwar nichts festsetzen, doch glaube ich dürfte die tabellarische Form der leichteren Übersicht sehr zu Statten kommen.

In eine nähere Beschreibung der einzelnen Quellen kann ich hier aber um so weniger eingehen, indem das bei weitem mehr Raum fordert, als mir hier zugemessen ist, auch der Gelehrte vom Fach ohnehin sich mit den angeführten Daten vorläufig begnügen wird, bis der Gegenstand jene Erweiterung findet, die er in der That verdient.

Von den heimischen Quellen wurden nur beispielsweise einige angeführt, weil dieselben zur Vergleichung am besten passten, aber auch dabei muss ich auf die Erfahrungen, die man sich überall leicht macht, verweisen.

Breite-Grad	Land	Ort und Namen der Quelle	Seehöhe	Geognostische Unterlage	Stärke der Quellen	Gehalt des Wassers
37° 56'	Attica in Griechenland	Kaiseriani am Hymettus	1056 P. F.	Glimmerschiefer u. Urkalk	gefasst u. als Trinkwasser benützt	angenehm ohne Beigeschmack
38°	Attica in Griechenland	Rheitro bei Levsina (Eleusis) I	0·5 P. F.	Kalk	stärker u. schwächer	etwas salzig
„	„	II	„	„	„	„
„	„	III	„	„	„	„
„	„	IV	„	„	„	„
„	„	V	„	„	„	„
„	„	VI	„	„	„	„
„	„	VII	„	„	„	„
„	„	VIII Mittel	„	„	„	„
38°	Megara in Griechenland	Levsina östliche Bucht	5·0 Fuss	Kalk	ziemlich stark	etwas salzig
38° 10'	Attica in Griechenland	Tatoi nächst der Villa	1500 Fuss?	Kalk	nicht klein. Gefasst	angenehm, als Trinkwasser benützt
38° 12'	Attica in Griechenland	Hagios Mercurios	1700 Fuss?	Kalk	klein	angenehm als Trinkwasser
38° 5'	Attica in Griechenland	Penteliken Tropfsteinhöhle des Steinbruches	2053 P. F.	Urkalk	klein	angenehm
38°	Euboea in Griechenland	Vrisi Musa bei Chalkis	0·5 P. F.	Kalk	nicht unansehnlich	etwas salzig
38° 39'	Euboea in Griechenland	Steni	1000 P. F.	Serpentin	klein, als Trinkwasser benützt	angenehm
38° 37'	Euboea in Griechenland	Im Tannenwalde	2500 P. F.	Kalk	sparsam	sehr angenehm
38° 19'	Ithaca in Jonien	Arethusa	300 Fuss	Kreidekalk	aus einer Höhle abfliessend in 1 Sec. = 0·002 Kbfss.	nicht unangenehm

Temperatur	Oberflächliche Quellen o. Brunnen	Meerwasser	Zeit der Beobachtung	Vegetation und Thierwelt
14·7° C. 11·8° R.	Quelle		1. Juni 1860	
20·23° C. 16·2° R.	„		9. Mai 1860	*Cladophora crispata* Kg. β *virescens* Kg. *Cladophora liniformis* Kg.
19·53° C.	„		„	
21·03° C.	„		„	
21·03° C.	„		„	
21·13° C.	„		„	
21·13° C.	„		„	
20·93° C.	„	16·74° R. 20·93° C.	„	
20·73° C.	„		„	
20·74° C. 16·6° R.	„		„	
17·5° C. 14·0° R.	„		25. Mai 1860	
14·5° C. 11·6° R.	Brunnen		12. Mai 1860	
14° C. 11·2° R.	Quelle		12. Mai 1860	*Hypnum commutatum* Hedw.
10° C. 8° R.	„		5. Mai 1860	*Eucladium verticillatum* Br. & Schp. *Eurhynchium prælongum* Schp. *Asplenium Trichomanes* Lin. *Saxifraga hederacea* Lin. *Clausilia Cephissiæ* Roth.
16·2° C. 12·96° R.	„		14. Mai 1860	*Ranunculus aquatilis* a *heteroph*. DC.
11·8° C. 9·44° R.	Brunnen		19. Mai 1860	*Asplenium Virgilii* Bory. *Saxifraga hederacea* Lin.
8·5° C. 6·8° R.	Quelle		10. Mai 1860	*Bryum alpinum* Lin. *Bryum turbinatum* Hedw. *Philonotis calcarea* Br. & Schp. *Myosotis alpestris* Smdt. *Sagina procumbens* Lin.
15·4° C. 12·3° R.	„		27. April 1860	*Euclad. verticillat.* Schp. (*copiose*) *Rhynchostegium rusciforme* Schp. *Trichostomum Barbula* Schp. *Adiantum Capillus Veneris* Lin. *Achatina Poireti*.

Breite-Grad	Land	Ort und Namen der Quelle	Seehöhe	Geognostische Unterlage	Stärke der Quellen	Gehalt des Wassers
38° 10′	Cephalonia in Jonien	Argostoli an der alten Kirche I	0·5 P. F.	Kreidekalk	starke Quelle	wenig salzig
„	„	II	0·5 P. F.	„	weniger stark	salzig
„	„	III	0·5 P. F.	„	weniger stark	salzig
„	„	IV	0·5 P. F.	„	starke Quelle	salzig
38° 15′	Cephalonia in Jonien	Samó Quelle der obern Mühle	2·0 P. F.	Kreidekalk	stark	etwas salzig
39° 37′	Corfu in Jonien	an der Strasse nach Gasturi	5·0 P. F.	Kalkbreccie	stark	angenehm
39° 37′	Corfu in Jonien	an der Strasse nach Potamo	30 P. F.	Mergel	mässig	nicht erfrischend
39° 34′	Corfu in Jonien	Monte Deca gefasste Quelle	622 P. F.	Kalkbreccie	schwach	angenehm
46° 21′	Steiermark in Österreich	Wöllan im Parkgraben an der Strasse	775 P. F.	Kalk	ziemlich stark	freie Kohlensäure
46° 20′	Steiermark in Österreich	Neuhaus Zamečnik am Zmonik	880 P. F.	Guttensteiner Kalk	stark	angenehm
46° 20′	Steiermark in Österreich	Neuhaus St. Johann	794 P. F.	Guttensteiner Kalk	0·35 K. F. in der Sec.	0·026 Proc. fixe Best.
47° 5′	Steiermark in Österreich	Ober-Antritz bei Gratz Antritz-Quelle	1220 P. F.	Übergangskalk	Mittel 7·5 Kubfss. in der Sec. variirt 5—10 K. F.	0·005 Proc. fixe Best.

*) Die in meiner Abhandlung „Die Antritzquelle bei Gratz" (Linnea Bd. 13, durch weitere Beobachtungen vergrössert.

Temperatur	Oberflächliche Quellen o. Brunnen	Meerwasser	Zeit der Beobachtung	Vegetation und Thierwelt
18·2° C. 14·6° R.	Quelle		17. April 1860	*Vaucheria dichotoma* Ag. *Adianthum Capillus Veneris* Lin. *Lemna minor* L. *Berula angustifolia* Kch.
18·3° C. 14·6° R.	„		„	
17·2° C. 13·8° R.	„		„	
17·0° C. 13·6° R.	„		„	
14·9° C. 11·92° R.	„	17° C. 13·6° R.	26. April 1860	*Enteromorpha intestinalis* Lk. *Hormoceras diaphanum* Kg. *Phragmites communis* L. *Neritina fluviatilis* Lin.
16·5° C. 13·2° R.	„		3. und 5. April 1860	*Amblystegium riparium* Schp.
18° C. 14·4° R.	Brunnen		31. März 1860	*Fontinalis antipyretica* Lin. *Cypris conchacea* Lin.
13·5° C. 10·8° R.	Quelle		6. April 1860	*Lunularia vulgaris* Micheli. *Adianthum Capillus Veneris* L.
10·6° C. 8·5° R.	„		„	*Chiloscyphus polyanthus* β *rivularis* Nees. *Berula angustifolia* Kch. *Paludina idria* Fer. *Paludina Lacheneri* K.
8° C. 6·4° R.	„		8. August 1859	*Hypnum commutatum* Hedw. *Gymnostomum curvirostrum* Hedw. *Eucladium verticillatum* Schp. Tuffbildung.
10·2° C. 8·16° R.	„		10. August 1860	*Draparnaldia glomerata* Agdh. *Hypnum commutatum*. Hedw.
Mittel aus 9 9 Beobacht. 10·49° C. 8·39° R. *)	Bei Gratz 7·25° R.		In verschiedenen Jahreszeit. durch mehrere Jahre	*Micrasterias Selenea* Ktz. *Melosira arenaria* Ktz. *Scytonema myochrus* Ag. *Draparnaldia plumosa* Ag. *Batrachospermum moniliforme* Roth. *Conjugata quinina* Lk. *Verrucaria chloratica* Ach. *Amblystegium fluviatile* Br. Schp. *Hypnum filicinum* Il. *commutatum* Hedw. *Fontinalis antipyretica* Lin. *Patamogeton pusillus* L. *P. natans* L. *Sparganum ramosum* L. *Cardamine amara* L. *Berula angustifolia* Kch. *Galium palustre* Lin. *Paludina viridis* Lam. (*Cyclostoma viride* Drap). *Lymneus corvus. Ancylus lacustris* Lin. *Paludina idria* Fer.

Heft 4, 1839) angegebene Mitteltemperatur von 8·33° R. aus 7 Beobachtungen hat sich

III. Die Meermühlen von Argostoli.

Eines der interessantesten geologischen Räthsel bieten die vom Meereswasser in Bewegung gesetzten Mühlräder der beiden Mühlen dar, die eine (engl.) Meile von Argostoli entfernt auf dem Klippenrande in die enge gleichnamige Bucht hinausragen.

Die Insel Cephalonia ist nämlich an der Westseite durch einen von Süden nach Norden vordringenden Meeresarm so tief eingebuchtet, dass dadurch ein beträchtliches Stück Landes von der Insel beinahe abgeschnitten wird. Diese grosse Bucht, durch einen in gleicher Richtung von Süden herein vorspringenden Felsenrücken in eine südöstliche Abzweigung gebracht, breitet sich eben hier, wo Argostoli an der inneren Seite dieses Felsenkammes liegt, zu einem bequemen und sicheren Hafen aus.

Schon lange beobachtete man, dass etwas weiter nach Norden von der Stadt das felsige, von Spalten und Klüften durchsetzte Meeresufer einen Theil des Meerwassers in diese Klüfte aufnimmt und eine beständige Strömung dahin stattfindet. Dies gab Veranlassung nach einer dieser Klüfte vom Meere aus einen etwa 2—3 Klafter langen Canal in den Felsen anzulegen und am Eingange desselben die vorhandene Wasserkraft zum Betriebe einer Getreidemühle zu benützen, was um so rentabler schien, als die Gegend hier fast ausschliesslich auf Windmühlen angewiesen ist. Herr Stevens von Argostoli, der eine dieser Mühlen[*] im Jahre 1833 baute und in regelmässigen Gang brachte, hatte den Canal ursprünglich in einer Breite von 3 Fuss angelegt. Da derselbe bei mittlerem Meeresstand eine Wassertiefe von 6 Zoll hatte, so betrug der Querschnitt der Wassermasse 216 Quad. Zoll. Der Fall derselben, da der Stand des Wassers in den Versenkungsklüften variirte, liess sich im Mittel auf 3 Fuss veranschlagen.

Diese den Proceed. of geol. Soc. 1836, Nr. 43 und 45 entlehnten Nachrichten über die Mühle des Herrn Stevens wurden durch den an Ort und Stelle genommenen Augenschein des Herrn Professor Mousson wesentlich erweitert[**]. Aus den speciellen Angaben ist ersichtlich, dass durch einen Umbau nicht unbedeutende Veränderungen in der Leistungsfähigkeit der Mühle stattgefunden haben müssen. Der Canal wurde auf 5·5 Fuss erweitert und hatte unmittelbar vor dem unterschlächtigen Mühlrade bei hohem Wasserstande des Meeres eine Tiefe von

---

[*] Die beigefügte Abbildung stellt eben diese Mühle des Herrn Stevens dar.
[**] Ein Besuch auf Corfu und Cephalonia im September 1858. Zürich, 1859, p. 80.

1·2 Fuss, was nun einen Querschnitt von 6·6 Quad. Fuss gibt. Das Rad machte in 9—10 Secunden eine Umdrehung, was einer Geschwindigkeit des Wassers von 3·77 Fuss entspricht. Daraus ergibt sich für die in einer Secunde abfliessende Wassermenge 24·88 Kub. Fuss *).

Als ich im März des Jahres 1860 diese Mühle besuchte, fand ich nichts im Wesentlichen geändert. Breite des Canales und dessen Wassertiefe stimmten mit der Angabe Mousson's überein. Nach meinen Beobachtungen fand gleichfalls Eine Umdrehung des Rades in 10 Secunden Statt. Nur schien mir der Durchmesser des Rades mehr als 1 Klafter zu betragen.

Da es für den flüchtig Reisenden beinahe unmöglich ist genaue Messungen, und worauf es hier vorzüglich ankommt, Reihen von Bestimmungen zu verschiedenen Zeiten vorzunehmen, so musste ich mich auch damit begnügen, nur eine beiläufige Schätzung des Unterschiedes des Meeresniveaus und des Wasserstandes in der Kluft zu machen.

Während Mousson den Unterschied auf $2^1/_2 - 3$ Fuss setzt, glaubte ich denselben nicht höher als auf 2 Fuss setzen zu können.

Aber was sich in der Zeit von zwei Jahren an dieser seltsamen Localität wesentlich verändert hat, ist, dass in der Nähe der Stevens'schen Mühle (gegen die Stadt hin) noch eine zweite ähnliche Mühle auf den gleichen Vorgang des Versinkens des Meerwassers gestützt, entstanden ist.

Als ich das erste Mal diese Gegend besuchte, war diese Mühle nicht im Gange. Der Augenschein lehrte, das die Wassermenge zu gering war, um das Mühlrad unter den gegebenen Umständen in Bewegung zu setzen. Nach einigen Tagen, als unausgesetzt heftige Nordwestwinde wehten, war die Mühle im Gange, aber das Mühlrad brauchte 20 Secunden, um sich einmal um seine Axe zu drehen, auch zeigte sich der Unterschied im Niveau des Meeres und der Gewässer in den Klüften ungleich

---

*) Wenn die Geschwindigkeit des Rades 3·77 Fuss ist und dieses nahezu nur die halbe Geschwindigkeit des strömenden Wassers hat, so muss letzterem eine Geschwindigkeit von 7·54 Fuss zukommen und die in 1 Secunde abfliessende Wassermenge 49·7 K. F. betragen.

geringer als in der älteren Mühle und mochte nicht mehr als einen halben Fuss betragen haben.

Ungeachtet, wie aus der Anlage des Canals, der sicher die doppelte Länge des Canals der alten Mühle beträgt und aus anderen Nebenumständen hervorgeht, der Bau dieser Mühle mehr Kosten als die andere verursachte, so scheint sie doch weit hinter der Leistungsfähigkeit derselben zu stehen. Wie mir scheint wäre diese Mühle zweckmässiger an einem anderen Punkte angelegt worden.

Doch wenden wir uns zur Erklärung des Problems, an dem sich der Scharfsinn mancher Physiker und Geologen bisher versucht hat.

Dass das Meerwasser landeinwärts fliesst und da in einer Kluft versinkt, ist ein so seltsames Phänomen (von dem Versinken des Meerwassers in seinem eigenen Bette wissen wir natürlich noch weniger), dass dasselbe nur unter ganz speciellen, anderswo nirgends in dieser Vereinigung zusammen vorkommenden Verhältnissen stattfinden kann. Herr Mousson ist in der genannten Schrift mehrere Hypothesen zur Erklärung jener Thatsache durchgegangen und hat schliesslich seine eigene Ansicht hierüber aufgestellt.

Dass von einer Aufnahme des Wassers in porösen Erdschichten, auf eine Vertheilung daselbst und endlich Verdunstung der zu Tage gehenden durchnässten Schichten hier keine Rede sein kann, springt in die Augen, wenn man das Terrain der Insel und namentlich die geognostische Beschaffenheit jenes Punktes in's Auge fasst, wo das gedachte Phänomen stattfindet.

Die ganze Insel besteht der Hauptgesteinsmasse nach aus festem Kreidekalke, auf dem nur hie und da in kleinen Strecken jüngere tertiäre Schichten aufgelagert sind. Eben diese Stelle wo Argostoli und die Mühlen liegen, so wie das ganze Riff, welches die Bucht von Argostoli vom westlichen Meere abschliesst, besteht zwar aus einem sehr zerklüfteten und von Höhlungen durchsetzten aber nichts weniger als porösen Grobkalke, der sich stellenweise als eine förmliche Austernbank repräsentirt. Diese Bank tritt auch jenseits des Golfs bei Luxuri hervor, ja jene

Stadt ist unmittelbar darauf gebaut. Neben diesem Grobkalke liegt nur ein ziemlich mächtiges und verbreitetes Lager von petrefactenführendem Mergel, der allerdings Wasser aufzunehmen fähig ist, allein dieser quartäre Mergel ist überall durch den Grobkalk gehoben und man findet ihn nirgends in Berührung mit dem Meere. Die einzig Wasser aufnehmende Erdschichte ist also hier ganz und gar ausser Spiel mit dem Phänomen des Versinkens des Wassers in's Erdinnere.

Eine andere Hypothese, die hier in Betracht kommen dürfte, lässt das in die Erde versinkende Wasser zu solchen Tiefen gelangen, wo es in Dampf umgewandelt wird, der an eben diesen vulcanischen Herden leicht wieder Stellen findet, wo er in die Atmosphäre zu entweichen im Stande ist. Gegen die Anwendung dieser Hypothese zur Erklärung des Phänomens von Argostoli ist hier hauptsächlich schon darum Umgang zu nehmen, weil sich voraussetzen lässt, dass ein solcher vulcanischer Herd, sich doch immerhin in der nächsten Nähe eines solchen Absorptionsvorganges befinden müsse, wir aber im Gegentheile auf der ganzen Insel Cephalonia und selbst auf dem nahen Ithaca keine Spur von eruptiven Gesteinsmassen zu entdecken im Stande sind, wenn gleich andererseits nicht geleugnet werden kann, dass sich das Terrain der Erderschütterungen, welches in Zante dem Mittelpunkte seiner Thätigkeit ziemlich nahe zu liegen scheint, sich auch bis hieher erstreckt.

Eine dritte Hypothese ist geneigt, das in Rede stehende Phänomen einer ungleichen Vertheilung der oberen Meerwasserschichten, durch vorübergehende Einflüsse bedingt, zuzuschreiben. Mousson sagt l. c. p. 82: „Unseren Beobachtungen näher steht die Annahme eines einfachen Fliessens des Wassers durch unterirdische Canäle nach dem Meere auf der entgegengesetzten Seite der Insel. Es genügt z. B. durch irgend eine Ursache ein Andrängen des Wassers gegen die Westseite der Insel und ein Wegströmen auf der Ostseite vorauszusetzen, um eine solche Bewegung zu ermöglichen. Freilich aber müsste sich der Abfluss eben so gut aussen an der Insel herum beobachten lassen. Von solchen Strömungen ist nichts bekannt und könnte sich auch unter dem Einflusse starker Westwinde die nothwendige Niveaudifferenz entwickeln, so lässt sich doch die Veränderlichkeit der Ursache schwerlich mit der Beständigkeit und Stärke jenes Meeresabflusses in Einklang bringen, abgesehen von der Unwahrscheinlichkeit solcher Canäle, die unter drei Gebirgsketten durchgehen müssten, und von den Hindernissen, welche aus ihrer Länge und Unregelmässigkeit gegen die Bewegung einer von schwacher Kraft getriebenen Srömung entstehen würden".

Wenn ich auch darin mich mit der Ansicht dieses ausgezeichneten Physikers einverstanden erkläre, das Phänomen von Argostoli keineswegs ausschliesslich den durch anhaltende Westwinde bedingten Niveauveränderungen des Meerwassers zuzuschreiben, so kann ich doch nicht umhin, diesem Momente einige Berechtigung bei Erklärung jenes Phänomens zuzuschreiben. Allerdings ist es höchlichst zu beklagen, dass über die Stetigkeit der genannten Erscheinung mit Beziehung auf meteorologische Vorgänge namentlich der Winde, der Temperatur, der Jahreszeit, der Meeresströmungen, Ebbe und Fluth u. s. w. durchaus alle Beobachtungen fehlen.

Wenn Herr Stevens angibt, dass in Folge anderthalbjähriger Erfahrung die an seiner Mühle beobachtete Strömung **keiner periodischen Veränderung** unterworfen sei, so kann das wohl für den ohne Instrumente Beobachtenden seine Richtigkeit haben, und doch in der That nicht richtig sein. Schon eine Beobachtung von wenigen Tagen, während welchen zufälliger Weise anhaltende starke Westwinde herrschten, reichte hin, um mich zu überzeugen, dass der durch diese Ursache erfolgte Wasserandrang die früher unbewegliche erste Mühle, die, wie angegeben, mit einer viel geringeren Wasserkraft arbeitet als die zweite Mühle, zum Gehen brachte, was sich auch aus dem vermehrten Abflusse des Wassers durch die Schleuse des Canales sattsam erklärte.

Doch gehen wir zur vierten Hypothese, der Herr Mousson den Vorzug vor den übrigen einräumt. Unter allen Verhältnissen scheint es ihm am wahrscheinlichsten, die Theorie der Thermen auf das in Rede stehende Phänomen in Anwendung zu bringen. Nach dieser würde das in den Klüften des Festlandes versinkende Wasser in einer Tiefe von einigen tausend Fuss um einige Grade erwärmt, durch andere Wege wieder emporsteigen und dadurch eine ununterbrochene von oberflächlichen Veränderungen unabhängige Circulation des Wassers hervorgebracht werden. Freilich setzt er hinzu, bleiben die Stellen unbekannt, wo das emporsteigende wärmere Wasser sich wieder in das weite Becken des Meeres ergiesst, Stellen, die möglicher Weise horizontal bedeutend entfernt unter dem Spiegel des letzteren liegen können.

Bei genauer Betrachtung der mit dem Phänomene verbundenen Umstände sieht man bald, dass es sich hier nur um kleine Quantitäten Meerwassers handelt, die sich in Circulation befinden. Würde das Meer ungehindert zu den Klüften Zutritt haben, so würde ein Versinken desselben nicht wahrgenommen werden können, denn der Abfluss würde im Verhältnisse des Zuflusses verschwindend klein sein. Nur indem kleine Portionen Wassers zu den Löchern Zugang erhalten, kann eine Differenz im Niveau beider Flüssigkeiten eintreten, die auch erfahrungsgemäss sogleich abändert, so wie durch irgend welche Umstände (Fluth, Stauung u. s. w.) eine Vermehrung des Zuflusses stattfindet. Von dieser Seite also würde die obige Hypothese eher eine Unterstützung als eine Widerlegung erfahren, denn es ist wohl eher anzunehmen, dass eine geringe Menge Wassers in der Tiefe eine merkliche Temperatursänderung erfahre, als eine grosse Menge, wozu jedenfalls ein grösserer und ausgiebigerer Erwärmungsapparat nöthig scheint.

Ich will jedoch im Folgenden versuchen, die Thatsache des constant ungleichen Wasserstandes in den Höhlungen von Argostoli *) und dem Meere dieser kleinen Bucht auf eine andere Weise zu erklären, ohne dabei zur Annahme der Erwärmung des versunkenen Wassers die Zuflucht nehmen zu müssen.

---

*) Auch in künstlich aufgeschlossenen Höhlungen in der Nähe jener Klüfte hat sich der Wasserstand in derselben Höhe gezeigt, wie er in den Klüften beobachtet wurde.

Bei meinen vielfältigen botanischen Excursionen in der Nähe von Argostoli während eines vierzehntägigen Aufenthaltes daselbst, war der Rand der Bucht oftmals der Gegenstand meiner Beobachtung. Es konnte mir dabei nicht entgehen, welche namhafte Zuflüsse durch Quellen, die sammt und sonders im Niveau des Meeresspiegels oder nur wenig höher als dieser liegen, eben das Meer hier erhält. Von sechs Quellen, welche sämmtlich im innersten Raume der Bucht liegen, schienen mir die meisten so stark, dass sie eine Mühle, wie jene von Argostoli in Bewegung zu setzen vermögen. Die Mehrzahl dieser Quellen enthält gutes, trinkbares Wasser, einige, die am nördlichsten aus dem Kreidekalke hervorbrechen, waren durch eine salzige Beimischung ungeniessbar. Die Hauptwaschanstalt der Stadt, die sich über der Bucht in der Nähe der Strasse befindet, ist eben auf die Fassung einiger solcher Quellen gegründet.

Wie bekannt, so ist erst unter dem englischen Regiment die Stadt Argostoli mit dem gegenüberliegenden Gestade der Bucht durch eine beinahe eine englische Meile lange niedere Bogenbrücke in Verbindung gesetzt und dadurch die Communication mit dem eigentlichen Festlande der Insel ausserordentlich erleichtert worden. Wie erstaunte ich nicht, als ich unter den zahlreichen Bogen dieser Brücke, besonders an der der Stadt entgegengesetzten Seite eine lebhafte Strömung des Wassers nach Nordwesten, d. i. nach dem Ausgange der Bucht wahrnahm; ja es konnte mir nicht entgehen, dass nach den erwähnten anhaltenden nordwestlichen Windströmungen, die den Abfluss etwas retardirten, in den darauffolgenden Tagen der Windstille die Strömung nach Norden ungleich stärker erschien. Dass demnach constante, jedoch nach Umständen sich verstärkende oder vermindernde Niveauunterschiede des Meeres zwischen den inneren und den äusseren Theilen der Bucht vorhanden sind, ist dadurch, wie mir scheint, ausser allen Zweifel gesetzt.

Diese Verhältnisse gewinnen bei Erklärung des Problems von Argostoli jedoch um so mehr Nachdruck, wenn sie mit ähnlichen Verhältnissen an der Ostseite der Insel zusammen gehalten werden. Auch hier, und zwar in der Bucht von Sámo befinden sich mehrere Mühlen wie die von Argostoli hart am Meeresufer, aber was merkwürdig und von jenen ganz abweichend ist, werden dieselben nicht vom Meere, sondern von Quellen, welche kaum ein bis anderthalb Fuss über dem Meeresniveau aus den Kalksteinen hervorbrechen, in Bewegung gesetzt. Aber noch staunenswerther ist es, dass diese Quellen Salzwasser (Brakwasser) enthalten.

Dort dringt Meerwasser oder durch Süsswasserquellen stark vermischtes Meerwasser in's Land, hier strömen einige Fuss höher ähnliche Wässer aus gleichen Felsspalten hervor. Sollte dies nicht der vorerwähnten Circulation das Wort sprechen? — Allerdings, besonders wenn das aus der Gebirgskluft hervortretende Meeres- oder Mischlings-Wasser eine etwas höhere Temperatur als das Meerwasser zeigte. Die am 26. April (1860) angestellten Untersuchungen liessen das Quellwasser jedoch nur $14°9$ C. erkennen, während das Meerwasser gleichzeitig $17°$ C. wies, also der Voraussetzung gerade entgegen.

Aber wenn auch das Phänomen von Argostoli ohne eine ähnliche Beobachtung bis jetzt dasteht, ist das Phänomen von Samó, wie es scheint, eine häufig vorkommende Erscheinung, so wie das Hervorbrechen von theils, süssem theils brakischem Wasser aus Quellen im Meeresniveau von mir im Verfolg meiner Reise noch oft beobachtet wurde. Ich erinnere hiebei an die Salzseen von Rheitro in der Nähe des alten Eleusis. Es sind hier gleichfalls zahlreiche halbsalzige Quellen, die eine sumpfige durch einen Damm vom Meere abgeschnittene Niederung ausfüllen. An zwei Stellen ist, so viel mir erinnerlich, der Damm für den Abzug der im Bassin angesammelten Gewässer durchbrochen und es findet auch eine so bedeutende Strömung aus demselben in's Meer Statt, dass sie die Industrie durch den Bau von Mühlen zu benützen suchte, die sich aber durch Vernachlässigung gegenwärtig in einem unpraktikabeln Zustande befinden.

Auch auf der kleinen Landzunge, auf der Levsina (das alte Eleusis) liegt, gewahrt man am Westufer zahlreiche Quellen nur wenig höher als der Meeresspiegel entspringend, die sich schon von weitem durch üppigere Vegetation und namentlich durch zahlreichere Sumpfgewächse verrathen. Die stärksten von ihnen werden auch hier wegen des geringeren Salzgehaltes zum Reinigen der Wäsche benutzt, wie ich mich davon selbst überzeugte.

Durch Quellen derselben Art scheinen mir noch mehrere Tiefebenen Griechenlands, wie z. B. die von Argos, von Messene, von Nord- und Süd-Peloponnes ausgezeichnet und die uralte Cultur derselben war sicherlich auf die Fassung und Ableitung dieser Quellen gegründet, ohne welchen ein Anbau von Getreidearten auf solchen Boden schlechterdings unmöglich ist.

Diese Beobachtungen, denen sich ohne Zweifel noch eine grosse Menge ähnlicher Beobachtungen anreihen liessen, stellen indess die Thatsache auf das Bestimmteste fest, dass in sonst wasserarmen Gegenden Griechenlands der Ausbruch von Quellen in der Regel unmittelbar über dem Meeresniveau erfolgt und dass diese Quellen häufig eine Mischung von Salz- oder Meereswasser verrathen.

Die Ursache dieser Erscheinung kann meines Erachtens nur in nachstehenden Umständen zu suchen sein.

Was das Hervorbrechen von Quellen in den tiefsten Niveaus betrifft, womit gewöhnlich eine Wasserarmuth in den höher gelegenen Regionen in Verbindung steht, so ist dies nur auf Rechnung geologischer Verhältnisse und dem Vorherrschen und der Vertheilung gewisser Gesteinsarten zu schreiben.

Stark zerklüftete und höhlenbildende Gesteine mit einer am Grunde undurchlässigen Gesteinsschichte können die wässerigen Niederschläge der Atmosphäre nicht leicht an der Oberfläche des Bodens zur Ansammlung und Abführung bringen, sondern müssen sie auf verborgenen Wegen in tiefere Regionen leiten, dort in grösseren und kleineren Behältern ansammeln und von da aus nicht blos über und am Meeresspiegel, sondern auch eben so häufig unter demselben dem Becken des Meeres zuführen. Dieser Fall tritt z. B. im Karste, in den Gebirgen Istriens, Dalmatiens, ja im ganzen östlichen Küstenstriche des adriatischen Meeres ein. Fälle der Art sind aber auch nichts desto weniger über ganz Griechenland verbreitet, wofür die zahlreichen Felsschlünde *(Katavotra)* die augenscheinlichsten Belege liefern.

Die Versumpfung der Argolischen Ebene in der Nähe der Küste rührt unstreitig von hier hervorbrechenden unbemerkbaren Quellen her. Weiter südlich bei Anavolo findet sich sogar eine submarine Quelle. Diese Verhältnisse mögen das Hervorbrechen von Quellen in der Nähe des Meeres allerdings sehr plausibel machen, es wird aber dadurch keineswegs erklärt, wie das atmosphärische Wasser auf dem Wege durch unlösliche Gesteinsarten zugleich eine salzige Beschaffenheit anzunehmen im Stande ist. Vorausgesetzt, dass dieser Salzgehalt des Wassers, was zwar höchst wahrscheinlich aber noch keineswegs erwiesen ist, durch Beimengung von Meereswasser hervorgebracht wird *), so bleibt nichts übrig als anzunehmen, dass das letztere um einige Fuss örtlich gehoben und in Reservoire entleert wird, wo es in grösserer oder geringerer Menge mit gewöhnlichem Quellwasser gemischt, endlich sowohl in supra- als in sub-marinen Abzugsöffnungen wieder dem allgemeinen Becken zugeführt wird, von dem es unverändert und verändert (in Form von Dunst) herstammt. Wenn es für unsere hier speciel angeführten Fälle mehr als wahrscheinlich ist, dass die meteorischen Wässer im Verlaufe des Erdinnern nicht auf salzführende Schichten stossen und sich bei dieser Gelegenheit mit Salz impregniren, sondern ihren Salzgehalt nur der Beimengung des Meerwassers verdanken, so concentrirt sich zuletzt die ganze Frage darauf, wie das Meerwasser auf eine Höhe von 2—3 Fuss gehoben, in grössere oder kleinere Reservoire gebracht und da in ungleichen Verhältnissen mit den meteorischen Wässern zusammentritt.

Eine Hebung des Meerwassers in mehr oder weniger abgeschlossene Behälter, wo es sich ansammeln und durch niedrigere Abzugsöffnungen continuirlich abfliessen kann, ist eine Voraussetzung die sich bei genauer Erforschung der Örtlichkeitsverhältnisse, bei fortgesetzter Beobachtung der äusseren auf die bewegliche Oberfläche des Wassers wirkende Agentien nicht unschwer würde eruiren lassen. Zudem bietet uns die Haarröhr-

---

*) Es könnte dies nur durch Reihen von chemischen Analysen jener brakischen Quellwasser mit Sicherheit bestimmt werden.

chenwirkung eine Kraft dar, die bei der feinen nicht selten in Haarspalten sich vertheilenden Zerklüftung des Gesteines, das mit dem Meere in Berührung steht, hier um so eher zu berücksichtigen ist, als es sich eben nur um geringe Mengen Wassers, die gleichzeitig gehoben werden sollen und um eben so geringe Höhenunterschiede handelt.

Wer übrigens die periodischen, dabei aber ganz unregelmässigen Wasserbewegungen gesehen hat, die in dem engen Canale, der die Insel Euboea von dem griechischen Festlande trennt, vor sich gehen; wer es bemerkt hat, dass diese Wasserbewegungen, die gleichfalls so gross sind, dass sie als Wasserkraft benützt werden, ohne merkliche äussere Einwirkungen Jahrhunderte lang in derselben Stetigkeit erfolgen, der muss zur Überzeugung kommen, dass scheinbar ganz unerhebliche Niveauunterschiede des Meeres durch die Configuration des Beckens an bestimmten Stellen endlich zu bedeutenden Unterschieden sich erhöhen können. Wir haben im Euripos gewiss nur ein von Localverhältnissen abhängige Bewegungserscheinung des Meerwassers, die nur darum noch nicht auf ihre nähere Ursache zurückgeführt ist, weil es an fortlaufenden Beobachtungen fehlt, die uns über die dabei wirksamen Agentien Aufschluss geben.

Wenn nun auch die Erscheinung des Euripos auf die Bai von Argostoli zunächst keine Anwendung zulässt, so ist doch nicht in Abrede zu stellen, dass dieselbe ganz vorzüglich gebaut ist, um bei herrschenden West- oder Südwestwinden eine bedeutende Anstauung des Wassers in derselben und dadurch eine Erhöhung des Niveaus des Meeres zu verursachen. Würde nun dieses angestaute Wasser durch das zerklüftete Gestein, an dem es hier nicht fehlt, in grosse unterirdische Becken gebracht und dabei den möglichen Effect der Haarröhrchenwirkung unterstützen, — würde dieses so gehobene Meereswasser sich daselbst mit von oben hinzugelangendem Quellwasser vermengen und das Ganze endlich durch kleine Abzugsöffnungen sich wieder mit dem Meere in's Gleichgewicht setzen, so hätten wir alles, was wir zur Erklärung des Phänomens von Argostoli bedürfen. Ob die Mühlräder sich nun dort bewegen, wo sie jetzt hingebaut sind, und ob sie nicht eben so und vielleicht noch leichter nächst den Quellen im Hintergrunde der Bucht in Bewegung gesetzt würden, kann hier für uns nur Nebensache sein.

Wir hätten also im Grunde an den Mühlen von Argostoli genau dasselbe Phänomen wie das scheinbar ganz entgegengesetzte von Samó. Hier ist die Quelle vor dem Abflusse in das Meer in ein Becken gefasst, dort fehlt das Becken oder es ist vielmehr nur ausgedehnter, indem der ganze hintere Theil des Golfes oder dessen südliche Bucht als solches anzusehen ist.

Übrigens ist es ja schon lange bekannt, dass auch in den Klüften der ersten Mühle von Argostoli zu dem versinkenden Seewasser auch Süsswasserquellen zufliessen, und zwar so stark, dass bei Abschluss des Meeres das in denselben stagnirende Wasser bald einen milden Geschmack annimmt. Es deutet aber dieser Umstand zugleich darauf hin, dass hier muthmasslich nicht geringe Quantitäten süssen Wassers durch untermeerische Quellen dem Becken von Argostoli zufliessen.

Der beifolgende Holzschnitt mag zur Verdeutlichung der oben ausgesprochenen Ansichten dienen. Eine Richtigstellung desselben kann nur auf dem Wege fortgesetzter Beobachtungen ermöglicht werden.

IV. Die Kyklopen-Mauern der jonischen Inseln.

Wie neuerlichst zu beweisen gesucht wurde, sind die Kyklopen-Mauern Überreste von befestigten Niederlassungen eines Volkes, welches sich ursprünglich von Kanaan bis Lybien ausdehnte und selbst das Nilthal in seiner Botmässigkeit hatte. Im 17. Jahrhundert v. Chr., als dieses Hirtenvolk (Hyksos) aus dem fruchtbaren Nilthale verdrängt wurde, suchten einzelne Abtheilungen desselben anderwärts bleibende Stationen zu gründen, setzten sich am nördlichen Küstensaume des Mittelmeeres fest, oder kehrten von da wieder nach dem heimatlichen Jordan zurück. Einige Stämme dieses Volkes, Auswanderer — Pelasger, Philister — genannt, hatten sich, so viel bisher bekannt, zuerst auf Creta niedergelassen. Die Reste der Kyklopen-Mauern daselbst, die Felsengräber, die Bezeichnung der Orte, Flüsse u. s. w. geben hierüber unbezweifelten Aufschluss. Andere Stationen finden sich zahlreich auf dem Festlande Griechenlands, überall durch Reste von Burgen und Einfassungsmauern von eigenthümlichem Baustyle ausgezeichnet. Die pelasgischen Burgen von **Mykene, Argos** und **Tirynth,** die Lykosura am Lykæon im südwestlichen **Arcadien,** der älteste Wall der Acropolis (Pelasgikon) von **Athen,** die Laryssen in der **thessalischen** Ebene u. s. w. geben davon Zeugniss. Als dieses Volk aus Thessalien verdrängt wurde oder daselbst nicht mehr hinreichend Platz fand, wandte es sich in das Bergland von Epirus und mag wohl von da aus die nahen jonischen Inseln berührt haben, ja selbst bis Italien vorgedrungen sein. In Epirus liess es im Waldthal von Dodona noch jetzt erkennbare Spuren zurück, eben so zu Cartona in Umbrien und in mehreren Städten des Hernikergebirges. Aber eben so weit griff dieses Volk auch im Osten vorwärts und dehnte sich über Samothrake, Lesbos, den Helespont bis in die Mitte von Kleinasien aus, überall durch seine (semitische) Sprache von den späteren Einwanderern und den Hellenen unterschieden *). Wenn der kyklopische Mauerbau in Kleinasien auch zum herrschenden Styl geworden ist, der noch bis in die christliche Zeit hinein Anwendung fand, so lässt sich aus demselben und dessen Formen nichts desto weniger an anderen Punkten auf sein hohes Alter schliessen. „Der kyklopische Mauerbau ist kanaanitisch", sagt J. Braun **); „Kanaan, dieser ewige Tummelplatz fremder Eroberer, hatte am frühesten nöthig, seine Bergwipfel zu umschanzen". Und wirklich finden wir noch jetzt dort Bauten aus rohen Steinblöcken mit dazwischen gestopften kleineren wie zu Tirynth. Ohne Zweifel ist ein Mauerwerk aus rohen unbehauenen Steinen ohne Bindungsmittel als die ursprünglichste Form des Mauerbaues anzusehen. Der Unterschied des alten Kyklopenbaues von dem Baue, wie wir ihn gegenwärtig noch hie und da anwenden sehen, ist nur durch die Grösse der Werkstücke und durch die dadurch bedingte Massenhaftigkeit der Mauerung unterschieden. Mauern der Art sehen wir vorzüglich zu Tirynth, daher diese Form auch der rohe tirynthische Mauerstyl genannt wird.

Von diesem unsystematischen massiven Vieleckbau ist der systematische, weniger massive Vieleckbau aus theilweise zugerichteten Werkstücken verschieden. Es sind nicht mehr ungeformte Bruchstücke oder Findlinge, die hier senkrecht über einander geschichtet und zur Bildung ebener Wandflächen durch kleinere Bruchstücke ausgeglichen und gestützt werden. Die ebenfalls meist kolossalen Felsstücke sind an einer Fläche mehr oder weniger geebnet, und damit sie über einander gelegt hinlängliche Stabilität erhalten, auch seitlich zu ebenen Flächen

---

*) Nach K. F. Hermann, ist jedoch kein wesentlicher Unterschied zwischen den pelasgischen und altgriechischen Dialekten.
**) Geschichte der Kunst II, p. 53.

behauen und zwar zu Flächen, die mit der breiteren Stirnfläche oder dem Mauerhaupte einen mehr oder weniger rechten Winkel bilden. Solche rechtwinkelige Polygone oder Prismen, meist fünfeckig, bilden, da die Fügung der neben- und übereinanderliegenden Stücke eng anschliessend ist, nicht nur ein ungemein zierliches, sondern auch ein äusserst dauerhaftes Mauerwerk.

Dieser Polygonbau scheint wohl die grösste Ausdehnung in den pelasgischen Niederlassungen erhalten zu haben, obgleich er, der Natur der Sache gemäss sich aus dem zuvor beschriebenen Kyklopenbaue entwickelt hat und daher auch von geringerem Alter als jener sein muss. Merkwürdig ist, dass dieser Styl an der phönicischen Küste sehr selten, dagegen in Griechenland so wie in Etrurien und Kleinasien sehr verbreitet ist. Auch die kyklopischen Mauern auf den jonischen Inseln gehören vorzugsweise diesem Baustyle an.

Endlich gibt es noch den ungleich mehr vollendeten Quaderbau, der sich von dem vorhergehenden dadurch unterscheidet, dass die seitlichen Berührungsflächen nicht zahlreich, sondern auf vier einander rechtwinklig entgegengesetzte beschränkt sind. Dabei tritt jedoch die freie Vorderfläche in ihr rohes unverändertes, daher massiges Aussehen zurück. Diese Form des Mauerwerkes findet sich als Unterbau aller phönicischen Städte und Castelle, wie z. B. in Gebel (Byblos) u. s. w., sonst aber trifft er sich nicht selten in Verbindung mit dem vorhergehenden kyklopischen Baustyle in Tirynth, auf den jonischen Inseln u. s. w.

Nach diesen allgemeinen Bemerkungen will ich nun auf die von mir beobachteten Kyklopenbauten übergehen, die ich sowohl in Cephalonia als auf dem nahe gelegenen Ithaca beobachtete und die mir desshalb einer Mittheilung werth scheinen, weil sie sowohl von Fachmännern so wie von Reisenden weniger ausführlich als sie es verdienen, beschrieben worden sind.

Argostoli, die Hauptstadt von Cephalonia, ist ungeachtet der Name auf ein altes Ereigniss hinweiset, dennoch neuerer Entstehung. In der Tiefe der Bucht, ganz im Hintergrunde lag die alte Stadt Kraneá, die einst sicher eine grössere Bedeutung als jene hatte. Von ihr ist keine Spur mehr zu erkennen. Die sumpfige Niederung, in der die Meeresbucht landeinwärts fortsetzt, die Wein- und Obst-Gärten, in die das an nachtheiligen Miasmen eben so fruchtbare Terrain übergeht, deuten in den ausgegrabenen Quadern, den Sarkophagen *) und anderen Anticaglien die Stelle an, wo diese Stadt einst gelegen und welche Ausdehnung sie besass.

Ostwärts von dieser Thalmulde erhebt sich eine ziemlich steil abfallende Berglehne, die sich zu einem Gebirgsplateau ausdehnt und durch dieses mit dem Höhenzuge der Hauptgebirgsmasse der Insel in Verbindung tritt. Diese ganze Strecke ist eine unfruchtbare, steinige, der Cultur unzugängliche Öde, die von Gestrüpp überwachsen den Schaf- und Ziegen-Heerden nur spärliches Futter darbietet. Auf dieser Stelle scheinen einst die ältesten Ansiedelungen bestanden zu haben, wie dies die in einem grossen Umfange verlaufenden kyklopischen Mauern andeuten. Sie fassen ein beträchtliches, viele Morgen betragendes Stück Land ein und öffnen sich nach der Seite der Bucht, während die drei übrigen Seiten einen mehr oder weniger vollkommenen Verschluss bilden.

Dort wo am innersten Winkel der Bucht sich ein Felsvorsprung erhebt, unter dem eine starke Quelle ihren Ursprung nimmt, finden sich wenige Klafter über dem Meere die ersten Spuren einer Polygonmauer. Mächtige Kalksteinblöcke an der Stirnseite geebnet und nach den Stossseiten mit den anliegenden Gesteinsmassen knapp aber ohne Bindemittel vereiniget, bilden hier ein mehrere Schritte langes und ein Paar Klafter hohes Mauerwerk. Weiter bergan lassen sich fortwährend Stücke dieser Mauer erkennen, zugleich aber auch ein mit Mörtel verfertigtes Mauerwerk, offenbar viel späteren Ursprungs (römisch?). Fast ununterbrochen kann man jenen Polygonbau auf weite Strecken verfolgen, indem er bald geradlinig über Felshöhen und Tiefen setzt, bald diesen ausweichend sich mehr oder weniger krümmt und zuletzt in einem geradlinigen Zuge zurückkehrend, bis zur Spitze eines Berggipfels verlauft, der sich im Osten der Stadt

---

*) Die Sarkophage gleichen jenen von Corfu und von Platœa ganz und gar nach Grösse und Form, so wie auch nach dem Materiale (Kalk).

Argostoli jenseits der Bucht erhebt. Von diesem Höhenpunkte verliert sich die Mauer und kann nicht mehr bis zum Meere verfolgt werden, wohin sie sich ohne Zweifel einst erstreckte. Die Ausdehnung des ganzen Mauerwerkes dürfte wohl mehrere Stunden betragen.

Von dieser Umfassungsmauer einer ehemaligen Niederlassung, die bei feindlichen Einfällen Menschen und Heerden Schutz gewährte, lässt sich eine besondere innere und natürlich auch viel kleinere Umgürtung wohl unterscheiden, die wahrscheinlich als Acropolis diente. Ausser diesen einfachen Mauerwerken finden sich jedoch durchaus keine Spuren von Gallerien, Höhlungen im Gesteine u. s. w. Der Boden innerhalb der Mauerumgürtung ist eben so rauh, felsig und klippig wie ausserhalb derselben.

Was die Construction des Mauerwerkes betrifft, so besteht dasselbe durchaus aus zwei parallelen Mauern von äusserlich ebenen und seitlich polygonisch zugemeisselten und ohne Mörtel verbundenen Steinen, zwischen welchen der Raum mit regellos über einander geworfenen kleineren Stücken ausgefüllt ist. Die gesammte Mauerdicke beträgt 10 Fuss und darüber, die grössten Steinblöcke besitzen eine Länge von 12 Fuss und eine Höhe von 11 Fuss. Kleinere als die Hälfte so grosse Stücke gibt es im ganzen Mauerwerke nicht.

Über die ursprüngliche Höhe der Mauer lässt sich wenig sagen, doch geht aus der noch vorhandenen Höhe, die stellenweise zwei Klafter beträgt und den daneben liegenden herabgestürzten Felsblöcken hervor, dass dieselbe dereinst wohl noch einmal so hoch gewesen sein mag.

An vielen Punkten lässt sich bemerken, dass die so kunstgemäss zusammengefügten Steine sich nur zum Theil von einander entfernten, was darauf hinzuweisen scheint, dass an der Zerstörung der Mauer auch Erdbeben ihren Antheil gehabt haben mögen. Übrigens ist diese gewaltige Umfassungsmauer nicht an allen Stellen gleich, im Gegentheile lassen sich hie und da noch kleine vorspringende Flanken-Vertheidigungs-Bollwerke so wie regelmässige Öffnungen im Mauerwerke wahrnehmen. Es sind nämlich in gewissen meist regelmässigen Abständen von 20—30 Klaftern kleine quadratische Mauervorsprünge vorhanden, die zwar mit der Polygonmauer in Verbindung stehen, aber aus regelmässigen kubischen oder parallelepipedischen Steinen zusammengefügt sind und desshalb wohl von späterer Entstehung als die eigentliche Umfangsmauer selbst sein dürften. Ausser diesen Vorbauten erkennt man noch regelmässige Unterbrechungen des Mauerwerkes ebenfalls im Quaderbaustyl ausgeführt. Es dürfte mehr als wahrscheinlich sein, in denselben Thoröffnungen zu erkennen, die nach Bedürfniss geöffnet und geschlossen werden konnten. In welchem Zusammenhange dieses ungeheure kyklopische Bollwerk, das wie Tirynth auf den Beinamen τειχιόεσσα (wohlummauert) Anspruch machen dürfte, mit Kraneá stand, ist mir völlig unbekannt.

Nicht so ausgedehnt aber von gleicher Beschaffenheit finden sich kyklopische Mauern auch auf der Ostseite der Insel, am Castell von Samó. Sie dienten wie dieses dem hier äusserst steil ansteigenden Gebirgsrücken als Festungswerk. Die polygonen Mauern nehmen hier jedoch nur eine kleine Strecke ein gegen den Quaderbau, der vorherrschend ist und von dem sich in einer steil gegen den Berg ansteigenden Mauer noch ein bedeutendes Stück gut; theilweise vielleicht noch in seiner ursprünglichen Höhe erhalten hat. Die massigen Quadern gleichfalls aus Kalkstein sind hier jedoch durchaus mit Mörtel verbunden und beurkunden schon dadurch ihr jüngeres Alter. Von noch beiweitem neuerer Entstehung ist das Castell selbst, nunmehr eine Ruine und wahrscheinlich ein Römerwerk, wie zahlreiche Spuren am Fusse des Berges im heutigen Dorfe Samó von Niederlassungen der Römer Kunde geben. —

Auch auf Ithaca fehlt es nicht an Kyklopenmauern, wie das längst bekannt ist, indem die sogenannte Odysseus-Burg zu den ausgezeichnetsten Beispielen des Polygonbaues gehört. Durch Zufall entdeckte ich aber noch an der östlichen Landzunge von Vathy ein solches Mauerwerk, das zwar nicht ausgedehnt aber dadurch ausgezeichnet ist, dass die natürlichen, über den Boden hervorragenden Felsen als Unterlagen für die Mauerung dienten.

Im beifolgenden Holzschnitte ist davon eine nach der Natur treu ausgeführte Zeichnung gegeben. Es geht daraus hervor, wie der in der Natur vorhandene Felsboden häufig kunstgemäss benützt worden sein mag und die Anlage der Mauern sich selbst nach demselben gerichtet haben mag.

Die Odysseusburg auf einem steilen Hügel oberhalb Aitós, an der Verbindung der beiden flügelförmigen Theile der Insel und auf einem Standpunkte gelegen, der den zwischen Cephalonia und Ithaca befindlichen Canal von Viskardo ganz beherrscht, war als Bollwerk der Insel sicherlich von Bedeutung und konnte nicht leicht besser anderswo angebracht sein. Man staunt im Erklimmen dieses Bergkegels über die Steinmassen, die den Gipfel desselben in grauser Unordnung bedecken und dessen Gewirre nur stellenweise Stücke von gigantischen Umfassungsmauern erkennen lassen. Sich über einen Plan in dem Baue derselben zu verständigen, dürfte gegenwärtig wohl unmöglich, ja selbst ohne vorausgegangene und schwierig auszuführende Arbeiten nicht leicht zu bewerkstelligen sein. In wie weit daher das von Homer gegebene Bild der Odysseusburg an dieser Stelle möglicher Weise ausgeführt sein könnte, muss ich Anderen überlassen, die zur Lösung dieser Frage mehr Zeit als einen flüchtigen Anblick der Ruinen verwenden können. Was mir aber von naturhistorischer Seite auffiel, ist der Umstand, dass ungeachtet das Material sowohl hier wie in Cephalonia dasselbe ist, nämlich ein fester, versteinerungsloser, graulichweisser Kreidekalk, doch die Spuren der Verwitterung in den Mauerblöcken der Odysseusburg bei weitem mehr vorgeschritten waren als in den Felsblöcken der Kyklopenmauer von Cephalonia. Es waren nämlich in dem hier roh gelassenen Mauerhaupte der Blöcke tiefe durch Zerfressen des Steines gebildete Vertiefungen zu erkennen, welche verglichen mit der Lager- und Stossfläche des Steines, die noch wenig von der ursprünglichen Rauheit verloren hatten, im grellen Gegensatze standen. Unbezweifelt lässt sich aus der Beschaffenheit des der ungehinderten Einwirkung der Atmosphärilien ausgesetzten Gesteines der Schluss ziehen, dass hier die Exposition viel länger als dort stattfinden musste, daher das Mauerwerk der Odysseusburg jedenfalls auf ein viel höheres Alter als jenes Anspruch macht. —

Jedem, der vor einem kyklopischen Polygonbaue steht, muss es auffallen, mit welcher Genauigkeit die Aneinanderfügung der massenhaften Gesteine stattfindet und wie richtig und scharf die in den verschiedensten Winkeln an einander stossenden Flächen bearbeitet sind. Während beim Quaderbaue die einzelnen Werkstücke unabhängig von einander vorbereitet werden können, ist dies hier nicht der Fall, indem die Winkeln der Unterlage die Form der Auflage bedingen. Ein Volk mit den einfachsten mechanischen Hilfsmitteln hat jedoch dies in einer Weise ausgeführt, die nicht nur alle Anerkennung verdient, sondern uns sogar als Musterwerk vorliegt.

Es kann keinem Zweifel unterworfen sein, dass sich die Baumeister solcher Kyklopenmauern gewisser Kunstgriffe bedienten, welche die Arbeit ungemein erleichterten und die ihnen dabei zugleich gestatteten, die ungeheuren Steinblöcke nach ihrer ursprünglichen Bruchform und ihren möglicherweise natürlichen Flächen zu benützen und anzuwenden, ohne zu viel Zeit und Arbeit mit der Zurichtung zu verwenden. Es ist dies die Anwendung von Bleiplatten, welche auf die Lagerfläche aufgedrückt und in die Winkel hineingepresst wurden, so dass sie die Unebenheiten derselben annahm. Nach dieser Form oder nach diesem Modelle wurde nun unter vielen vorhandenen Steinen der passendste gewählt und darnach seine Lagerfläche bearbeitet. Dass ein solcher beweglicher Bleistreifen in der That als Hilfsmittel diente, geht aus einer Mittheilung Aristoteles' hervor, wo er denselben „lesbischen Kanon" nennt *).

Wer es in Zweifel ziehen wollte, dass vorzugsweise die durchaus unregelmässig natürliche Form der Steinblöcke (seien sie Findlinge oder Bruchsteine) Veranlassung zum Polygonbaue gab, dem geben wir zu bedenken, dass derselbe vorzugsweise aus Kalksteinen und Granit aufgeführt wurde, denen jede Flächenbildung als Bruchstücke mangelt, am wenigsten aber ein Parallelismus zweier Flächen zukommt, durch welchen allein der Quaderbau seine natürliche Anwendung gefunden haben kann. Unberührt ist aber auch die Frage geblieben, in wie weit der Kyklopenbau von den ursprünglich in einem höheren Grade dargebotenen frei liegenden Felsstücken (Findlingen) abhängig war, die zu sammeln und zum Baue zu verwenden sicherlich eine viel geringere Mühe war, als dieselben erst steinbruchsmässig zu gewinnen und an die Baustellen zu transportiren. Der Mangel aller Steinbrüche in der Nähe solcher Kyklopenmauern möchte dafür sprechen, dass ihr Material ausschliesslich oder doch grossentheils von Findlingen hergenommen wurde.

---

*) Über den „lesbischen Kanon" wurden bisher viele Erklärungen gegeben. Die wichtigste ist die von Dr. P. W. Forchhammer: Über die kyklopischen Mauern Griechenlands und die schleswig-holsteinischen Felsmauern etc. Kiel 1847. 4. 2 Tafeln.

V. Der Monte nero auf Cephalonia und die cephalonische Tanne.

Für den Naturhistoriker und namentlich für den Botaniker ist der Monte nero auf Cephalonia weitaus der interessanteste Punkt der jonischen Inseln. Sein in die Wolken ragender und durch ein halbes Jahr mit Schnee bedeckter Gipfel, umfluthet von Meereswellen, lässt unter dem 38. Breitegrade solche eigenthümliche Verhältnisse des Naturcharakters vermuthen, dass es wohl der Mühe lohnt, die man auf seine Besteigung verwendet. Dazu kommt noch, dass sich hier ein Stück Land aufrollt, dem selbst eine dreitausendjährige Cultur, welche sich rings herum breit machte, nichts anzuhaben vermochte. Die Beschwerlichkeit, mit der die Entwaldung und die Nutzbringung des Holzes hier verbunden sein musste, hat diesem Theile der Insel noch seinen uralten und ursprünglichen Schmuck, den Bergwald, erhalten. Von diesem dunklen Nadelwalde, der wie ein Gürtel die obere Hälfte des Berges umgibt, hat derselbe eben seinen gegenwärtigen Namen erhalten, während wir ihn bei Strabon mit dem Namen Aenos bezeichnet finden.

Cephalonia ist im Ganzen ein gebirgiges Eiland; Ebenen und Thäler gibt es eigentlich nicht, wenn man nicht Hügelland, Schluchten und Mulden für dieselben nehmen will. Ein fester rauher Kalkstein, der Kreideformation angehörig, bildet die vorherrschende Gebirgsart, über welchen an der Westseite der Insel bei Lixuri und Argostoli ganz junge kalkige und mergelige

Schichten in geringer Ausdehnung lagern. Der Kreidekalk bildet daher die Hauptgebirgsmasse, welcher die Insel von Norden in Süden der Mitte nach durchzieht und nahe dem südlichsten Ende sich zu einem nahezu 5000 Par. Fuss hohen Gipfel, dem Monte nero, aufthürmt.

Wenn man von Samó nach Argostoli (den beiden Orten, wo die Dampfer anhalten) wandert, so durchschneidet man die Insel quer und muss daher auch über den Höhenzug setzen. Die Kunststrasse, die beide Ortschaften verbindet, steigt in schönen Windungen an den Seiten tiefer Schluchten bis zu einer Höhe von 2000 Fuss. Man ist hier dem Tannenwalde schon ziemlich nahe und übersieht seine Ausdehnung, die an der Nordseite viel weiter herabreicht als an der Südseite von dem tiefsten Punkte bis zu den höchsten, doch ist es von hier aus nicht möglich den Monte nero bequem zu besteigen. Man wählt dazu einen Weg, der von dieser Verbindungsstrasse in der Nähe des Dorfes Fragata abgeht und über Valsamata in vielfachen Serpentinen den Vorbergen des Monte nero zuführt. Das Kloster St. Gerasimo bleibt dabei ein wenig rechts liegen.

Der Reisende, der zur Besteigung des Monte nero hinlänglich Zeit zu verwenden hat, thut wohl, von Argostoli Nachmittags den Ritt oder die Fahrt bis zu dem genannten Kloster zu machen, wo er auf Empfehlung Unterkommen findet, um den folgenden Tag der Besteigung des Berges zu widmen. Ich und mein Freund Herr Dr. Oscar Schmidt, in der Zeit beengt und keineswegs durch die Witterung vollkommen begünstiget, zogen es vor die Besteigung von Argostoli aus in einem Tage zu vollenden. Dazu gehörte freilich, dass wir uns auf dem ganzen fahrbaren Wege, der wohl vier Fünftheile der Entfernung der Spitze des Berges von Argostoli betragen mag, einer Kutsche und guter ausdauernder Pferde bedienten. Nur unter solchen Umständen ist es möglich die ziemlich anstrengende Tour in 15—17 Stunden zu vollenden.

Wir beide sind dem Herrn Sanders, Bankdirector in Argostoli, der mit den Localverhältnissen ganz und gar vertraut, ein Freund dieser Bergpartie und ein besonderer Verehrer der sich auf dieser Höhe wunderbar entfaltenden Naturschönheit ist, sehr verbunden, dass er sich unserem Vorhaben nicht nur auf das zuvorkommendste anschloss, sondern sogar die Leitung desselben übernahm. Dem zufolge bestiegen wir am 21. April um halb sechs Uhr Morgens den Wagen, der uns schon um halb acht Uhr in das Kesselthal von St. Gerasimo brachte. Die Beschreibung dieses weitläufigen und wohlhabenden Klosters, des ansehnlichsten der ganzen Insel, hat Herr Mousson, welcher hier bei derselben Bergbesteigung übernachtete, sicher mit allzu freundlichen Farben geschildert, so dass ich mich sehr enttäuscht fand in diesem fast baumlosen aber sonst gut bebauten Thale, die keineswegs grossartigen sondern nur seltsamen Kirchen- und Klosterbauten *) mit einer ganz prosaischen Papelallee eingeleitet zu sehen. Das Thal erhebt sich gegen Süden muldenförmig und lässt daher die Gewässer während der Regenzeit nicht abfliessen, sondern sammelt sie an der niedersten Stelle, welche dadurch zu einem Sumpfe wird. Nach und nach versickert indess in dem zerklüfteten Gesteine das Wasser und hinterlässt einen hinlänglich durchfeuchteten fruchtbaren Boden. Die arbeitsamen Bewohner von Fragata und Valsamata haben mit vielem Fleisse aber auch das noch benützt, was ihnen der beinahe nackte Felsenboden darbietet, welcher die Ebene von allen Seiten umfasst und ihn theils in Feld, theils und zwar an der Ostseite in Weinberg umwandelt. Aber ungeachtet die Häuser der beiden Dörfer einigen Wohlstand bekunden, fehlt es den Bewohnern doch an Dingen, die bei uns selbst der ärmste Bauer kaum entbehren könnte. Es machte einen wahrhaft peinlichen Eindruck, alle Leute in Lumpen und Fetzen herumgehen zu sehen und statt den so kleidsamen Fes der Männer eine weisswollene, unseren Schlafhauben ähnliche Mütze, und bei den Weibern eine Anordnung der Haare, wie wenn Fledermäuse darin genistet hätten, als Sonntagsstaat zu bemerken.

Von Valsamata steigt der Berg steil an und die Strasse kann nur in oft wiederholten Schlangenwindungen zur Höhe

---

*) Darunter ist der Glockenthurm nach Art aller griechischen Thürme das Auffallendste.

emporgelangen. Trockene Giessbäche *(Rheumata)* strecken ihre Arme von allen Seiten in's Thal herunter und nöthigen die Strasse oftmals über ihre Vertiefungen zu setzen, was aber hier zu Lande, wo der Giessbach nur ein paar Monate Wasser führt, ohne Überbrückung leicht bewerkstelliget wird.

Natürlich kennt das Land eine Kunststrasse, die bis zu einer Höhe von 3506 Par. Fuss führt, erst seit dem Regimente der Engländer, die hier oben im Tannenhain sich ein recht trauliches Plätzchen für ihre Sommerfrische ausersehen haben. Dahin war nun auch zunächst unser Augenmerk gerichtet. Nachdem dieser steile fast ganz vegetationslose Bergabhang, wo nur hie und da ein zwergiges Pflänzchen zwischen Steinklüften so viel Schatten und Feuchtigkeit findet, um durch einige Wochen sein Leben zu fristen, erklommen war, ging es auf dem Gebirgssattel etwas weniger steil vorwärts. In den Felsmulden sprossten ärmlich grüne Saaten, einzelne Büsche von *Crataegus Oxyacantha* und *Quercus coccifera* tauchten dort und da auf, endlich erschienen selbst staatliche Eichen als Vorposten des nahen Waldes, der durch sein saftiges Dunkelgrün zum Verweilen einlud. Auf grünen an unsere Alpenhöhen mahnenden Graspolstern ging es immer näher dem Walde zu, endlich umfingen uns die ersten Truppen mächtiger Tannen und die Umwandlung war wie durch einen Zauberschlag geschehen. Ich kann diese Scenerie nur mit jenen Gegenden des Karstes vergleichen, wo man aus der nackten Steinöde plötzlich in den dunkeln Nadelwald, dessen Stämme von unten bis zum Gipfel mit Epheu umsponnen sind, versetzt wird.

Es war eben 10 Uhr als wir die Casa inglese, ein kleines aber bequemes, aus Stein gebautes Häuschen mitten im Waldesdunkel erreichten. Hier wurde Halt gemacht, ein improvisirtes Frühstück genommen und alle Anstalten getroffen, um von hier aus zu Fusse den Gipfel des Monte nero zu besteigen. Kaum hatte ich so viel Zeit gewonnen, um Augen und Hände in den Rasenplätzen und in den üppigen Moospolstern, die Fels und Bäume bekleideten, schwelgen zu lassen. Die Schneedecke mochte vielleicht erst seit einigen Wochen den Boden verlassen haben, daher prangte derselbe im schönsten Frühlingsschmucke; eben so war durch die kleinen gelbgrünen Triebe der benadelten Äste ein lieblicher lebensfrischer Reiz über die dunkeln 50 bis 60 Fuss hohen Tannen ausgebreitet. Lautlose Stille herrschte allenthalben, düstere regenschwangere Nebel zogen hin und her, verhüllten und entblössten die Landschaft so magisch, dass es kaum auf Minuten möglich war zu erkennen, wo man sich befand. Die Täuschung, sich in einen Tannenwald der Alpen, nahe der Baumgrenze versetzt zu sehen, war um so grösser, als auch die übrige Vegetation dieselbe unterstützte. Hier sah man die längst bekannten *Draba verna* L., *Thlaspi praecox* Wulf., *Teesdalia Lepidium* DC., *Cochlearia saxatilis* Lin. zwischen Felsritzen, dort im Schatten unser Veilchen (*Viola odorata* Lin.) und *Arenaria serpillifolia* Lin. ihre zarten Blumen emporheben. Eben so erkannte man an *Muscari racemosum* L. und an der *Scilla nivalis* Boiss, die von der *Scilla bifolia* L. unserer Donau-Auen wohl kaum zu unterscheiden ist, ferner an einer zwergartigen Alpenform des Löwenzahnes (*Taraxacum officinale alpestre* γ Wigg) alte heimische Frühlingsfreunde. Nur an einigen andern Gewächsen, wie an *Gagea polymorpha* Boiss, *Orchis provincialis* β *pauciflora* Rchb. fil. *Veronica glauca* Sibth. und *Arabis verna* R. Br. hatte die südliche Sonne bereits ihren specifisch verändernden Stempel aufgedrückt. Über alle Beschreibung lieblich nahmen sich aber in den üppigen Moospolstern, die alle Felsen überzogen und vorzüglich aus *Scleropodium illecebrum* Brid, *Camptothecium aureum* Schp. und *Homalothecium sericeum* Schp. bestanden, die zarten weissen, gelben und rothen Blümchen von *Pteroneurum graecum* DC., *Ficaria calthaefolia* Reichb. und des *Geranium lucidum* L. aus.

Von der Casa inglese bis zur Spitze des Monte nero sind noch mehr als zwei Stunden Weges. Wir schritten muthig vorwärts, erst durch Waldesdickicht, das uns nur stellenweise einen freien Ausblick erlaubte, dann über wüste nackte, nur mit sparsamen Steinflechten und Moosen bekleidete Felskämme, endlich über Schneefelder, die bei fortwährendem Temperaturwechsel ganz und gar die körnige Beschaffenheit unseres Firns annehmen.

Casa inglese auf dem monte nero

Die früher in einen Pelz von *Leucodon sciuroides Schwægr.* β *morensis* und den prachtvollen Neckern *(Neckera cephalonica* Jur. & Ung. und *Neckera turgida* Jur.*) Pterogomium gracile* Sm. und *Eurhychium circinatum* Schp. gehüllte Stämme der Tannen waren nunmehr mit *Sticta pulmonaria* L., *Nephroma resupinatum* L. und *Evernia furfuracea* Lin. bedeckt und höher hinauf wechselte auch dieses Kleid mit den haarigen Flechten von *Bryopogon sarmentosum* Ach. und *Evernia divaricata* L. — Alles hatte nun einen mehr winterlichen oder nordischen Charakter angenommen. Auch die *Scilla nivalis* verlor sich endlich und machte den dunkeln winzigen Polstern der *Grimia apocarpa* Hedw. Platz, die Tannen wurden kleiner, knorriger und ästiger, Cratægus-Gebüsch, das bis hieher stieg, eben so ein struppiger niedriger *Astragalus*, der allenthalben den Boden bedeckte, waren noch im Winterschlaf versunken, ja selbst der Tod hatte in den vom vorigen Sommer hinterlassenen dürren von Wind und Wetter zerzausten Stengeln eines *Verbascum* jenem kümmerlichen Leben einen würdigen Geleitsmann an die Seite gestellt.

Nebel und Wolken, vom Winde hin und her gepeitscht, nahmen nunmehr so überhand, dass bei der endlichen Erreichung der Spitze durchaus an keine Fernsicht zu denken war. Dabei wurde es der Art frostig, dass ich, unvorsichtiger Weise meinen Mantel zurücklassend, in den Sommerkleidern nicht mehr im Stande war, den ungünstigen Elementen Trotz zu bieten. Ich entschloss mich daher unter den letzten Tannen, die ungefähr 200 Fuss unter dem Gipfel des Berges stehen mögen, zu verweilen, bis meine Begleiter, die noch Muth hatten die Spitze zu erklimmen, wieder zurückgekehrt sein würden. Bald war ich auf dieser einsamen, schauerlichen Stelle ganz und gar in Wolken gehüllt und verlor die beiden Herren bald aus den Augen. Ein banges Gefühl beschlich mich auf Augenblicke. Hinter dem Stamme einer knorrigen Tanne Schutz suchend, machte ich mich nun daran, das Wasser des Gefässes meines Hypsometers zum Kochen zu bringen und staunte nicht wenig, als das freie Thermometer $+ 5°$ C. zeigte. Die Höhe dieses Punktes ergab die

Berechnung der Beobachtung zu 1555 Meter = 4787 Par. Fuss. Nimmt man von hier an bis zur Spitze gering gerechnet nur 200 Fuss, so hat man für den Gipfel des Monte nero 4987, in runder Zahl 5000 Par. Fuss. Auch meine Herren Begleiter kehrten wegen Ungunst der Witterung noch vor Erreichung ihres Zieles um, und bald waren wir wieder vereiniget, um zusammen den Rückweg zur Casa inglese theilweise über andere Felsenkämme und Waldstrecken anzutreten. Hatte das Gestein uns schon im Ansteigen des Berges dort und da einzelne Petrefacten gezeigt, so wurden uns diese hier noch in einem reichlicheren Masse dargeboten, leider aber in einem Zustande, der zwar in einigen Fällen die Gattungsbestimmung, keineswegs aber die genaue Artbestimmung zulässt. Im Ganzen waren Hippuriten vorherrschend *(Caprinella, Radiolites* und *Biradiolites)* dazu eine vielleicht neue Art von *Nerinea* und *Stephanocœnia* u. s. w. und es lässt sich voraussehen, dass eine sorgfältige Durchforschung eine recht schöne und mannigfaltige Ausbeute geben dürfte.

Auf eben diesem Rückwege hatten wir zugleich Gelegenheit Strecken des dichtesten Bestandes, des tiefsten Walddunkels zu betreten, wo die Axt sicherlich noch nie Lichtungen vorgenommen hat. Wie grossartig ist dieser Anblick! wie sehr gleicht er dem Bilde der ursprünglichen Schöpfung, das nur in wenigen Punkten unseres entwilderten Europa's mehr vorkommt! Noch mehr an Lebendigkeit gewann dasselbe durch den Umstand, dass vielleicht wenige Wochen vorher ein Sturm grosse Verwüstungen anrichtete. Ganze Reihen der stärksten markigsten Stämme waren wie Grashalme abgeknickt und lagen — ein trauriges Bild irdischer Grösse — mit ihren stolzen, himmelanstrebenden Häuptern der Erde gleich. Es machte uns nicht wenig Mühe, über das Gewirre von zersplitterten Stämmen, abgebrochenen und noch emporragenden Ästen, abgeschundenen Felsstücken u. s. w., die beinahe einen undurchdringlichen Verhau bildeten, hinweg zu kommen. So erreichten wir endlich durchfroren, aber reich mit Mineralien, Petrefacten und Pflanzen beladen, für die meine mitgenommenen Taschen und Säcke kaum mehr ausreichten, wieder die Casa inglese, die uns einige Erholung versprach. Herr Sanders hatte in der klugen Voraussicht, dass eine angestrengte Bergbesteigung das Bedürfniss nach Erfrischung erhöhen würde, alles eingerichtet, um unseren Wünschen zuvorzukommen. Kaum aus dem Waldesdunkel hervortretend, gewahrten wir als das lieblichste Zeichen, das uns hier begegnen konnte, den hoch aufsteigenden Rauch an der friedlichen Hütte, jetzt von einem freundlichen Blicke der Sonne belächelt. Nach echt phäakischer Sitte drehte sich da im Schatten der Tannen ein prachtvolles Spannferkel am hölzernen Spiesse herum, die Schwarten schon gebräunt, — eine wahre Lust selbst dem weniger Nahrungsbedürftigen. Kaffee, Eier, Kuchen, Geflügel und was sonst unseren verwöhnten Gaumen gut dünkt, ja gewiss viel mehr als König Alkinoos einst dem schiffbrüchigen Odysseus bieten konnte, war vorbereitet, und dazu fehlte weder erfrischendes aus einer nahen Cisterne geschöpftes Wasser, noch der feurige Cephalonier-Wein. Hatte der unvergleichliche Naturgenuss im Waldesdunkel unsere Seele schon gehoben und mit Zaubermacht in die heimatlichen Wälder des Nordens versetzt, so vollendete die Glut des trefflichen Weines die Begeisterung, und es war nicht zu verdenken, dass, ungeachtet der wolkenbewegende Zeus uns von seinem einstmaligen Throne — der Spitze des Aenos *) — abwehrte, wir ihm dennoch für so viele geschenkte Gunst eine Libation brachten.

Welche Rundschau von einer steilen 5000 Fuss hohen, wenigstens an der Südseite fast unmittelbar aus dem Meere sich erhebenden Bergesspitze einer Insel, nicht ferne vom Festland einerseits und umgeben von kleineren Inseln andererseits, sich entfalten mag, lässt sich denken. Ich verweise auf eine warme Schilderung dieses Panorama's in dem mehr erwähnten Büchlein Ab. Mousson's **). Zugleich wird es aber begreiflich, wie diese

---

*) Nach Strabon stand auf der Spitze ein Altar des Jupiter Aenesius, wie sich in Griechenland auf mehreren Berghöhen Altäre und Tempel des Jupiter befanden, so z. B. auf dem 2700 Fuss hohen Apesas im Peloponnes, der Tempel des Zeus Apesantios u. a. m. Noch jetzt finden sich an jener Stelle Knochentrümmer, wahrscheinlich von den geschlachteten Opferthieren. Proben davon, die mir Herr Sanders mittheilte, enthielten unter andern nach Prof. Hyrtl's bestimmter Versicherung auch Knochen vom Schweine.

**) Ein Besuch auf Corfu und Cephalonien im September 1858, p. 48.

Perle der Insel von den doch mehr oder weniger fremden Bewohnern, den Engländern, an's Licht gezogen und während der unerträglich heissen Sommermonate als ein erfrischendes Refugium benützt wird.

Die Sonne neigte sich schon sehr und mahnte zum Aufbruch aus diesem prachtvollen Tempel der Natur, den seines edelsten Schmuckes zu berauben wahrlich nicht in meiner Absicht lag, daher ich die mir als Andenken mitgegebenen und zu Spazierstöcken zugeschnittenen Wipfel schöner Tannen nur mit Widerwillen entgegennahm.

Rasch ging es nun bergabwärts. Als Valsamata erreicht wurde, fing es schon zu dämmern an und als wir über die lange Bogenbrücke nach Argostoli einlenkten, spiegelte sich schon ein ganzes Heer funkelnder Sterne in dem dunkeln ruhigen Busen des Meeres.

Ich habe nun zwar vom Tannenwalde des Monte nero gesprochen; es ist aber für den Naturkundigen auch von Wichtigkeit, von der Tanne selbst und ihrer Geschichte das, was man bis jetzt weiss, und was ich selbst erfahren habe, hinzuzufügen.

Die cephalonische Tanne ist unserer Weisstanne *(Pinus Picea* Lin., *Pinus Abies* Duroi.*)* zwar nahe verwandt und ihr sogar sehr ähnlich, unterscheidet sich aber in mehreren Merkmalen so, dass man sie nicht blos für eine Abart derselben, sondern für eine eigene Species hält. Als solche wurde sie zuerst (1839) im Pinetum Woburnense 119, t. 42. unter der Bezeichnung *Abies cephalonica* in die Wissenschaft eingeführt, wo ausser einer dürftigen Beschreibung nichts als ein beblätterter Zweig in Abbildung beigegeben wurde. Die Blätter werden als pfriemlich, lanzettförmig, etwas gekrümmt, am Grunde gedreht und in eine scharfe Spitze ausgehend bezeichnet, ihre Stellung am Aste als nicht kammförmig, sondern dicht stehend angegeben. Weder Blüthe noch Früchte waren damals bekannt.

Diese Pflanze kam, wie aus einer Mittheilung in Loudon's Gardeners Magazine XIV (1838), Vol. IV, Ser. 2, p. 81 hervorgeht, durch General Charles James Napier, dem damaligen Gouverneur von Cephalonia, der sich für diesen Baum sehr interessirte, im Jahre 1824 nach dem nördlichen Europa und wurde da aus Samen gezogen. Im Jahre 1837 zahlte der Herzog von Bedford für ein Exemplar, das er aus der Plymouther Baumschule erhielt, 25 Guineen. Derselbe Preis wurde auch für diese Pflanze aus der Exeter Baumschule bezahlt.

Im folgenden Bande desselben Journales (Gard. Magaz. XV, Vol. V, Ser. 2, 1839) gelangen wir p. 238 in eine nähere Bekanntschaft mit dieser Tanne. Es wird erzählt, dass H. L. Long Esq., der zuerst jene früher erwähnten Samen durch General Napier erhielt, nun auch durch einen Freund in Corfu einen grossen mit vielen reifen Zapfen besetzten Zweig der cephalonischen Tanne empfing. Von demselben wird Fig. 49 eine auf ein Viertel Grösse reducirte Zeichnung, zugleich aber in Fig. 50 die Abbildung eines Zapfens in natürlicher Grösse beigegeben, so wie andererseits nicht unterlassen Schuppen des Zapfens, Samen, keimende Pflänzchen und Knospen in guten Abbildungen anzuschliessen. Auf diese Angaben gestützt wurde es nun möglich, die Stellung dieses Nadelholzes als Tanne (*Picea* im Sinne Loudons) zu bestimmen, doch zugleich bemerkt, dass aus allen dem noch nicht hervorgehe, ob dieselbe als eigene Art oder blos als eine Varietät der Weisstanne (*Pinus Picea* L.) zu betrachten, dass aber namentlich in Bezug auf die Blattform eher das erstere als das letztere zu vermuthen sei. Samen dieser Zapfen hatte Long Esq. allenthalben in England verbreitet.

Ein Resumé über die cephalonische Tanne gibt einige Zeit darauf die Encyclop. of trees and shrubs von Loudon 1842, 8., wo p. 1039 mit Wiederholung der vorigen, zwei neue Abbildungen in Fig. 1945 und 1946, welche beblätterte Zweige, wahrscheinlich von jungen in England gezogenen Exemplaren, darstellen, hinzugefügt werden. Einem Zweifel über die specifische Eigenthümlichkeit dieser Art wird in folgenden Worten Ausdruck gegeben: „Die steifspitzigen Blätter mit den breiten Blattstielen der jungen Pflanzen geben der cephalonischen Tanne ein von der Weisstanne verschiedenes Aussehen, allein wir zweifeln, dass dieses jedenfalls eine ausgezeichnete Varietät kennzeichnende Merkmal als Art-Charakter angesehen werden könne".

Eine weitere Nachricht erhalten wir im Arboretum et frucicetum britanic. Vol. IV (1844), p. 2325 von J. C. Loudon, wo die Blätter dieser Tanne gleichfalls pfriemlich, vom Grunde nach dem Ende verschmälert und in scharfe Spitze auslaufend, der Blattstiel als sehr kurz und am Anheftungspunkte nach der Länge erweitert beschrieben werden. Der Baum erreicht nach Angabe Napier's in seinem Vaterlande 60 Fuss Höhe und 9 bis 10 Fuss Umfang. Die zahlreichen Seitenäste so wie die dicht stehenden, fast sitzenden lanzettlichen Nadeln derselben sollen dem Baume, so lange er noch jung ist, im Allgemeinen das Aussehen einer *Araucaria* geben. Es wird noch hinzugefügt, dass an den untersten Ästen des Baumes die Nadeln an den Zweigen mehr in Form der Weisstanne in zwei Reihen stehen. Eine Abbildung von Zweigen und Nadeln wird aus Encyclop. of trees and shrubs, Fig. 1945 und 1946, wiederholt.

Auch F. Antoine (Die Coniferen nach Lambert, Loudon und Andern frei bearbeitet. Wien 1840. Fol.) benützt nur die bereits bekannten Angaben über die fragliche Tanne, die Abbildungen, namentlich die des Zapfens, die er etwas ausgeführter gibt, sind dem Gard. Magaz. XV, Fig. 50 oder eigentlich einer Handzeichnung F. Rauch's, von dem eben jener Holzschnitt herrührt, entnommen. Die frühere Vermuthung, dass diese Tanne unserer Weisstanne ähnlich sei, bestätigte sich der Art, dass im Zapfen bei weitem geringere Unterschiede als in der Beblätterung vorhanden sind. Die Zapfen der cephalonischen Tanne werfen so wie die Zapfen unserer Weisstanne nach der Reife ihre Schuppen ab und es bleiben nur die nackten Spindeln mit den Ästen in Verbindung stehen. In diesem Zustande traf auch ich den Baum im April und wie aus Mousson's Bericht (l. c. p. 51) hervorgeht, war es auch ihm im Monate September nicht mehr gelungen, einen vollständigen Zapfen im Walde des Monte nero aufzufinden. Die Samenreife muss also schon im Juli stattfinden, auch überhaupt der Baum nur alle 2—3 Jahre fructificiren. Der

Zapfen der *Abies cephalonica* gleicht in Grösse und Form ganz dem Zapfen der Weisstanne, nur mit dem Unterschiede, dass er sowohl an der Spitze wie am Grunde mehr konisch zuläuft. Die Schuppen selbst aber so wie die Bracteen sind in beiden ganz gleich, auch bieten die Samen durchaus keine wahrnehmbaren Unterschiede dar. Wenn Endlicher (Synops. Conif. p. 98) die Zapfen der *Pinus cephalonica* Endl. als „coni fusiformes", Antoine als „coni cylindrici" beschreibt, so ersieht man wohl, dass ihre Form streng genommen weder das eine noch das andere ist.

Was meine eigenen Beobachtungen an der cephalonischen Tanne anlangt, die ich an Ort und Stelle zu machen Gelegenheit hatte, so muss ich vor Allem bemerken, dass ihr Habitus von dem unserer Weisstanne sehr verschieden ist, dass jedoch eine Ähnlichkeit mit *Araucaria brasiliensis* nur ganz jungen Exemplaren einigermassen zukommt. Was vor Allem auffällt, ist die Unregelmässigkeit in der Stammbildung, indem es fast Regel ist, dass jeder Stamm entweder an der Basis oder in einiger Höhe mit Seitenstämmen versehen ist, die dem Baume ein ungewöhnlich buschiges Ansehen geben, dabei sind die Stämme selten gerade, sondern meist schon von unten an etwas gebogen. Ohne Zweifel rührt diese Beschaffenheit von den Unbilden des Klima's, den häufigen Verletzungen durch Thiere und namentlich von Windbrüchen her. Die kräftige bildsame Natur des Baumes bringt durch neue Sprossbildung dem verlorenen Gipfel mehr als nothwendigen Ersatz. Schöne geradwüchsige Stämme sind äusserst selten und finden sich nur in Schluchten, in dichtgedrängten Beständen, dagegen sind die jungen 20—30jährigen Bäumchen durchaus geradwüchsig, schlank und durch regelmässige Quirlstellung der Äste ausgezeichnet. Was aber der cephalonischen Tanne ein entschieden fremdartiges Aussehen gibt, ist die Hebung der Äste nach aufwärts, während die Äste unserer Weisstanne sich mit ihren Enden nach abwärts neigen. Dies so wie der Mangel der weissen Rinde des Stammes, ferner das ungemein starke Bedecktsein mit Moosen und Flechten lassen schon von weitem in der cephalonischen Tanne nicht jenen befreundeten Bürger unserer Wälder erkennen.

Einen Umstand muss ich jedoch noch hervorheben, den ich lange Zeit vergebens auf seinen wahren Ursprung zurückzuführen bemüht war. Was von der dichten struppigen Stellung der Nadeln an den Zweigen, dem Mangel der seitlichen Richtung (die pectinate Form) zum Unterschiede von *Pinus picea* L. von den Schriftstellern angegeben wird, ist richtig, dagegen muss das eine Berichtigung finden, was die Form der Nadeln der cephalonischen Tanne betrifft.

Allgemein werden die Nadeln der *Pinus cephalonica* als lanzett-pfriemlich oder gar als lanzettförmig beschrieben und abgebildet, so im Pinetum Woburnense l. c., im Arboretum et frut. brit. Vol. IV, t. 2235 und in Antoin's Werk l. c. Damit stimmt auch die Form der in Europa aus Samen cultivirten cephalonischen Tanne vollkommen überein, wie ich mich an Exemplaren, die im botanischen Garten in Wien stehen und ohne Zweifel aus England stammen, vollkommen überzeugte. Vergleicht man jedoch Zweige des in Europa gezogenen Baumes mit Zweigen, die ich vom Monte nero mitbrachte, so springt der Unterschied in Betreff der Gestalt der Nadeln in die Augen. Die Nadeln des cephalonischen Baumes sind keineswegs lanzettlich oder lanzett-pfriemlich, sondern sie sind linear und in eine kleine Spitze verlängert. Ein Übergang der Formen findet nicht Statt. Es frappirte mich diese Thatsache so sehr, dass ich anfänglich auf den Gedanken kam, es könnte in demselben Walde wohl noch eine zweite Tannenart, der in Wirklichkeit solche lanzettförmige Nadeln zukommen, nämlich *Pinus Apollinis* vorkommen, und von dieser Tannenart die Samen herrühren, welche C. Napier nach England sandte. Ein sorgfältiges Suchen nach abgefallenen Nadeln unter dem Moose, das ich ebenfalls vom Monte nero, d. i. vom Boden, wo die cephalonische Tanne steht, mitbrachte, zeigte ohne Ausnahme nur die lineare Form der Nadeln und bestätigte so gewisser Massen die vorgefasste Meinung. Als ich aber ein Stück desjenigen mit vielen Zapfen besetzten Zweiges, der in Gardeners Magazine Vol. XV (1839), t. 49 abgebildet ist und sicher vom Monte nero nach England kam, bei Herrn Hofgärtner F. Rauch in Wien in natura sah, so war mir jeder Zweifel benommen, dass in England eine andere Tanne aus Samen gezogen worden sei, als die, welche den Wald auf der Höhe jenes Berges bildet. Es geht hieraus aber so viel hervor, dass jüngere Exemplare, wie natürlich alle in Europa cultivirten, in den Blättern von den ausgewachsenen älteren Bäumen wesentlich in der Form der Nadeln abweichen, daher in der Beschreibung der cephalonischen Tanne die Phrase so lauten muss: „Abies foliis distichis, juventute lanceolato-acuminatis planis aetate provectiore lineribus acuminato-pungentibus . . . . ".

Was endlich das Holz der *Pinus cephalonica* betrifft, das nach den Wahrnehmungen, die man an alten aus demselben gebauten Häusern in Argostoli machte, sehr dauerhaft sein soll, so kann ich den mikroskopischen Untersuchungen zufolge Nachstehendes angeben. Dasselbe ist nach seiner ganzen elementaren Zusammensetzung und Fügung mit dem Holze von *Pinus picea* auf das Innigste verwandt. Bei Vergleichung beider Holzarten stiess mir kein einziger Unterschied auf, der sich nicht durch mannigfache Übergänge wieder unkenntlich machte. Dass die am Schlusse der Jahresbildung dickwandigen Zellen in der cephalonischen Tanne weniger dickwandig sind als bei der Weisstanne, wäre das einzige, was allenfalls als Unterschied gelten könnte. Weder in den Tüpfeln noch in den Markstrahlen ist auch nur der geringste Unterschied zu bemerken, das Holz daher in beiden so gleich, dass es sich nicht von einander unterscheiden lässt.

Die cephalonische Tanne ist ungeachtet ihrer Begrenzung auf einen kleinen Bezirk der Insel doch noch immer in einer Ausdehnung von einigen Meilen, der Länge und Breite nach, verbreitet und überzieht als mehr oder weniger dichter Waldbestand den ganzen Gebirgsstock des südlichen Theiles der Insel. Da die Casa inglese nahe am Eingange des Waldes steht und diese nach meiner Hypsometerbeobachtung eine absolute Höhe von 3506 Par. Fuss hat, so kann man die untere Grenze desselben an der Nordseite füglich zu 3000 Fuss annehmen. Das ist aber keineswegs die tiefste Stelle, bis zu welcher sich diese Tanne erstreckt. Wenn man den Monte nero von der steilen Südseite betrachtet, wo man einen grossen Theil des Berges übersieht, so bemerkt man wohl, dass dieselbe auch stellenweise bis zu einer Tiefe herabteigt, die nicht viel über 1500 Fuss beträgt. Da die obere Grenze beinahe den Gipfel des Berges erreicht, so dürfte demnach der Gürtel, den der Baum im Allgemeinen als Wald hier einnimmt, zwischen 2800 und 4800 Fuss fallen.

Es ist zum Staunen, mit welcher Fahrlässigkeit, Eigennutz und Kurzsichtigkeit dieses werthvolle Geschenk der Natur, dieses unschätzbare Capital der Insel behandelt wird. Bevor die Engländer eine den abendländischen Verhältnissen adäquatere Ordnung der Dinge auf den jonischen Inseln einführten, scheint dieser Wald Nationaleigenthum gewesen zu sein, d. h. es durfte jedermann, der im Besitze einer Axt oder Säge war, hier nehmen was er wollte. Hatte er diese Instrumente nicht, was noch jetzt häufig der Fall ist, so war es ihm doch wenigstens gestattet, durch den Viehauftrieb sich den Wald so viel als möglich zu Nutzen zu machen. Welche Wirthschaft hier die Ziegen, der Hauptreichthum der Bergbewohner, anrichteten, lässt sich denken. Ohne weitere Dazwischenkunft würde es bald um jeden Nachwuchs geschehen gewesen sein. Aber noch von viel ernsterer Seite war der Waldbestand dieser seltenen, nur auf dieser Insel einheimischen Tanne bedroht. War es sträfliche Nachlässigkeit oder directe Absicht zu schaden, kurz ein fürchterlicher Waldbrand nahm in den unruhigen Zeiten am Ende des vorigen Jahrhunderts (1798) einen grossen Theil des die Südseite des Berges bekleidenden Schmuckes hinweg und vernichtete so in wenigen Tagen, was Jahrtausende mühsam gewoben hatten. Wo einst das prachtvollste Dunkelgrün uralter Bäume die steile Bergseite bedeckte, grinsen jetzt unzugängliche Klüfte und schneeweisse Halden losen Gesteines von der Höhe herunter. Doch auch diese Mahnung geht bei der Sorglosigkeit, mit der der Südländer überhaupt seine Schicksale lenkt, sicherlich spurlos vorüber. Die zweckmässigsten Gesetze bleiben unerfüllt und erscheinen nur als eine drückende Last. Nichts vermochte seiner Zeit der Gouverneur Sir Ch. Napier, der sich des Waldes der Insel mit besonderer Vorliebe annahm, eben so wenig hatten auch die nachfolgenden Leiter der Regierung etwas zum Schutze desselben beitragen können. Noch im Jahre 1849 wurde der als Waldaufseher angestellte Capitän Walker meuchlings durch einen Schuss getödtet, weil er keinen Waldfrevel duldete.

So geht denn Alles seinem Schicksale entgegen und Herr Mousson scheint recht zu haben, wenn er sagt, l. c. p. 45: „In einigen Jahrhunderten vermuthlich wird die Vernichtung auch die letzten Greise des Waldes gefällt haben und die Existenz der cephalonischen Tanne eine reine Tradition geworden sein".

VI. Der Berg Delphi auf Euboea und die Apollo-Tanne.

Als ein passendes Pendant der vorstehenden Betrachtung kann der ansehnlichste Bergkegel von Mittel-Euboea und der ihn umgebende Nadelwald gelten. Wie der Monte nero ist auch der Delphi (Δίρφυς) nur während der Sommermonate von Schnee frei, und wenn auch sein Haupt ganz und gar vom Baumwuchse entblösst ist, so erhebt sich dasselbe dennoch aus einer Fülle von Waldesgrün, womit der ganze Gebirgsstock, der es umgibt, bekleidet ist.

Euboea ist eine sich an das östliche Griechenland so enge anschmiegende Insel, dass der Canal, der sie vom Festlande trennt, fast nur wie ein Landsee erscheint, der mehr vermittelt als scheidet. Euboea, bei einer Länge von ungefähr 24 deutschen Meilen und einer stellenweisen Breite von 7 Meilen, ist so ansehnlich, dass es in Bezug auf Flächeninhalt sämmtliche nachbarliche Inseln, die nördlichen und einen Theil der südlichen Kykladen übertrifft. Im Norden durch den Canal von Ticheri und den Golf von Volo dem ehemaligen, pagasäischen Meerbusen von Thessalien getrennt, sind an der Südspitze die Inseln Andro, Tino und Mykono nur gleichsam als Fortsetzungen dieses langgezogenen von Nordwest in Südost streichenden, vom Festlande abgerissenen Stückes zu betrachten. Das ganze östliche Küstenland von Attica, Bæotien, Phtiotis und Locris sieht auf das Bergland dieser Insel und ist mit tausend über den schmalen Canal gesponnenen industriellen Fäden mit ihm verbunden, — allerdings jetzt viel weniger als es im Alterthume der Fall war.

Diese Insel, nicht arm an fruchtbarem Boden, erhebt sich besonders im mittleren Theile zwischen Chalkis und Kumi, wo sie zugleich ihre grösste Breite erreicht, zu ansehnlichen Gebirgen, und es ist daher begreiflicher Weise auch nur dieser Theil der Insel, welcher von der uralten mehrere tausendjährigen Cultur weniger als andere Theile derselben berührt worden sind und daher dem Naturforscher ein willkommenes Feld wissenschaftlicher Ernte darbietet. Ich habe von Chalkis aus nach Kumi und von dort nach jener Stadt zurück dieses Gebirgsland auf verschiedenen Wegen durchzogen und es daher einigermassen kennen gelernt. Leider hat mir die Erhaltung meiner durch anstrengende Reisen schon ziemlich erschöpften Kraft es geboten, die Ersteigung der Spitze des Delphi nicht zu versuchen. Dagegen war mein jüngerer und rüstiger Reisegefährte, Herr J. Schmidt, Director der Sternwarte von Athen, in der Lage, diese Besteigung am 20. Mai (1860) von Steni aus vorzunehmen, und ich danke es seiner Gefälligkeit, dass er auch auf die Vegetation dieser Bergspitze Rücksicht nahm und von daher jene Seltenheiten mitbrachte, die ich weiter unten näher angeben werde.

Um das Bild dieses Gebirgsstockes möglichst naturgetreu zu geben, will ich zuerst meine Reiseroute hin und zurück in einigen flüchtigen Zügen schildern. —

Wir hatten die Bucht von Aulis, wo das interessante Drama des Alterthums zu spielen anfing, und die elende Kneipe von Dramesi, in deren Nähe einst die edelste Jungfrau dem grausen Opfertode (offenbar wegen Mangel physikalischer Bildung des Oberpriesters) entgegensah, verlassen, um unseren Weg nach Chalkis fortzusetzen. Der Sonntag hatte Alles mit schmucken Kleidern *), der erste Mai mit den Reizen des Frühlings ange-

---

*) Die albanesischen Weiber in ihrem Sonntagsschmucke tragen hier ein leinenes rothbordirtes und gesticktes Hemd, darüber ein geschlossenes aus weisser Schafwolle verfertigtes Oberkleid, das über die Knie reicht und durch einen Gürtel in Form einer Bauchbinde

than. Wie in unserem Gebirgslande *) waren auch hier die Fenster und Thüren der Häuser mit Blumen, zu Sträussen und Kränzen gebunden, geschmückt.

Es sah wahrhaft festlich aus. Mich lächelte der nachlässig in den Hohlziegeln des Daches über der Thüre steckende Strauss aus Feldblumen (Mohn, Weizenähren, *Lonicera balearica*, *Convolvulus silvaticus* WK. mit einer Zwiebel) ganz bedeutsam an und liess mich an diesem Beispiele wieder erkennen, wie gewisse Sitten und Gewohnheiten, deren Bedeutung längst verloren gegangen ist, sich über die verschiedensten und entferntesten Völkerschaften verbreitet haben und mit einer Zähigkeit haften, die durch kein Mittel der Cultur zu entfernen sind.

Erst um die Mittagszeit zogen wir nach unendlich langwierigem weit ausholendem Kreisgange über die Euriposbrücke in die alte von der Zeit und von Erdbeben erschütterte Festungs- und zugleich Hauptstadt von Euboea ein. Hier hat die seit einiger Zeit in's Leben getretene Dampfschifffahrt nothwendig ein Hôtel erschaffen, wohl so ursprünglich wie die ersten Thiere und Pflanzen der silurischen Periode. Doch, was sage ich, es gab ja schon ein Lavoir, ja selbst einen Spiegel, der freilich an den Ecken des Rahmens noch mit demselben Schutzpapier behaftet war, mit dem es seine weite Reise von dem civilisirten Europa hieher machte. Wahrscheinlich hält man diese Papierschlingen hier noch für einen nothwendigen Bestandtheil des Spiegels.

Chalkis steht auf Serpentinfelsen, die hier einen deutlich geschichteten häufig auch von Höhlen durchzogenen Hippuriten-Kalkstein durchbrachen. Die Strömung des Meeres zwischen dem Festlande und der Insel, welches an dieser Stelle so schmal ist, dass es überbrückt werden könnte, ist das Interessanteste, was dem Nuturforscher aufstösst. Ich fand sie um halb 3 Uhr Nachmittags von Norden nach Süden gehend mit 2 Fuss Geschwindigkeit per Secunde, um 6 Uhr Morgens umgekehrt von Süden

---

fest am Leibe angeschlossen wird. Zur Verzierung ist ein Lappen als Vortuch angebracht und eben so ist der Kopf durch ein Tuch geschützt, dagegen die Füsse bar. Am zierlichsten stehen die zwei langen über den Rücken herabhängenden Zöpfe.

*) Unger's botanische Streifzüge III. Sitzungsberichte der kais. Akademie der Wissenschaften, Bd. XXIII, p. 303.

nach Norden mit 4 Fuss Geschwindigkeit. Indess ist der Wechsel der Richtung und der Geschwindigkeit in 24 Stunden viel häufiger und sogar unregelmässig. Über die Ursachen dieser so merkwürdigen Bewegung können uns nur sorgfältig durch längere Zeit fortgesetzte Beobachtungen Aufschluss geben; ja Herr Director Schmidt wäre ganz der Mann das Problem zu lösen, wenn er sich bequemte, einmal durch längere Zeit seinen Aufenthalt hier zu wählen, denn sonst würden wir wohl noch eben so lange darauf zu warten haben, wie bisher.

Damit wir uns am andern Tage Morgens nicht etwa zu spät von unserem Lager erhöben, war von Gassenjungen und Hundeheerden Sorge getragen, die es die ganze Nacht hindurch an Wechselgejohle nicht fehlen liessen. Den 2. Mai (der 14. nach unserem Kalender) war Jahrmarkt in der Stadt und wir konnten uns um 6 Uhr Morgens durch das Gewühl von Menschen und Thieren, durch die alle Wege verengenden Buden und Auslagen der Verkaufsgegenstände nur mit Mühe hindurchwinden.

Sobald wir die grossartige in Bogen daherziehende alte venetianische Wasserleitung im Rücken hatten, waren wir so zu sagen wieder im freien Lande. Das Dörfchen Ampeli, von Weingärten, Getreidefeldern und Ölgärten umgeben, machte der sichtlichen Vernachlässigung wegen, welche der Boden während der türkischen Herrschaft erfuhr, nur einen betrübenden Eindruck und liess kaum ahnen, dass sich im Alterthume hier ein wahres Paradies ausbreitete. Noch trauriger und Entsetzen erregender waren die einem Klippenmeere gleichenden Hügel, durch die wir zu reiten hatten, um in das Thal des von Osten herkommenden Flüsschens zu gelangen. Das sandige breite Flussbeet, welches zur Zeit der Winterregen namhafte Mengen Wassers enthalten mag, war jetzt ohne einen Tropfen. Aber kaum gewahrte man an den blühenden Büschen des Oleanders und des zierlichblätterigen Vitexstrauches, die hier die Ufer einsäumten, dass es ihnen an Nahrung fehle.

Allmählich wurde das offene weite, hie und da mit Getreide bebaute Thal enger, die Kalkfelsen in grottesken Formen rückten näher und breitschirmige Seestrands-Kiefern *(Pinus halepensis* Ait.*)* nahmen vom nackten Gesteine Besitz. Der mühsame Weg hatte die Pferde bereits so ermüdet, dass wir im Schatten einiger Paliurusbüsche in der Nähe der venetianischen Wasserleitung, die, wie sich zeigte, den ganzen dem Flusse eigenthümlichen Vorrath von Wasser aufnahm, lagerten, um unser Mittagsbrod zu verzehren. Nur ein Paar Pflänzchen, die *Lunularia vulgaris* Michel. und *Symphytum ottomanum* Friv. waren meine Ausbeute.

Im Verfolge des Thales trat nun wieder eine Erweiterung ein. Rother Sand, dem von Oropo an der Nordküste von Attica und Bœotien gleich, erhob sich bis zu einer Höhe von 300 Fuss und bildete steil abfallende Flussufer; bald verengerte sich das Thal wieder, aber das trockene Flussbeet verwandelte sich nun in ein murmelndes Bächlein. Mühsam windet sich der fast zur Unkenntlichkeit gewordene Saumpfad zwischen Felsen und Gestrüpp hindurch und man läuft bei einiger Unachtsamkeit Gefahr, hier von einem vorspringenden Felskolosse, dort von einem Wegs querüber sich breitmachenden Baum- oder Aststrunke entweder vom Sattel gehoben und abgestreift zu werden oder wie Absalom sein Leben über dem Fussboden zu endigen.

Obgleich die Steigung bis hieher noch keine bedeutsame war, so gewann durch das Aneinanderrücken der Berggehänge und durch die Enge des Thales, welches nur für das Flüsschen vorhanden zu sein schien, die Landschaft doch an natürlicher Frische und Lebendigkeit. Gewaltige Platanen *(Platanus orientalis* L.*)*, nur dort zu Hause, wo es hinlängliche Feuchtigkeit gibt, waren nun der Schmuck der Gebirgsschlucht geworden und es fehlte nicht, dass auch die Höhen umher sich mehr und mehr mit Kiefern bedeckten. Aber schon bei diesem Eintritte in's Gebirgsland Eubœas und kaum noch in den Vorhallen desselben kann man sich überzeugen, welche üble Wirthschaft selbst mit der noch spärlichen Holzvegetation getrieben wird. Nicht selten begegneten mir halbverbrannte Kiefernstämme in Kornfeldern, ganz so wie in unserem Gebirgslande, wo auf Kosten des Waldes und auf dessen immerwährendem Ruin geringfügiger Getreidebau Platz greift.

Immer einsamer und wilder wird die Landschaft, die Berglehnen erheben sich steiler mit undurchdringlichem Buschwerk überdeckt, deren Hauptbestandtheile *Olea europaea* und *Pistacia Lentiscus* bilden. Hier hatte ich also zuerst den im ganzen Orient Segen spendenden Schützling der Pallas-Athene in seiner Urgestalt als Strauch und auf ursprünglich heimatlichem Boden kennen gelernt.

Wir waren um 2 Uhr im Khane von Lotó angelangt, ein einsames ferne von Dörfern, die neben und hinten auf den steilen Berggehängen in ruhiger Zurückgezogenheit stehen, befindliches Haus oder vielmehr Stall. Über eine zerfallene steinerne Treppe hinansteigend traten wir in ein geräumiges, ganz dicht berusstes Dachgemach, das sein spärliches Licht von einer seitlichen mit Balken nachlässig verschlossenen Öffnung erhielt und machten es uns da bequem, so gut es ging. Nebenan in einem ähnlichen Gemache, das die Feuerstelle enthielt und von anderen Reisenden bereits occupirt war, hatte unser Courier und Koch sein Hauptquartier aufgeschlagen, links war die Wohnstube der Hausleute, aus einigen wenigen Personen bestehend. So waren wir mitten inne zwischen tartarischem Schmutz und unausstehlichem Rauch postirt und hatten das Glück, den Vorgeschmack eines ländlichen Aufenthaltes im Gebirgslande von Euboea zu geniessen.

Schon um die Mittagszeit hatte sich der Himmel zu trüben angefangen. Als wir hier ankamen, fiel ein leichter Regen, doch hatte es keineswegs das Ansehen, dass derselbe anhielte und uns so den Genuss des folgenden Tages vereitelte oder wohl gar die Weiterreise unmöglich machte. Die durch die Feuchtigkeit erfrischte Natur sah noch einmal so reizend als zuvor aus und forderte mich auf, im Regenmantel eingehüllt, eine kleine Excursion zu machen. Nicht weit von unserem Khan befand sich auf einem vorspringenden Hügel ein alter viereckiger Festungsthurm aus der Venetianerzeit, jetzt zu einer malerischen Ruine geworden. Nebenan stand eine Gruppe wunderschöner Eichen *(Quercus calliprinos* Webb.*)*, recht gemacht für ein Denkmal stiller ländlicher Andacht, in der That auch von den

Anwohnern nach der eben im Bau begriffenen Capelle zu urtheilen, dazu ausersehen. Nicht wenig war ich überrascht in dem als Baustein verwendeten Kalksteintuffe ein gut erhaltenes Platanenblatt zu entdecken, also hier wie bei uns in demselben den Archivarius der Localgeschichte der Vegetation unserer gegenwärtigen Weltperiode zu erkennen. Welch' kleine Ursachen, wie folgenreich die Wirkungen! Leider war es mir nicht vergönnt, das Kalktufflager selbst in Augenschein zu nehmen und Sammlungen davon anzustellen.

War die Nacht in diesem Khane auf mitgeführten Betten über alle Erwartung erträglich abgelaufen, so war uns doch für die frühesten Morgenstunden, nämlich von 2 Uhr an unerwartet ein seltsamer Ohrenschmaus zu Theil geworden. Unsere Wirthsleute im Nebengemache ergötzten sich mit ländlicher Musik, die, so leise und eintönig sie auch war, statt den Schlaf zu unterstützen ihn vielmehr auf das Unwiederbringlichste vertrieb. Meine Neugierde war endlich nicht wenig angefacht, nach vierstündigem Anhören dieser dem Zirpen unserer Heimchen nicht unähnlichen Töne, das Instrument kennen zu lernen, auf dem dieselben hervorgebracht wurden. Es war zu meinem Erstaunen eine Laute (Κιθάρα) mit einem sehr langen Griffe, darüber vier dünne Metallsaiten gespannt und nach Belieben angezogen. Die, wie es sich von selbst versteht, nicht in bestimmten Tonintervallen gestimmten Saiten wurden durch ein kleines Hölzchen in Schwingungen versetzt. Nimmt man noch, dass der resonnirende Theil des Instrumentes in einer rohen Aushöhlung eines Baumastes bestand, so lässt sich denken, welcher Wohlklang, welche Harmonie durch das ununterbrochene Kneipen der Seiten erzeugt wurde und wie selbst dem geduldigsten Hörer endlich nach vier qualvoll durchwachten Morgenstunden die Verzweiflung nahe kommen musste. Gerne hätte ich mir dies Probestück des neuhellenischen Trepanders eigen gemacht und mit nach Hause gebracht, wenn es zu erwarten gewesen wäre, dass das ellenlange Tetrachord sich in Gesellschaft mit Pflanzen und Steinen in einer Kiste wohl vertragen hätte.

Unter üblen Auspicien des Wetters traten wir am folgenden Morgen wieder unsere Weiterreise an. Die Mühle in unserer Nachbarschaft und der zu ihr fliegende Steg, ein wahres Meisterstück ursprünglicher Baukunst blieb links vom Wege, der sich bald in ein Dickicht von Platanen verlor. Eine Strecke lang verfolgten wir die Ufer des Baches, endlich liessen wir den unruhigen Gesellen fahren und begaben uns zu seiner Rechten an die Seite des Gebirges, da sich die Schlucht fast zu schliessen schien. Der Saumpfad war äusserst beschwerlich und wand sich, der Bergform folgend, in alle seine Vertiefungen und Erhöhungen, nur hie und da von einem kleinen vom Firste kommenden Bächlein oder von einer Quelle unterbrochen.

Das Gebüsch, das noch immer an Waldes Statt die Hauptdecke bildete, wurde dichter und zugleich hochstämmig. *Olea europæa* L., *Erica arborea* L. und *Erica verticillata* Forsk. bildeten die Hauptbestandtheile, aber statt *Arbutus Unedo* fand sich nun die viel schönere *Arbutus Andrachne* mit ihren gelbrothen geglätteten Stämmen ein, immer das dichteste Buschwerk bildend. Hier endlich, beiläufig in einer Höhe von 1000 bis 1200 Fuss traten die ersten Greise der Waldvegetation, die Eichen hervor, zwar immerhin vereinzelt, aber in ihrer vollsten Majestät als uralte dickstämmige Magnaten, unverwüstbar selbst dort, wo die Axt oder der Feuerbrand es versuchte, diese Zeugen ursprünglicher Vegetationskraft des Landes hinweg zu fegen.

Eine der stattlichsten Steineichen *(Quercus Ilex Lin.)* wurde gemessen, ihr Stamm hatte am Grunde 8·8 Meter = 27·8 Fuss, — 3 Fuss darüber 3·7 Meter = 12 Fuss im Umfange. Dessgleichen mass ein Stamm von *Quercus pubescens* Willd. 5·8 Meter = 18 Fuss unten und 2 Meter = 6 Fuss in der Mitte des Stammes im Umfange. An quellenreichen vertieften Stellen hatten sich nun auch Gruppen von *Pinus Apollinis* Ant. gezeigt, wie überall Zeugen vorhandener Feuchtigkeit und daher auch die Sammelpunkte oder vielmehr die Asyle der wenigen und sparsam über das Land vertheilten Moose und Flechten. Doch beurkundeten dieselben eine grosse

Übereinstimmung mit der Kryptogamen-Flora unserer Gebirgsgegenden *).

Wir hatten so über prachtvolle Blüthenbüschel von *Hypericum olympicum* Lin., *Cerastium pilosum* Sibth. und *Geranium asphodelloides* Willd. steigend, uns bis auf eine Höhe von ungefähr 3000 Fuss erhoben; nur niederes Gebüsch begleitete uns hieher und über den Kamm des Gebirges, von welchem aus wir in die Schluchten der Ostseite der Insel sehen konnten. Glimmerschiefer mit einzelnen Kalklagern wechselnd, bildeten einen nur stellenweise rauhen Boden. Jeder Pfad hatte uns in dieser subalpinen Höhe ferne von allen menschlichen Wohnungen verlassen. Einige Zeit lang, bis die Packpferde mit ihren Treibern, denen wir vorausgeeilt waren, bei uns eintrafen, erlustigten wir uns an dem seltenen Schauspiele, wie die wild und regellos herumziehenden Wolkenmassen die nahe- und fernhin aufragenden Bergwipfel bald verhüllten, bald wieder entblössten, hier mit einem Sonnenblicke von ihnen schieden, dort einen stürmischen Erguss des feuchten Elementes nach sich zogen und ahnten nicht, dass uns auch bald dasselbe Schicksal treffen sollte. Und in der That währte es nicht eine Viertelstunde, so stand der Gott der Wolkenvermehrer in seiner ganzen Kraftfülle vor uns, hüllte uns in seinen triefenden Mantel der Art, dass der Boden bald zu einem Wildbache und selbst die besten unserer Hüllen nicht mehr auslangten, uns vor gänzlicher Durchnässung zu schützen. Verlassen, ohne Schutz auf einem einsamen Gebirgskamme, des Weges unkundig war unsere Lage bei der Fortdauer des platzregenartigen Ergusses eine verzweiflungsvolle und ich staune selbst, wie sich diese höchst unangenehme und gefahrvolle Lage endlich doch ohne allen Nachtheil löste.

Da der Schritt der Pferde auf unsicherem Boden immer gefahrvoller wurde, so stiegen meine Begleiter ab und führten

---

*) Die hier gesammelten Moose waren: *Rebouillia hemisphaerica* Radd. *Dicranella varia* Schp., *Barbula inermis* Br. et Schp., *B. canescens* Brch., *Grimia pulvinata* Sm., *Orthotrichum Lyellii* Hook., *Funaria hygrometrica* L., *Bryum capillare* Hedw., *Br. erythrocarpum* Schwaeg., *Leucodon sciuroides* Schwaeg., *Scleropodium illecebrum* Brid., *Hypnum cupressiforme* L.

dieselben am Zügel, sich selbst mühsam durch Fluthen und Gestrüpp windend. Ich, auf den sicheren Gang meines Gaules bauend, obwohl mich derselbe früher schon mehrmals vom Sattel abstreifte, zog es dennoch aus mehreren Gründen vor in demselben zu bleiben und ihm meine gesunden Glieder und mein Leben anzuvertrauen. Ich weiss selbst nicht, wie es geschah, in diesem Wirrsal von Widerwärtigkeiten mit der Erhaltung jener theuersten Güter noch davon gekommen zu sein. So lange der Ritt auf dem Kamme des Berges fortging, war es trotz alles Ungemaches noch erträglich, aber nun senkte sich der Saumpfad nach einer finsteren Schlucht. Der stark abfallende Weg war zu einem Giessbache mit schäumenden Wasserfällen geworden, von allen Seiten deckten hochragende Gebüsche und Bäume diesen acherontischen Pfad und das Pferd war nur zu oft genöthiget, durch muthige Sprünge von einem Absatze zum andern zu gelangen. Dass mich die vorragenden Äste nicht vom Sattel streiften und dass ich bei manchen unerwarteten Sätzen des Pferdes nicht das Gleichgewicht verlor, muss ich bei meiner Ungewandtheit des Reitens für ein bares Wunder ansehen. Endlich gelangten wir doch immer tiefer, stellenweise wurde der Weg besser, der Regenguss nahm einen milderen Charakter an und so erreichten wir, obgleich triefend, eine Waldpartie aus dickstämmigen alten bemoosten Platanen, in deren Nähe eine in Stein gefasste schöne Quelle hervorsprudelte. Unser Courier rieth anzuhalten, sich zu sammeln und zum Troste für die überstandenen Gefahren einen Imbiss zu nehmen. Ungeachtet es fortfuhr zu regnen und ein Frühstück im Freien ohne Obdach unter solchen Umständen jedenfalls nicht das angenehmste ist, wenn es auch mit Nectar gewürzt wäre, nahmen wir dennoch, um unseren Gliedern einige Ruhe zu gönnen, den Vorschlag bereitwillig auf und schickten uns an in einem durch Alter und Feuer ausgehöhlten Platanenstamme Schutz zu suchen. In der That war der Innenraum desselben so gross, dass wir drei Personen darin Platz fanden, und wenn wir dabei auch von oben her nicht unbenetzt blieben, so war uns dieses urwüchsige Haus lieb und schon desshalb werth geworden, weil es uns kaum wieder irgendwo gelingen dürfte, ein Frühstück unter ähnlichen Verhältnissen einzunehmen.

Nach einer halben Stunde sassen wir wieder in den Sätteln und trabten so gut es ging weiter. Allmählich zog Jupiter pluvius von dannen, auch anderen Gegenden sein erquickendes Nass zu spenden, wir aber suchten das Thal zu gewinnen und gingen zu Rathe, ob wir in einem uns nahe liegenden Dorfe für diesen Tag Schutz suchen oder auf das noch einige Stunden entfernte Kumi lossteuern sollten. Wir entschieden uns für das letztere, hoffend, dass wir es uns in diesem Städtchen bequemer machen könnten als in einer elenden Dorfschenke.

In mancherlei Zickzack und auf wahrlich nicht rosigen Pfaden hatten wir endlich das Thal erreicht; der grossartige Gebirgsstock mit seinen tiefen Schluchten und wolkengekrönten Häuptern, ein Bild des schweizerischen Hochlandes war, Gott sei Dank, hinter uns. Freundliche Fruchtfelder, mit Reben bepflanzte Gehänge traten mit jedem Schritte in grösserer Ausdehnung hervor; hier eine Sammlung von Häuschen zu einem Dorfe vereint, dort ein alter finsterer Festungsthurm aus der Venetianerzeit oder eine himmelhohe Bogenbrücke über ein kleines Bächlein gaben der Gegend Leben und Bedeutung. Aber wie hier überall die Ansiedelungen nicht im Thale sondern auf Bergen, ja oft in schwer zugänglichen Felsklüften gleich Adlernestern angebracht sind, so mussten wir bald wieder das Thal verlassen, um in den mannigfaltigsten Schlangenwindungen über Höhen und Tiefen eine Ortschaft um die andere zu erreichen und so dadurch unser Ziel zu gewinnen. Noch ganz wie ein nasser Badeschwamm von Wasser triefend, ritten wir in das auf einer Bergkante gelegene Dorf Konistra ein, um im Καφφενειον daselbst, dem Hôtel garni, eine Tasse Kaffee, seit Morgens den ersten warmen Schluck zu uns zu nehmen. Unsere Ankunft in diesem netten und gar nicht kleinen Dorfe erregte Aufsehen; bald war nicht blos die Gasse, sondern auch der Salon des Hôtels mit Menschen alt und jung erfüllt, die sich ein Barometer, Hypsometer und Thermometer — Benennungen, welche sie obgleich wohl verstanden, doch wie halbe Wunderwerke an-

staunten. Da die Häuser meist aus Quadern gebaut waren, viele
erst entstanden oder eben im Baue begriffen waren, so lockte es
mich bald hinaus, um das schöne feinkörnige, röthliche Baumaterial kennen zu lernen. Die Überraschung war nicht gering,
in demselben den schönsten Trachyt zu erkennen, welcher von
einer nicht fernen Bergkuppe, die wir jedoch auf unserem
Weitermarsche leider nicht berührten, hergeholt wird. Mitgenommene Proben zeigten die grösste Übereinstimmung mit
Trachyten von Ungarn. Wenn daher Spratt*) auf der von
diesem Theile gegebenen geognostischen Karte Konistra
auf rothen, zur Tertiärformation gehörigen Sand setzt, so ist
dies nur zum Theile richtig, indem gerade an dieser Stelle
und weiter nach Osten hin Trachyteruptionen in nicht geringer
Ausdehnung zum Vorschein kommen und die Tertiärschichten
durchbrechen.

Nachdem wir nun bald wieder in's tiefe Thal, bald über
steile Klippen auf Bergspitzen hinauf mussten, wo wir ein
zweites weitläufiges Dorf Anuriá durchzogen, erreichten wir
nach mancherlei Wechsel von Kalkmergel, Sandstein und andern
tertiären Schichten stellenweise von dunklen Serpentinen durchbrochen, auf fast eben so unpraktikablen Wegen die Stadt
Kumi, das Ziel unserer Reise, den Ruhepunkt, der von uns,
mancherlei Beschäftigung bietend, zu einem mehrtägigen Aufenthalte ersehen ward.

Kumi (Κύμη) ist ein altes, hoch über dem Meere liegendes
Städtchen mit engen, krummen und wirren Gassen, wie es eben
der unebene Felsboden, auf dem es steht, zugelassen hat. Ein
kleines Bächlein aus der Felsschlucht, durch die wir herkamen,
führt ihm nur spärliches, kaum für die Bedürfnisse hinreichendes
Wasser zu. Wie das alte Kyme, auf dessen Stelle die jetzige
Stadt steht, so sind alle älteren Küstenstädte Griechenlands und
der Inseln nicht am Strande, sondern in einiger Entfernung
davon an festen mehr oder weniger unzugänglichen Stellen
erbaut worden, um sich vor seeräuberischen Anfällen zu sichern.

---

*) On the Geology of a part of Euböa and Bœotia. Quart. Journ. of the geol. Soc.
Vol. III. 1847.

Die Bevölkerung der Stadt hat in dem Gemische von Griechen und Juden einen sehr hervortretenden orientalischen Zug, der sich nicht nur in den Physiognomien sondern auch in der etwas abweichenden Tracht ausspricht. Wenn auch die grössere Reinlichkeit, deren man sich hier zu befleissigen scheint, wohlthuend auf den Fremden wirkt, so ist dennoch für das Dringlichste hier eben so wenig wie anderswo Sorge getragen und die sonst so liebliche auf dem Felsen horstende, fernblickende Stadt hat nicht weniger Misthaufen und Schmutzwinkel zwischen den Häusern aufzuweisen wie andere griechische Ortschaften, zu deren Comfort diese „parties honteuses" jedenfalls als unabänderliche Apertinentien zu gehören scheinen.

Dem Scharfblicke unseres meisterhaften Führers (Dolmetschers und Reisemarschalls) François Vitalis ist es nicht entgangen, inmitten der dichtesten Häusermenge ein nettes reinliches von Niemanden bewohntes Häuschen ausfindig zu machen. Hier kehrten wir zu und machten es uns im oberen Stockwerk bequem. Die Fenster im Osten liessen das Auge über die niedriger gelegenen Häuser hinweg in die weiteste Ferne schweifen, wo Meer und Himmel sich nicht mehr von einander zu trennen schienen. Hier tauchten aus dem blauen Grunde einige Klippen hervor, im weiten Nordosten erhob sich ein Streifen, die Insel Skyros, das Grab des verbannten göttergleichen Helden Theseus, womit die Athenienser das erste Werk der Undankbarkeit gegen ihre hervorragenden Männer besiegelten.

Wir waren kaum mit der Einrichtung unserer neuen Wohnung fertig geworden, als die Ankunft der Mylordos (Μυλόρδος), für die wir hier ohne weiters gelten mussten, einige Neugierige und Dienstbeflissene herbeizog. Zuerst bot uns der Bürgermeister der Stadt und was er sonst noch war, an den bereits vom Ministerium des Innern in Athen eine Weisung ergangen war, uns nach Kräften in Allem zu unterstützen, was unsere Reisezwecke fördern könnte, mit grosser Bereitwilligkeit seine Dienste an. Darauf trat ein Mann in's Zimmer, der uns in vaterländischer Sprache anredete und dem auch deutscher Sinn aus dem Auge leuchtete; es war der seit mehr als 10 Jahre bei dem nahen Braunkohlenwerke als Steiger angestellte Herr Wultisch. Dies war natürlich mein Mann, von dem ich die meiste Unterstützung und Beihilfe für meine Zwecke erwartete und in der That auch erlangte. Da das Braunkohlenwerk nur eine kleine Stunde von der Stadt entfernt war, so wurde sogleich bestimmt, dass wir täglich Morgens dahin reiten, dort uns umsehen und sammeln und Abends mit der gewonnenen Ausbeute wieder in die Stadt zurückkehren sollten. Dies wurde auch am nächsten Morgen sogleich in Ausführung gebracht. Zur Förderung der Kohlen nach dem Hafen hat die Regierung, der das Bergwerk zugehört, bis zur Colonie mit vielen Kosten eine fahrbare Strasse angelegt, die sich nur mühsam durch die Felsenenge und in steiler Höhe über einen zuweilen sehr gewaltsam tosenden Bergbach hindurchwindet. Wir ritten diesen Weg zuerst in einiger Begleitung; der Morgen war prachtvoll, die Gegend äusserst pittoresk.

Als wir an die Stelle gelangten, wo einige verfallene Bauten, Halden und Stollen uns von ferne entgegenwinkten, war ich, der ich dem Zuge vorausging, nicht in Verlegenheit, das Häuschen des Herrn Wultisch zu finden. Eine nette Anlage von Wein- und Gemüsepflanzungen, mit Blumen durchwirkt, führten etwas bergan zu einem aus weissen Steinen (Kalkmergelschiefer) gebauten Hause, das hinter dem Laubwerk von Feigen- und anderen Obstbäumen fast verborgen war. Ein mit so viel Sorgfalt gepflegtes Gut, von ferne schon von allem Hierländischen weit abstehend, konnte nur das Ergebniss deutschen Fleisses, deutscher Beharrlichkeit sein. Ich hatte mich auch nicht geirrt. Kaum als ich in die Hausflur trat, kam mir auch die deutsche emsige Hausfrau entgegen und begrüsste mich eben so freundlich, wie ihr Häuschen freundlich und lachend aussah. Drei oder vier Knaben, alle frische und gesunde Kinder, hier im Lande geboren, aber ihrer Muttersprache nicht untreu geworden, umstanden sie und horchten mit Begierde auf meine Aufforderung, mir bei der beabsichtigten Einsammlung der Petrefacte behülflich zu sein, von denen mir aus dem Kasten des Herrn Wultisch sogleich einige

Proben vorgewiesen wurden. Gesagt, gethan! Im Nu waren Schlegel und Eisen bei der Hand und was sonst noch nöthig war, und so machte ich mich ohne Säumen mit den vier 7 bis 12jährigen Cyklopen auf den Weg, um bei den nächsten Steinbrüchen nach den Petrefacten zu suchen. Ich konnte nur den Eifer der jungen Burschen bewundern, mit dem sie mich stets unermüdlich durch mehrere Stunden unterstützten und bei Auffindung irgend eines schönen gut erhaltenen oder ungewöhnlichen Blattabdruckes eine grössere Freude als ich selbst an den Tag legten. Wir theilten uns auf folgende Weise in die Arbeit. Ich liess die drei oder vier Jungen unter den Gesteinstrümmern der zahlreichen Steinbrüche herumsuchen, während ich mich hinter einer verfallenen Mauer oder in einer vor der Sonne geschützten Grube lagerte und dort das Geschäft des Formatisirens übernahm, das natürlich mehr Gewandtheit verlangte, als das Suchen und Spalten der Steine.

So wurden nach und nach alle einzelnen Localitäten der nächsten Umgebungen der Bergbaucolonie durchstöbert, alle Steinbrüche gemustert und auf solche Weise nach Ablauf des dritten Tages ein recht hübsches Sümmchen von Petrefacten zusammengebracht. Gerne hätte ich noch die etwas entferntere Localität Kastrovala, wo gegenwärtig vorzugsweise Kohlen gefördert werden, besucht, doch gebrach es an Zeit, auch war ich nicht mehr im Stande, das Geschäft des Formatisirens länger fortzusetzen, da meine Hände theilweise verwundet und so angeschwollen waren, dass ich den Hammer nicht mehr ohne Schmerz zu halten vermochte.

Nun war noch die Verpackung der gesammelten Schätze vorzunehmen, wobei mir Herr Wultisch bis in die Nacht hinein behilflich war, und der es auch übernahm, dieselben in den Hafen zu fördern, von wo sie schon am folgenden Tage nach Athen abgingen.

So war ich in Kumi auf das vollkommenste befriedigt und bedauere nur von den schönen, malerischen Umgebungen der Stadt so wenig genossen zu haben, da meine ganze Zeit den geologischen Studien zugewendet sein musste. Nicht ohne wehmüthige Blicke auf unser kleines Häuschen, das uns so lieb geworden, — auf die emsige, liebliche, ich möchte fast sagen idyllische Stadt, verliessen wir sie am Morgen des vierten Tages, am 19. Mai und traten unsern Rückweg über Steni nach Chalkis an.

Unser Weg führte an der Colonie vorüber. Hier wurde noch einmal am Hause des Herrn Wultisch stille gehalten. Frau und Kinder, so wie er selbst waren zugegen und nahmen auf das Herzlichste Abschied von uns, wir aber konnten ihnen leider nichts mehr als unseren besten Segen für ihr Heil und das Glück ihrer Kinder zurücklassen. Ein Geleitsmann, des Weges kundig, gesellte sich hier zu uns, um uns durch die verschlungenen Pfade des Gebirgsjoches des Delphi, in dessen nächste Nähe wir nun kamen, durchzubringen, was auch glücklich geschah. —

Nicht leicht bietet eine Gebirgsreise grössere Mannigfaltigkeit, eine grossartigere Scenerie, aber auch bedeutendere Ungemächlichkeiten dar, als der Weg von Kumi nach Steni. Die Richtung, die derselbe nimmt, auch nur einigermassen zu bezeichnen, ist kaum möglich, da er sich bald über jehe baumlose Felsenabstürze, bald durch dichtes Waldesdunkel, bald über subalpines Haideland in den seltsamsten Verschlingungen auf- und abwärts windet. Nimmt man nun noch die prachtvollen Fernsichten, die dabei hie und da auftauchen und entweder die ganze Wildniss einer Gebirgslandschaft oder das ferne mit Inselchen übersäete Meer vorführen, so muss man diese Wanderung als eine der genussvollsten bezeichnen, die man in diesem classischen Lande ausführen kann.

Wir hatten die tertiären Hügeln mit dem weissen Mergelschiefer und den nun meist zu Ruinen gewordenen Häuschen *) der ehemals blühenderen Bergwerkscolonie kaum im Rücken, als wir in eine wahre Öde kamen, die weder Gras noch Strauch zwischen den Klippen aufkommen liess. Einzelne durch Feuerbrand zerstörte Eichen, von denen nichts als der unverwüstliche

---

*) Dasselbe Schicksal traf auch das Haus, welches einst Herr Berglieutenant Schiller, ein Deutscher, bewohnte, als er noch die Geschäfte dieses Bergbaues leitete.

Gebirgsbaches ausbreitete. Es war halb 6 Uhr Abends, als wir bis auf's Äusserste ermüdet hier anlangten. Die ganze Bewohnerschaft lief bei diesem unerwarteten Besuche zusammen. Nach kurzer Verhandlung wurde uns im höchst baufälligen Καφφενειον die Stube eingeräumt, welche der hier stationirte Gendarmerieposten inne hatte, der auch im Augenblicke ausquartiert war, nur an den Wänden einige Säbel, Gewehre und andere meist antik aussehende Waffen zurücklassend. Doch dieser nichts weniger als comfortable viereckige Raum war keineswegs unserer Commodität ausschliesslich gewidmet. Vögel flogen aus und ein, Katzen hatten eben so ungehindert Zutritt und eben so machten es sich allerhand Leute bequem, die fortwährend ab und zu gingen, und doch war dies der einzige und beste Winkel, der sich im ganzen Dorfe für die Unterkunft eines Reisenden auftreiben liess. Doch ich war ausserordentlich getröstet, als uns der Hauswirth erzählte, dass in derselben Stube Se. Majestät der König von Griechenland, so wie ihre Majestät die allgeliebte Königin ebenfalls übernachteten, beide mit ihrer Begleitung, nur durch eine improvisirte Bretterwand von einander geschieden.

Nicht lange währte es, als der δίμαρχ (Bürgermeister) vor uns erschien, uns freundlich begrüsste und seine Dienste anbot, auch ein anderer Mann in fränkischer Kleidung mit einem weissen Filzhut, wie wir ihn trugen, machte sich bemerklich, als ob er gar nicht zur Bewohnerschaft des Dorfes gehörte. Das war zwar nicht der Fall, aber es war jedenfalls der gebildetste Mann des Ortes — der διδάσκαλος (Schullehrer) und dadurch jener Auszeichnung würdig.

Der folgende Tag, der 20. Mai, war der Ersteigung des Delphi gewidmet, woran ich leider nicht Theil nehmen konnte und mich daher begnügen musste, in der Umgebung Steni's herumzustreifen. Steni, kaum 500 Fuss über dem Meere, liegt noch ganz in der Region der Seestrandskiefer *(Pinus halepensis* Mill.*)*, die mit ihren breiten Kronen und fruchtbeladenen Ästen, mit ihren etwas geschwungenen Stämmen sich höchst malerisch über die dürrste Unterlage von Klippen und Felsen hinzieht. Beifolgendes Bild aus dieser Region lässt den Blick

über das unferne Steni am Ausgange der Schlucht und im Hintergrunde über die Gebirge Bœotiens schweifen. An die Region der Seestrandskiefer, als die erste oder die unterste, schliesst sich hier unmittelbar die Region der Kastanie, in grossen Waldstrichen ausgedehnt. Diese geschlossenen Wälder bestehen grösstentheils aus alten Bäumen ohne Unterholz, das durch massenhaftes Erscheinen vom Flügelfarn *(Pteris aquilina Lin.)* ersetzt ist. Ein ähnlicher Wald von Kastanien, der nur seiner nutzbaren Früchte wegen verschont worden zu sein scheint, findet sich auch auf der Ostseite des Delphi über **Stropanes**. Die dritte Vegetationsstufe endlich bildet hier die Apollo-Tanne, wohl am weitesten ausgebreitet und bis an den baumlosen Kegel des Delphi selbst, d. i. bis zu einer Höhe von 3500 Fuss ansteigend. Die Pflanzen, welche Herr Director J. F. Schmidt von der alpinen Region mitbrachte, sind: *Poa bulbosa* Lin. β *vivipara*, *Sesleria cœrulea* Ard., *Fritillaria Fleischeriana* Sch., *Scilla nivalis* Boiss, *Crocus nivalis* Bory, *Juniperus Sabinoides* Griesb., *Cynoglossum Columnœ* Ten., *Linaria Pelisseriana* DC., *Saxifraga media* Gouan, *Thlaspi cochleariforme* DC., *Iberis sempervirens* Lin., *Helianthemum vulgare* Gärt., *A flavum α genuinum*, *Viola calcarata* L. und *Viola gracilis* Sibth., *Silene italica* DC. und die vom Director des botanischen Gartens in Athen, v. Heldreich, als eigene Art beschriebene *Mattia Schmidtii* Heldr. *), die indess wohl nur kaum von der *Mattia grœca* DC. *(Rindera grœca* Boiss et Held.*)* verschieden ist. Von allen diesen fand sich indess nur eine einzige Pflanze, die ich in gleicher Region auch auf dem Monte nero sammelte, nämlich *Scilla nivalis* Boss.

Nach kurzer Rast sassen wir des andern Morgens wieder zu Pferd, um unsern Rückweg nach Chalkis anzutreten.

Bald hatten wir den Serpentin, auf dem Steni steht, verlassen, als wir in eine freie Hügelgegend, welche von dem aus der Schlucht kommenden Flüsschen tief eingeschnitten war, hinaustraten. Rother Sand, Mergel und Sandsteine stellten das Land als ein tertiäres dar. Alte venetianische Festungsthürme

---

*) Index Seminum hort. bot. univer. Othonis Athenarum anno 1860, colect. p. 8.

erhoben sich dort und da, schöne Gruppen der Seestrandsföhren brachten Wechsel herbei, doch fehlte der Landschaft Leben, denn weder eine Hütte noch ein menschliches Wesen war irgendwo zu sehen. Zwar schien der Boden dem Feldbau meist sehr günstig, doch fehlt es sichtlich an Händen denselben zu bebauen. Endlich traten wir wieder in das Gebiet des Stromes, das wir in einiger Entfernung von Chalkis, nämlich an der venetianischen Wasserleitung, bereits kannten. Die bekannten prachtvollen Oleanderbüsche (ῥοδοδαφνε im Munde des Volkes) standen uns wieder zur Seite und so erreichten wir schon um 12 Uhr das Reiseziel des Tages, Chalkis. Ein böser Dämon muss es aber veranlasst haben, dass uns in dem schon bekannten Gasthofe wegen Überfüllung mit Reisenden nur eine kleine niedere Stube, nicht viel grösser als ein Hundestall, nach vielem Bitten und nach stundenlangem Harren zu Theil wurde. Die Malerei der Wände mit Speichel und unnennbarem Schmutze ausgeführt, so wie die Unruhe, welche eine unsichtbare Genossenschaft bei der Nacht herbeiführte, wahrscheinlich weil sie den ohnehin kleinen Raum noch mit uns theilen musste, werde ich wegen ihrer zu grossen Eigenthümlichkeit für das erste Hôtel Euboea's gewiss nicht vergessen.

Ich habe hier noch einige Worte über die Apollo-Tanne hinzuzufügen. Bekanntlich ist es H. F. Link, welcher dieser griechischen Tanne jene Bezeichnung gab *). Nach seiner Angabe fand er dieselbe im Jahre 1838 bei Besteigung des Parnasses, wo sie in grossen obgleich nicht dichten Waldbeständen den Gipfel des Berges bedeckt. Von daher brachte er im September gereifte Zapfen und Samen, welche im Berliner botanischen Garten keimten. Männliche Blüthen erhielt Link später durch Herrn Sartori vom Parnes, wo diese Tanne gleichfalls vorkommt. Die Verschiedenheit dieser Tanne von der cephalonischen Tanne erkannte Link, der sie anfänglich für letztere

---

*) Abietineæ horti regii bot. berolin. cultæ, recensitæ . . . . . Linnæa, Bd. XV, 1841, p. 529.

hielt, erst nachdem er junge Bäumchen der cephalonischen Tanne in Bedford's Garten sah. Die von demselben l. c. gegebene Diagnose ist so verschwimmend, dass man wohl ersieht, die Unterschiede beider vermeintlichen Tannenarten seien nicht so constant, um beide sicher von einander trennen zu können. Was meine eigene Anschauung lehrte, ist folgendes.

Die Apollo-Tanne unterscheidet sich im äusseren Habitus sehr auffallend von der cephalonischen Tanne durch ihre regelmässige pyramidale Gestalt, welche ihr die von dem Boden an nach aufwärts sich allmählich verkürzenden Äste geben. Die Äste sind horizontal ausgestreckt, dagegen die Äste der cephalonischen Tanne nach aufwärts gekehrt. Stellung und Grösse der Blätter sind gleich, dagegen sind die der Apollo-Tanne mehr lanzettlich als linear zu nennen und daher mit den Jugendzuständen der cephalonischen Tanne übereinstimmend. Auch die Zapfen der ersteren erreichen nie ganz die Länge der letzteren, indess die Theile derselben vollkommen mit einander übereinstimmen.

Das mitgebrachte Holz der Apollo-Tanne unterschied sich von dem der cephalonischen Tanne nur ganz unbedeutend durch die geringere Dicke der Zellwand der den Jahresschluss bildenden Zellen und vielleicht noch durch die dichtere Tüpfelstellung an den Zellen, durchaus Merkmale, die auf die Beschaffenheit des Holzes im Ganzen wenig Einfluss haben.

In neuester Zeit ist nun noch eine dritte, den beiden vorigen analoge Tannenart als eine neue Species aufgetaucht, die ebenfalls Griechenland und zwar den Peloponnes zum Vaterlande hat.

Der Hofgärtner Fr. Schmidt in Athen erhielt vor vier Jahren aus Arkadien reife Zapfen einer Tannenart, die ihm von der gewöhnlichen griechischen Apollo-Tanne verschieden schienen. Erst im Jahre 1859 wurde bei Gelegenheit einer Inspections-Reise von den Forstbeamten Balsamaki und Origoni im Nordwesten von Tripolitza ein Wald mit dieser Tanne entdeckt, der in einer Ausdehnung von 5—6 Stunden in der Länge und 2—3 Stunden in der Breite sich bis Alonistena und Magouliana erstreckte. Das Aussehen der meisten dieser

Bäume war sehr eigenthümlich; aus dem abgehauenen Stamme sprossten zur Seite drei bis vier neue Stämme hervor, ja selbst aus den starken horizontalen Ästen schossen senkrechte Triebe empor, die den verletzten Hauptstamm durch neue Kronen zu ersetzen suchten. Es gab dies dem Ganzen eine seltsame girandoleförmige Gestalt.

Später hat Herr Bayer von demselben Walde junge Bäumchen und reife Zapfen nach Athen gebracht, die auch ich zu sehen Gelegenheit hatte. Nach den Angaben v. Heldreich's *) denen ich das Obige entlehnte, sollen die Unterschiede der neuen Tanne von der Apollo-Tanne folgende sein.

Die arkadische Tanne hat etwas weichere und an der Spitze stumpfere Nadeln (also genau solche, wie die cephalonische Tanne, auch ist die Richtung der nach allen Seiten abstehenden Nadeln mehr der cephalonischen als der Apollo-Tanne ähnlich), endlich zeigt sich der Zapfen der arkadischen Tanne um 4 Zoll kürzer als der Zapfen der Apollo-Tanne. Weder in der Gestalt noch in den Theilen des Zapfens so wie im Samen lassen sich merkliche Unterschiede wahrnehmen. Daraus schliesst nun Herr v. Heldreich, in dieser Tanne eine neue Species vor sich zu haben, der er den Namen der hochverehrten blumenfreundlichen Königin Griechenlands ertheilt. Sowohl aus der Beschreibung als aus der Untersuchung eines Astes dieser *Abies Reginæ Amaliæ* Heldr. ist mir eine grosse Übereinstimmung dieser Tanne mit der cephalonischen Tanne klar geworden. Was bei dieser die Windbrüche in Bezug auf allgemeine Gestaltung (Habitus) bewirken, scheint mir dort die Art der Waldwirthschaft hervorzurufen. Auch bei unserer Tanne und Fichte kommen dergleichen abnorme Formen nach ähnlichen vorausgegangenen Ursachen nicht selten vor. Dass dies weder eine Abart noch weniger eine Art begründen kann, darüber sind wohl alle Fachmänner einig. Die Unterschiede müssen also in der Organisation gesucht werden, aber auch diese zeigt so wenig Eigenthümliches, dass es mir scheint, man habe in dieser arcadi-

---

*) Über die neue arcadische Tanne *(Abies Reginæ Amaliæ)* Gartenflora von Regel. September 1860, p. 313.

schen Tanne nur die cephalonische Form vor sich, denn dass ich auch diese so wie die Apollo-Tanne nur für locale Ausschreitungen halten muss, dafür habe ich oben bereits die nöthigen Belege geliefert.

Zur Übersicht gebe ich am Schlusse eine Zusammenstellung der Charakteristik aller dieser verwandten Tannenformen, woraus sich am besten ihre Zusammengehörigkeit unter **einen Typus** erkennen lässt.

Eine andere Frage ist die, **welche von diesen Formen die Urform, welches die abgeleiteten Formen sind**; doch zur Entscheidung dieser Frage ist unsere noch mit Minutien beschäftigte Wissenschaft nicht reif.

Nomen	Strobilus	Folium	Ordo foliorum	Altitudo	Truncus ramique
Pinus Picea Lin. *Pinus Abies* du Roi *Abies pectinata* DC.	Strobilis cylindraceis 8″ longis	Foliis linearibus retusis v. obtusis, interdum breviter mucronatis	Foliis subsecundis	160 ped. alt.	Cortice albente
Pinus Apollinis Ant. *Abies Apollinis* Lk. *Pinus Picea var. graeca* Fraas *Pinus Picea var. Griesb.* *Pinus Abies v. Apollinis* Endl.	Strobilis cylindraceis basi apiceque attenuatis 9″—10″ longis	Foliis lineari-lanceolatis bipollicaribus apice integris breviter mucronatis rigidis	Foliis oligostichis	80 ped. alt.	Cortice fuscescente Innovationibus rarissimis, ramis patentissimis sepe prope radicem provenientibus
Pinus Reginae Amaliae v. Heldr.	Strobilis cylindraceis gracilioribus 5″—6″ longis	Foliis lanceolatis linearibusq. breviter mucronatis	Foliis distichis	55 ped. alt.	Cortice fuscescente Innovationibus frequentissimis
Pinus cephalonica Endl. *Abies cephalonica* Loudon.	Strobilis subfusiformibus i. e. cylindricis utrinque attenuatis 5″—6″ longis	Foliis lanceolatis linearibusque acuminato-pungentibus planis	Foliis distichis	60 ped. alt.	Cortice fuscescente Innovationibus crebris
Pinus leioclada Stev. *Pinus Abies v. leioclada* Endl.					Ramis ramulisque glaberrimis

VII. Ausbeute der in Griechenland und auf den jonischen Inseln gesammelten Pflanzen. Beschreibung der neuen Arten.

Es kann hier nicht meine Absicht sein, eine Aufzählung der Pflanzen Griechenlands und der jonischen Inseln zum Behufe pflanzengeographischer Vergleichungen und Bestimmungen zu geben, denn dies würde mehr Zeit und Raum erfordern, als einem Reisewerke von diesem Umfange zugemessen ist. Indess dürfte eine kritische Aufzählung des Gesammelten schon darum auch für jene Zwecke von Vortheil sein, als damit neue Fundorte von Pflanzen namhaft gemacht werden und zugleich die Verbreitungsbezirke vieler Arten sich mit grösserer Sicherheit feststellen lassen.

Die in jenen Ländern botanisirenden Naturforscher haben bisher zu thun gehabt den Schatz der phanerogamen Pflanzen zu heben, für niedere Gewächse ist ihnen wenig Zeit übrig geblieben.

Dies berücksichtigend habe ich mich bemüht, jene Lücke auszufüllen und vorzüglich den Flechten und Moosen meine Aufmerksamkeit zuzuwenden, abgesehen von den Pilzen, an deren zahlreichem Erscheinen in jenen Gegenden und in jener Jahreszeit, als ich dieselben bereiste, ohnehin nicht zu denken war.

Die gesammte Ausbeute während der kurzen Zeit von zwei Frühlingsmonaten ist verhältnissmässig reich ausgefallen und hat alle meine Erwartungen übertroffen. Wie aus dem nachstehenden Verzeichnisse zu ersehen ist, wurden von mir allein ohne alle Beihilfe gesammelt, an:

Algen	37	Arten,
Flechten	72	„
Pilzen	5	„
Lebermoosen	3	„
Laubmoosen	76	„
Lykopodiaceen	1	„
Farnen	7	„
Monokotyledonen	75	„
Dikotyledonen	318	„
Zusammen	594	Arten.

Dabei sind noch viele andere eben nicht in Blüthe stehende Pflanzen beobachtet worden, die jedoch aus dieser Aufzählung ausgeschlossen worden sind.

Im Ganzen wird der Kenner aus diesem Verzeichnisse nur die Bestätigung finden, dass der Charakter der Mittelmeerflora in der Vegetation einer jeden der durchforschten Gegenden nur zu deutlich ausgeprägt ist. Die wenigen nordischen Pflanzen mögen, wie ich mich früher (II) zu zeigen bemühte, eher als Reste einer der Zeit nach vorausgegangenen Flora zu betrachten sein, denn als spätere Eindringlinge.

Diese Ansicht ergibt sich nicht blos aus der Berücksichtigung der phanerogamen Pflanzen, sondern eben so aus jener der kryptogamen Landgewächse. Herr Dr. Hepp, welcher die Güte hatte die von mir gesammelten Flechten zu revidiren, bemerkt in seinem Schreiben darüber, dass sich in allen der hier verzeichneten Arten der Charakter der Mediterranflora namentlich bei den Kalkflechten jener von Montpellier ausspreche. Mit Ausnahme einer einzigen Art von *Biatora* vom Monte Deca auf Corfu und einer Varietät von *Evernia divaricata* vom Monte nero sind sämmtlich bekannte, der Mittelmeerflora zukommende Arten.

Das gleiche wird auch über die Moosflora von Dr. W. Schimper angegeben. „Die gesammelten griechischen und jonischen Moose, so äussert er sich, tragen ganz das Gepräge unserer mediterranischen Flora, wie wir sie in Südfrankreich, Spanien und Algerien haben". Die für eine neue Art von Hrn. J. Juratzka erkannte *Neckera turgida* ist mit der canarischen *Neckera intermedia* Br. zwar sehr verwandt, weicht aber eben so von dieser, wie die neue *Neckera cephalonica* von der einheimischen *Neckera pennata* ab. Beide gehören der subalpinen Region des Monte nero an.

In den phanerogamischen Pflanzen bilden die Labiaten, Cistineen und Caryophylleen, wie zu erwarten war, die grössten Quotienten; nur eine einzige unter allen gesammelten Pflanzen war neu. Sie ist eine Caryophyllacee aus Ithaca. Mein Freund Prof. E. Fenzl hat sie zwar mit *Silene integripelata* Bory et Chaub. verwandt, aber dennoch von dieser Art specifisch verschieden gefunden.

Abbildungen von den eben genannten neuen Pflanzenarten zu geben, habe ich vor der Hand nicht für zweckmässig erachtet, da ich mit der nachfolgenden systematischen Aufzählung der gesammelten Pflanzen wohl nur mehr eine Andeutung der neuen Funde zu geben die Absicht hatte, als diese selbst für den Fachmann ausführlich zu beleuchten.

Die gesammelten Schätze belaufen sich wie begreiflich von jeder Art nur auf wenige Exemplare, da es mir als einzelnen mit beschränkten Mitteln Reisenden unmöglich war, Sammlungen in grösserem Massstabe zu Stande zu bringen, andererseits meine Aufmerksamkeit nicht ausschliesslich diesem Gegenstande zugewendet sein konnte. Obgleich es gegenwärtig nicht mehr schwierig ist, getrocknete Pflanzen aus den von mir bereisten Ländern zu erhalten, so bleiben doch Sammlungen von weniger zugänglichen Localitäten immerhin noch eine Seltenheit.

Die Hauptsammlung ist bereits dem Herbarium des botanischen Museums in Wien einverleibt, die wenigen Doubletten an botanische Freunde vertheilt, daher Jedermann zugänglich geworden. Bei Ausarbeitung des nachstehenden Verzeichnisses muss ich noch dankbarst der Beihilfe der Herren Dr. Kotschy und Dr. Reichardt erwähnen. Um mich kurz zu fassen, ist bei dieser systematischen Aufzählung von der Angabe der Synonymen nur beschränkter Gebrauch gemacht, eben so der Stand- und Fundorte nur in äusserster Kürze Ausdruck gegeben worden.

ALGAE.

1. Palmelleae.

Protococcus viridis Ag.
  In lapidibus fontium Euboeae prope Kyme.

2. Oscillarieae.

Phormidium vulgare Kg.
  In muris madidis prope castellum vetus Corcyrae.

3. Nostoceae.

Nostoc commune Vauch.
  In terra argillosa ad Levkimo Corcyrae.

4. Confervaceae.

Allogonium confervoides Kg.
  In fossis Corcyrae.
Oedogonium capillare Kg.
  In fossis Corcyrae.
Cladophora glomerata Kg.
  In rivulo prope Bragagniotica Corcyrae.
Cladophora liniformis Kg.
  In aquis salsis ad Rheitro Graeciae.
Cladophora ramosissima Bory.
  Ad litora Corcyrae.
Cladophora crispata Kg. β virescens.
  In aquis salsis ad Rheitro.
Aegagropila cornea Kg.
  Ad litora Corcyrae.

5. Zygnemaceae.

Spirogyra quinina Ag.
    In fossis insulae Corcyrae.

6. Ectocarpeae.

Stypocaulon scoparium Kg.
    Ad litora Corcyrae.

7. Ulvaceae.

Ulva Lactuca Lin.
    Ad litora Corcyrae.

8. Enteromorpheae.

Enteromorpha intestinalis Lk.
    Ad ostia fluminis Potamo Corcyrae. Cephalonia.

9. Vaucheriaceae.

Vaucheria caespitosa Ag.
    In fossis subsiccis Corcyrae.
Vaucheria dichotoma Ag.
    In fontibus Cephaloniae.

10. Dictyoteae.

Dictyota dichotoma Kg.
    Ad litora Corcyrae.
Stypopodium Atomaria Kg.
    Ad litora Corcyrae.
Zonaria pavonia Ag.
    Ad litora Corcyrae.

11. Fuceae.

Fucus ceranoides Lin.
    Ad litora Corcyrae.

12. Cystosireae.

Halerica ericoides Kg.
    Ad litora Corcyrae.

Halerica amentacea Kg.
Ad litora Corcyrae.
Cystosira Hoppii Ag.
Ad litora Corcyrae.
Cystosira abrotanifolia Ag.
Ad litora Corcyrae.

13. Sargasseae.

Sargassum linifolium Ag.
Ad litora Corcyrae.

14. Ceramieae.

Hormoceras diaphanum Kg.
In fonte subsalsa prope Samò Cephaloniae.

15. Porphyreae.

Porphyra laciniata Kg.
Ad litora Corcyrae.
Peyssonelia Squamaria Decaisn.
Ad litora Corcyrae.

16. Corallineae.

Corallina officinalis Ell.
Ad litora Corcyrae.

17. Gelidieae.

Gelidium corneum Lam.
Ad litora Corcyrae.

18. Sphaerococcaceae.

Sphaerococcus confervoides Ag.
Ad litora Corcyrae.

19. Polysiphoneae.

Polysiphonia secunda Mont.
Ad litora Corcyrae.
Polysiphonia fastigiata Grev.
Ad litora Corcyrae.

Polysiphonia tenella Ag.
Ad litora Corcyrae.

20. Champieae.

Lomentaria Kaliformis Ag.
Ad litora Corcyrae.

Gastroclonium Uvaria Kg.
Ad litora Corcyrae.

21. Delessericae.

Hypoglossum alatum Kg.
Ad litora Corcyrae.

LICHENES *).

A. Cladoniaceae.

I. Cladonieae.

Cladonia alcicornis Lightf. Schaer. Enum. p. 194. Körber System p. 17. Rabenhorst Cladoniae europaeae, Tab. 1 exs. Nr. 2.
Corcyra in monte Deca, Cephalonia in monte nigro.

Cladonia alcicornis var. microphyllina Fr. Körber System p. 17.
Corcyra in monte Deca, Cephalonia in monte nigro.

Cladonia endivaefolia Dicks. Schaer. En. p. 194. Körber. Parerga lich. p. 9. Rabenhorst Cladon. europ. Tab. I. exs. Nr. 1.
Corcyra, Cephalonia.

Cladonia furcata α racemosa Hoff., β spinulosa Huds. Schaer. Enum. p. 202.
Corcyra prope Levkimo.

Cladonia furcata Huds. β recurva Hoff. Schaer. En. p. 202. Körber System p. 34. Rabenhorst Clad. europ. Tab. XXX. exs. Nr. 7.
Corcyra.

Cladonia neglecta Flk. scyphosa Schaer. En. p. 192. Cladon. pyxidata 4, neglecta, — Pocillum Achar.
Corcyra.

*) Particulae hujus, quae tractat de Lichenibus, autor est Cl. Dr. Hepp.

B. Lecideaceae.
IV. Biatoreae.

Biatora atro-fusca Fw. Hepp. eur. Flecht. Nr. 268. Biatora vernalis ♂ atro-fusca Fw. exs. Nr. 215 et BB. Biatora vernalis Körber System p. 202 et Parerga lich. p. 148.
Prope Steni insulae Euboeae.

Biatora candida Web. Hepp. Eur. Flecht. Nr. 124. Thalloidimatis spec. Mass. Ricerch. p. 96. Körber System p. 179.
Ad Gyphto-Castro Graeciae.

Biatora decipiens Ehrh. Fries. Lich. europ. p. 252. Hepp. Eur. Fl. Nr. 120. Lecideae spec. Schaer. En. p. 95. Psorae spec. Körber System p. 177.
In insula Corcyra et Cephalonia.

Biatora fumosa Hoff. a nitida Schaer. Hepp. eur. Fl. Nr. 131. Lecideae spec. Schaer. En. p. 110. Körber System p. 253. Psorae spec. Mass. Ricerch. p. 93.
In monte Pentelikon Graeciae.

Biatora fumosa Hoff. ♂ grisella Flk. in litt. ad Fw. Schaer. En. p. 110.
In monte Pentelikon Graeciae.

Biatora intumescens Fk. Hepp. Eur. Fl. Nr. 258. Lecidea badia, β intumescens Fk. Lecidea confervoides v. intumescens Schaer. En. p. 113. Lecidea insularis Nylander Obs. Nr. 6 et Herb. lich. Parisiens. Nr. 58. Lecidellae spec. Körber System p. 239.
In monte Pentelikon Graeciae (in societate Lecanorae rimosae α sordidae Schaer).

Biatora lurida Sw. Frs. Lich. europ. p. 253. Hepp. Eur. Fl. Nr. 121. Psorae spec. Mass. Ricerch. p. 90. Körb. Syst. p. 177. Lecideae spec. Schaer. En. p. 96.
In monte Pentelikon Graeciae (in societate Lecanorae rimosae α sordidae Schaer).

Biatora rupestris Scop. β calva Dicks. Hepp. Eur. Fl. Nr. 134. Lecideae spec. Schaer. En. p. 146.
Prope Benize in insul. Corcyra (cum Bagliettoa sphinctrina Duf.).

Biatora Ungeri Hepp. nov. spec. Thallus squamuloso-granulosus olivaceus. Apothecia plano-convexa fulva (humectata hyalino-livida nigro-marginata). Sporae in ascis subclavatis octonae parvulae ellipsoideae dyblastae, diam. 2—2$^1/_2$ longiores, hyalinae.
<small>Ad saxa calcarea in monte Deca Corcyrae.</small>

Biatora vesicularis Hoff. α Hepp. Eur. Fl. Nr. 237. Thalloidimatis sp. Mass. Ric. p. 95. Körb. Syst. p. 179. Lecidea cinereo-nigrescens Schaer. En. p. 111.
<small>Ad Gyphto-Castro Graeciae.</small>

Lecidea calcarea Weis. β margaritacea Ach. Schaer. En. p. 121.
<small>In monte Pentelikon Graeciae (cum Lecidea Dubyana Hepp.).</small>

Lecidea calcarea α Weisii Schaer. En. p. 121. Hepp. Eur. Fl. Nr. 147 (Thallus).
<small>In insula Ithaca et Euboea (Kumi).</small>

Lecidea Dubyana Hepp. Eur. Fl. Nr. 322. Buellia Dubyana Hepp. Körb. Parerga lich. p. 188.
<small>In monte Pentelikon Graeciae.</small>

Lecidea canescens Dicks. α xylophila, Rabenhorst Handb. II, p. 87, Hepp. cur. Fl. Nr. 527, Schaer. En. p. 105. Diploiciae sp. Mass. Ric. p. 86. Körb. Syst. p. 174 (Thallus).
<small>In cortice Olearum Corcyrae.</small>

Lecidea canescens Dicks. β lithophila, Rabenhorst. Handb. II, p. 89, Hepp. eur. Fl. Nr. 528. Diploiciae sp. Mass. Ric. p. 86. Körb. Syst. p. 115 (Thallus).
<small>Ad saxa calcarea montis Deca Corcyrae.</small>

C. Parmeliaceae.

VII. Usneae.

Usnea florida L. β hirta Ach. Körb. Syst. p. 3. Usnea barbata, α florida, β hirta Schaer. En. p. 3.
<small>In truncis Olearum prope Pelleca Corcyrae.</small>

Evernia prunastri L. α vulgaris. Körb. Syst. p. 43. Physciae Spec. Schaer. En. p. 11.
<small>In truncis Quercuum ad Hagios Mercurios Graeciae et ad Loto Euboeae.</small>

Evernia furfuracea L. Körb. Syst. p. 43. Physciae Spec. Schaer. En. p. 10.
<small>In truncis Pinorum montis nigri Cephaloniae frequens.</small>

Evernia divaricata L. Ach. lich. univ. p. 441. Körb. Syst. p. 41, var. β Ungeri Hepp. nov. varietas.
<small>In truncis arborum vetustis montis nigri Cephaloniae.</small>

Bryopogon sarmentosum Ach. α genuinum Körb. Syst. p. 7. Lich. sel. germ. exs. Nr. 61. Cornicularia ochroleuca, γ sarmentosa Schaer. En. p. 6. Fries. Lich. succ. exs. Nr. 269.
<small>In truncis arborum vetustis montis nigri Cephaloniae.</small>

Ramalina fraxinea L. β fastigiata Ach. Schaer. En. p. 9. Körb. Syst. p. 38.
<small>In monte Deca Corcyrae.</small>

Physcia ciliaris L. α Hepp. Eur. Fl. Nr. 168. Anaptychia ciliaris Körb. Syst. p. 50. Mass. mem. p. 38.
<small>In truncis Quercus pubescentis ad Hagios Mercurios Graeciae.</small>

Physcia ciliaris L. β angusta Mass. Hepp. Herb. Anaptychia ciliaris var. angusta Mass. Lich. it. exs. Nr. 40.
<small>In monte nigro Cephaloniae.</small>

IX. Peltigereae.

Nephroma resupinatum L. β laevigatum Ach. Schaer. En. p. 18. Hepp. Eur. Fl. Nr. 363. Körb. Syst. p. 55.
<small>Frequentissime in ramis Pinorum montis nigri Cephaloniae.</small>

Peltigera canina L. α ulorrhiza Flk. Schaer. En. p. 20. Hepp. Eur. Fl. Nr. 575. Peltigera rufescens Hoff. D. F. p. 107. Körb. Syst. p. 59.
<small>In monte nigro Cephaloniae.</small>

X. Imbricarieae.

Imbricaria caperata L. Körb. Syst. p. 81. Parmeliae spec. Fries. L. europ. p. 69. Schaer. Enum. p. 34. Mass. mem. p. 48.
<small>In cortice Olearum Corcyrae.</small>

Sticta pulmonaria L. Ach. univer. p. 449. Hepp. Eu. Fl. Nr. 591.
<small>Frequens in monte nigro Cephaloniae et ad Loto Euboeae.</small>

Sticta silvatica L. β fuliginosa Dicks. Hepp Eu. Fl. Nr. 371. Sticta fuliginosa Schaer. En. p. 32. Körb. Syst. p. 66.
In monte nigro Cephaloniae raro.

Parmelia parietina L. β. aureola Ach. a corticola Hepp. Schaer. En. p. 49. Parmelia aureola Ach. univ. p. 487. Physcia parietina var. aureola Mass. lich. It. exs. Nr. 34.
In cortice Olearum Corcyrae.

Parmelia parietina L. β aureola Ach. b saxicola Hepp.
Cephalonia.

Lobaria pulverulenta Schreb. α allochroa Ehrh. Hepp. Parmeliae spec. Schaer. En. p. 38. Körb. Syst. p. 86.
In monte nigro Cephaloniae non frequens.

Lobaria pulverulenta β angustata Hoff. Hepp. Parmeliae sp. Schaer. En. p. 38. Körb. Syst. p. 87.
In truncis Pini Apollinis Euboeae prope Steni.

XI. Lecanoreae.

Amphiloma coeruleo-badium Schleich. Hepp. Eu. Fl. Nr. 607. Parmeliae spec. Schaer. En. p. 36. Pannariae sp. Mass. Ric. p. 111. Körb. Syst. p. 105.
In cortice Olearum Corcyrae.

Amphiloma plumbeum Lightf. var β myriocarpa Delis. Hepp. Eu. Fl. Nr. 376. Pannariae spec. Mass. Ric. p. 110. Parmelia plumbea b Fries L. eur. p. 87. Schaer. En. p. 36.
In truncis arborum montis nigri Cephaloniae.

Lecanora atra Huds. α vulgaris Schaer. En p. 73. Hepp. Eu. Fl. Nr. 182. Körb. Syst. p. 139. Parmeliae spec. Fries L. eu. p. 141.
In monte Pentelikon Graeciae.

Lecanora badia Pers. α major. Schaer. En. p. 68. Hepp. Eu. Fl. Nr. 181. Körb. Syst. p. 138.
In monte Pentelikon Graeciae.

Lecanora crassa Huds. β caespitosa. Vill. Schaer. En. p. 58 exs. Nr. 343!
Ad Gyphto-Castro Graeciae.

Lecanora crassa Huds. γ Dufourei Fries Hepp. Eu. Fl. Nr. 617.
Lecanora crassa v. caespitosa b Duf. Schaer. En. p. 58.
Psoromatis spec. Mass. Lich. It. exs. Nr. 76.
In monte Deca et ad Levkimo Corcyrae, in monte Pentelikon Graeciae.
Lecanora crassa Huds. γ Dufourei Fries. var. imbricata Mass.
Psoromatis spec. Mass. lich. It. exs. Nr. 77.
Corcyra.
Lecanora lentigera Web. Hepp. Eu. Fl. Nr. 179. Psoromatis spec.
Mass. lich. It. exs. Nr. 91. Lecanora crassa α lentigera
Schaer. En. p. 58.
Ad Levkimo Corcyrae.
Lecanora gypsacea Smth. Hepp. Eu. Fl. Nr. 619. Lecanora crassa
v. ε gypsacea Schaer. En. p. 59. Parmeliae sp. Ach. Meth.
p. 207. Psoromatis spec. Mass. Ric. p. 20.
Cephalonia.
Lecanora radiosa Hoff. α circinata Pers. Schaer. En. p. 61. exs.
Nr. 328. Placodium circinatum Pers. α radiosum Körb.
Syst. p. 115. Placodium radiosum Mass. Ric. p. 22.
Cephalonia (cum Placod. Callopismo Ach.).
Lecanora radiosa Hoff. var. psoralis Ach. Schaer. En. p. 61.
Lecanora psoralis Ach. Univ. p. 376.
In monte Pentelikon Graeciae.
Lecanora rimosa α sordida Pers. Schaer. En. p. 71. Zeorae sp.
Körb. Syst. p. 133.
In monte Pentelikon Graeciae (in consortio Biatorae intumescentis Fw.).
Placodium callopismum Ach. Hepp. Eu. Fl. Nr. 197. Physcia
callopisma Mass. mon. Blast. p. 57 et Lich. ital. exs. Nr. 103.
Amphiloma callopismum Körb. Syst. p. 112 et Parerga
lich. p. 49.
Ad saxa calcarea ad Bragagniotica Corcyrae, in Cephalonia.
Placodium fulgens Swartz DC. Fl. Fr. p. 378. Hepp. Eu. Fl.
Nr. 194. Parmeliae spec. Fries L. eur. p. 119. Lecanora
friabilis α Schaer. En. p. 64. Psoromatis spec. Körb. Syst.
p. 119. Fulgenia vulgaris Mass. Lich. ital. exs. Nr. 2.
Corcyra.
Placodium murorum var. centroleuca Mass. Hepp. manusc. Physcia callopisma var. callopisma var. centroleuca Mass. monog.

Blast. p. 58. Lich. ital. exs. Nr. 58. Amphiloma callopismum Körb. Parerga lich. p. 49.

Cephalonia.

Placodium ochraceum Schaer. β Schaereri Hepp. manusc. Lecidea aurantiaca, forma media inter β ochracea et γ flavovirescens Herb. Schaer.

Cephalonia.

Patellaria Rabenhorstii Hepp. Eu. Fl. Nr. 75* incusa Körb. Hepp. Biatorina proteiformis α Rabenhorstii Hepp.* incusa Körber. Parerga lich. p. 140.

Cephalonia.

Urceolaria actinostoma Pers. α contracta Schaer. Enum. p. 87. Limboria actinostoma Mass. Ric. p. 155 et Mass. Lich. ital. exs. Nr. 80. Körber Syst. p. 377.

In monte Pentelikon (in consortio Biatorae intumescentis Fw. Hepp. Eu. Fl. Nr. 258 et Lecanorae rimosae a sordidae Schaer.).

Urceolaria ocellata Vill. Schaer. En. p. 90 exs. Nr. 477. Lichen ocellatus Vill. Delph. III, 988, t. 55.

In schisto argill. montis Hymetti Graeciae.

XII. Collemeae.

Collema flaccidum α Ach. Hepp. Eu. Fl. Nr. 651. Synechoblastus Körb. Syst. p. 413. Collema rupestre α flaccidum Schaer. En. p. 252. Lethagrium rupestre Mass. mem. p. 92.

In monte nigro Cephaloniae.

Collema multifidum β marginale Huds. Schaer. En. p. 255. Körb. Syst. p. 409.

Ad Gyphto-Castro Graeciae.

G. Verrucariaceae.

XV. Verrucarieae.

Pertusaria communis b variolosa Wall. form. effusa Hepp. Eu. Fl. 633. Variolaria communis Ach. et auct. pr. p.

In monte nigro Cephaloniae nec non in monte Delphi Euboeae.

Pertusaria fallax α vera Hook. E. Bot. t. 1731. Hepp. Eu. Fl. Nr. 679. Leighton Brit. ang. lich. p. 29, t. 10, f. 2 et Leighton lich. Brit. exs. Nr. 71.
<small>Ad Hagios Mercurios Graeciae.</small>

Verrucaria calciseda DC. Fl. Fr. II, p. 317. Verr. rupestris α calciseda Fries Lich. cu. p. 436. pr. p. Hepp. Eu. Fl. Nr. 428.
<small>In monte Deca Corcyrae.</small>

Verrucaria coerulea Ramond. Hepp. Eu. Fl. Nr. 223. Verr. plumbea Ach. Körber Syst. p. 343.
<small>In insula Ithaca (in consortio Lecideae calcareae Weis).</small>

Verrucaria controversa Mass. Ric. p. 177, f. 358 et Mass. Lich. ital. exs. Nr. 21.
<small>Cephalonia.</small>

Verrucaria fuscella Turner α Schaer. En. p. 245. Ach. univ. p. 289. Hepp. Eu. Fl. Nr. 426.
<small>Corcyra.</small>

Verrucaria Hoffmannii Hepp. Eu. Fl. Nr. 431. Krempelhuber in Flora 1858, Nr. 37. Verrucaria rupestris v. purpurascens Schaer. et Auct. pr. p. Verrucaria purpurascens Mass. Ric. p. 173. pr. p.
<small>In rupibus calcareis montis nigri Cephaloniae montis Deca Corcyrae nec non montis Antilibanon Syriae.</small>

Verrucaria hiascens Ach. spermogonifera Mass. Hepp. Eu. Fl. Nr. 691. Hymeneliae spcc. Mass. Sched. crit. p. 135 et Lich. Ital. exs. Nr. 240. pr. p.
<small>In monte nigro Cephaloniae.</small>

Verrucaria nigrescens Pers. Uster. annal. XIV, p. 36. Fries Lich. eu. p. 438. Hepp. Eu. Fl. Nr. 434. Pyrenula Ach. Synops. p. 126. Schaer. En. p. 210. pr. p. Lithoiciae sp. Mass. mem. p. 142.
<small>Corcyra.</small>

Verrucaria lecideoides Mass. Hepp. Eu. Fl. Nr. 682. Catopyrenium lecideoides Mass. in litt. Thrombium lecideoides Mass. Ric. p. 157.
<small>In monte Pentelikon Graeciae.</small>

Verrucaria oloryza Mass. Herb. et in litt. ad Hepp. (Spec. Mass. Herb. Hepp.)
  Cephalonia.
Sagedia pyrenophora β arenaria Hepp. Eur. Fl. Nr. 98. Thelidium epipoleum Mass. Symmicta lich. p. 105.
  Cephalonia.
Bagliettoa sphinctrina Duf. Körb. Syst. p. 376. Limboriae spec. Fries L. eur. p. 156. Schaer. En. p. 225. Bagliettoa limborioides Mass. Mem. p. 147.
  Ad Benize et in monte Deca Corcyrae.

FUNGI.

Podosporium lini Léveillé.
  In foliis Lini usitat. insulae Ithacae.
Torula fumago Cheval.
  In foliis Olearum frequentissime Cephaloniae.
Peziza stercoraria Pers.
  In sterore vaccar. Corcyrae.
Nidularia campanulata Fr.
  In argillosis prope Potamo Corcyrae.
Polyporus hirsutus Fr.
  In truncis olearum vetustis prope Pelleca Corcyrae.

HEPATICAE.

Lunularia vulgaris Michel.
  In monte Deca Corcyrae prope fontem $10°8$ R. — In umbrosis ad Aquaeductum prope Chalcin Euboeae.
Plagiochasma Aitonia Lindb. et Nees.
  Cephalonia. Euboea prope Lotó ad 3000'.
Anthoceros laevis Lin.
  Euboea in silvaticis ad 3000', in monte Deca Corcyrae.

MUSCI.

Musci acrocarpi.

(Musci cleistocarpi.)

Phascaceae.

Phascum cuspidatum Schreb. ♂ piliferum.
In monte Pentelikon Graeciae.

(Musci stegocarpi.)

Weissiaceae.

Gymnostomum calcareum Br. et Schmp.
In fonte Arethusa Ithacae, in monte Pentelikon.
Gymnostomum calcareum γ viridulum.
Corcyra.

Dicraneae.

Dicranella varia Schmp.
Lotó ad 3000 p. Euboeae (cum Funaria hygrometrica).

Fissidentaceae.

Fissidens incurvus Schwaegr.
In antro montis Neriton Ithacae.

Pottiaceae.

Eucladium verticillatum Br. et Schmp.
Corcyra. In fonte Arethusa Ithacae.
Ceratodon purpureus Brid.
In antro montis Pentelikon. Euboea (Lotó 3000′).
Trichostomum rigidulum Sm.
Athenis.
Trichostomum Barbula Schwaegr.
Corcyra ad Levkimo. Ithaca ad fontem Arethusa.
Trichostomum flavovirens Br.
In monte Deca Corcyrae.

Trichostomum crispulum Br.
    In monte Deca Corcyrae.
Trichostomum tophaceum Brid.
    In fontibus prope Kyme Euboeae.
Trichostomum mutabile Bruch.
    Ad rupes calcareas Ithacae.
Barbula inermis Schmp. Coroll.
    In monte nigro Cephaloniae. In montosis prope Lotó Euboeae.
Barbula cuneifolia Brid.
    Kyme et Athenis.
Barbula muralis Hedw.
    In muris vetustis castelli Corcyrae. In monte nigro Cephal., ad Steni Euboeae.
Barbula muralis Hedw. var. incana.
    Cephalonia.
Barbula squarrosa Br. et Schmp.
    Ad Bragagniotica Corcyrae.
Barbula subulata Brid.
    In monte nigro Cephaloniae.
Barbula subulata Brid. β subinermis.
    In pinetis altioribus Euboeae.
Barbula revoluta Schwaegr.
    In muris Corcyrae.
Barbula convoluta Hedw.
    In pinetis altioribus Euboeae.
Barbula vinealis Brid.?
    In monte nigro Cephaloniae.
Barbula unguiculata Hedw.
    In monte Deca Corcyrae.
Barbula aloides Br. et Schmp.
    In argillosis ad Levkimo Corcyrae et prope Athenas.
Barbula marginata Br. et Schmp.
    Corcyra (inter Eurhyn. circin.) Pentelikon (inter Gymnost. calcar.).
Barbula chloronotos Schult.
    Athenis.
Barbula canescens Bruch.
    Ad Lotó (3000' alt.) Euboeae.
Barbula ruralis Hedw.
    In monte nigro Ceph., ad Gyphto-Castro Graeciae.

Grimmiaceae.

Grimmia pulvinata Sm.
In monte nigro Ceph., ad Lotó (3000'). In monte Pentelikon.
Grimmia trichophylla Grev.
In monte nigro Cephaloniae.
Grimmia orbicularis Br. et Schmp.
In rupestribus Pentelikonis.
Grimmia apocarpa Hedw.
In monte nigro Cephal.
Zygodon viridissimus Br. et Schmp.
In monte nigro Cephal.
Orthotrichum cupulatum Hofm.
In monte nigro Ceph. ad Steni Euboeae et in monte Pentelikon.
Orthotrichum anomalum Hedw.
In monte Pentelikon
Orthotrichum Lyellii Hook.
Ad Lotó (3000') Euboeae.
Orthotrichum speciosum Schmp.
In monte nigro Cephaloniae.
Orthotrichum leiocarpuum Schmp.
In monte nigro Cephaloniae.
Encalypta vulgaris Hedw.
In monte nigro Ceph. et in monte Pentelikon.

Funariaceae.

Funaria hygrometrica L.
In cacumine montis Deca. Ad Lotó (3000') Euboeae, ad Levkimo Corcyrae.
Funaria calcarea Wahlb. (F. Mühlenbergi Br. eur.)
Corcyra.

Bryaceae.

Bryum turbinatum Hedw.
In pineto alt. Euboeae ad font. $6°8$ R.
Bryum atropurpureum Br. et Schmp.
In cacumine montis Deca Corcyrae.
Bryum torquescens Br. et Schmp.
In montosis Corcyrae.

Bryum capillare Hedw. γ meridionale.
In montosis ad 3000' prope Lotó.
Bryum alpinum Lin.
In pineto alt. Euboeae ad font. 6°8 R.
Bryum erythrocarpum Schwaegr.
In montosis prope Lotó (3000').
Mnium undulatum Hedw.
In umbrosis rupest. prope Kyme.
Philonotis calcarea Br. et Schmp.
In pineto Euboeae ad font. 6°8 R.

Polytricheae.

Pogonatum aloides P. Beauv.
In pineto Euboeae ad 2500' alt.

Musci pleurocarpi.

Fontinaliaceae.

Fontinalis antipyretica L.
In cysterna pulbica ad viam versus Potamo Corcyrae.

Neckeraceae.

Leptodon Smithii Mohr.
In truncis Olearum vetustis Corcyrae.
Neckera cephalonica Jur. et Ung.*)

Laxe caespitans, mollis, pallide lutescenti-viridis. Caules secundarii flaccidi flexuosi plerumque dichotome divisi, parce irregulariter pinnatimramulosi, ramulis inaequalibus, hinc inde elongatis flagelliformibus. Folia asymmetrica nitida compressa, valde divergentia, modice undulata, oblonga et oblongo-lanceolata, brevius longiusve acuminata vel acuminato-apiculata, superne minute serrulata acumine ipso saepe flexuoso grosse dentata, basi uno latere inflexa, altero margine revoluta, obsolete bicostata, inferne lineari-superne rhomboideo-areolata. Flores dioici, feminei in ramis sat copiosi sed raro fertiles. Perichaetium capsulam sub-

---

*) Descriptionis harum novarum specierum autor est J. **Juratzka**.

aequans, foliis exterioribus e medio patulis, internis erectis vel subsecundis, elongato-lanceolatis longe acuminatis, costa obsoleta bifurca inaequali vel nulla. Capsula ovali-oblonga pallide ferruginea. Peristomii externi dentes lineari-lanceolati integri apice conglutinati inferne dense superne remote articulati pallidi, linea divisuriali aegre conspicua; interni processus externis breviores in membrana basilari angustissima obsolete carinata positi.

Plantae masculae, calyptra et operculum desunt.

Species elegans, magnitudine fere Neckerae pennatae, inflorescentia dioica et theca immersa ab omnibus europaeis distincta.

Ad truncos arborum vetustorum in monte nigro Cephaloniae.

Neckera turgida Juratzka, n. sp.

Dioica. Caules secundarii interdum dichotome divisi pinnatim ramulosi, superne luteo- vel subfusco- et sordide virides inferne demum ferruginei, ramulis brevibus patentibus turgide foliosis apice more flagelliformi-attenuatis et flagella lateralia filiformia proferrentibus. Folia symmetrica parum nitida, profunde undulata turgescentia, modice divergentia, ligulato-oblonga e rotundato-obtuso apice brevissime acuminata, superne serrulata, costa simplici ultra medium producta. Flores masculi in caule secundario haud copiosi, eorum forma, folia perig. et antheridia ut in congeneribus. Fructus ignoti.

A Neckera Menziesii Hook. et Wils. paulo minori differt colore obscuriore, ramulorum indole, foliis profundius rugosis turgescentibus magis divergentibus latioribus et obtusioribus.

Neckera intermedia Brid., nostrae speciei aliquo modo similis sed potius N. crispae affinis, foliis brevioribus omnino rotundato-obtusis integerrimis obsolete bicostatis longe distat.

Ad truncos arborum vetustorum in monte nigro Cephaloniae. Plantae masculae.

Neckera pumila Hedw.

In monte nigro Cephaloniae.

Leucodon sciuroides var. cylindricus Schmp.
Prope Lotó Euboeae. In monte Deca Corcyrae et in monte nigro Cephal.

Hypnaceae.

Pterogonium gracile Sm.
In monte nigro copiose nec non in insul. Corcyra et in monte Pentelikon.

Pterigynandrum filiforme Hedw.
In pineto altiore Euboeae.

Isothecium myurum Brid.
In pineto altiore Euboeae.

Homalothecium sericeum Br. et Schmp.
In monte nigro Cephaloniae cum sequente consociatum.

Camptothecium aureum Br. et Schmp.
In monte nigro Ceph. Deca Corcyrae. Pentelikon et Hagios Mercurios, in truncis Platanorum.

Brachythecium rutabulum Br. et Schmp.
Corcyra.

Brachythecium velutinum Br. et Schmp.
In pineto altiore. Euboeae cum Pogonato aloide.

Scleropodium illecebrum Br. et Schmp.
In monte nigro Ceph. (inter Homaloth. seric.). Corcyra (cum **Hypno puro** et **H. cupressif.**). Lotó 3000' Euboeae.

Eurhychium praelongum Br. et Schmp.
In antro lapicidiorum Pentelikonis. In ins. Corcyra.

Eurhychium Stockesii Br. et Schmp.
In monte Deca, in pinetis altior. Euboeae (cum Bryo turbinato).

Eurhychium circinatum Br. et Schmp.
In monte Deca et in monte nigro.

Rhynchostegium tenellum Br. et Schmp.
Corcyra, in antro Ithacae.

Rhynchostegium rusciforme Br. et Schmp.
Ithaca in fonte Arethusa ($15\,^1\!4$ C.).

Rhynchostegium megapolitanum Br. et Schmp. var. meridionale.
In insul. Corcyra.

Amblystegium riparium Br. et Schmp.
Corcyra in fonte prope Viro ($16°5$ C.).

Hypnum cupressiforme L.
Corcyra. Euboea (Lotó et in pinetis). In monte nigro (inter **Pterog. gracile**).

Hypnum cupressiforme L. v. filiforme.
    Corcyra.
Hypnum commutatum Hedw.
    Ad Hagios Mercurios in fonte (14° C.).
Hypnum purum Lin.
    Corcyra (inter Sclerop. illec. et Hypn. cupessif.).

LYCOPODIACEAE.

Selaginella denticulata Spring.
    In umbrosis Corcyrae, Cephaloniae et Ithacae.

FILICES.

Polypodium vulgare L., var. australe.
    In rupestribus calcar. Corcyrae.
Asplenium Trichomanes Huds.
    In antro lapicidiorum Pentelikonis.
Asplenium Virgilii Bory.
    In rupib. serpentin. ad Steni Euboeae.
Aspidium pallidum Bory.
    Ad Garuna Corcyrae, in ins. Ithaca.
Cheilanthes odora Sw.
    In fissuris rup. calc. Cephaloniae.
Ceterach officinarum Willd.
    In monte Deca Corcyrae.
Adiantum Capillus Veneris L.
    In monte Deca ad fontem 10°8 R.

Cytineae.

Cytinus Hypocystis L.
    In radicibus Cisti polymorphi Wk. montis Deca et in Cephalonia.

GRAMINEAE.

Phalarideae.

Phleum echinatum Host.
Cephalonia.
Phleum tenue Schrad.
Euboea (Kyme, Chalcis).
Phalaris minor Retz.
Euboea (Chalcis).
Athoxanthum odoratum L.
Cephalonia.

Stipaceae.

Stipa Lagascae Röm. et Schult.
Euboea (Chalcis), Pentelikon.
Piptatherum caerulescens P. B.
Euboea (Chalcis), Cephalonia.

Agrostideae.

Gastridium australe P. B. β muticum.
Euboea (Chalcis).

Avenaceae.

Avena brevis Roth.
Cephalonia.
Avena capillaris Mert. et Koch.
Euboea (Steni).
Avena caryophyllea Wigg.
Cephalonia (Argostoli).
Avena fatua Lin.
Euboea (Kyme), Cephalonia.
Avena sempervirens Vill.
Prope Athenas.
Lagurus ovatus Lin.
Euboea (Chalcis), Cephalonia.

Festucaceae.

Poa bulbosa Lin. β vivipara.
Euboea (Delphi, Lotó), Cephalonia.

Briza media Lin.
    Euboea (Kyme), Cephalonia.
Melica pyramidalis Bert.
    Cephalonia.
Sesleria coerulea Ard.
    Euboea (Delphi).
Festuca ovina Lin.
    In monte Kythaeron Graeciae, in ins. Euboea.
Bromus squarrosus L. β pubescens.
    Euboea (Chalcis).
Bromus confertus M. B.
    Euboea (Kyme).
Bromus madritensis Lin.
    Cephalonia.
Bromus rubens Lin.
    Prope Athenas.
Bromus arvensis Lin.
    In monte Hymetto Graeciae, Cephalonia.

Hordeaceae.

Lolium temulentum Lin.
    Euboea (Chalcis).
Lolium perenne Lin.
    Euboea (Kyme).
Lolium compressum Boiss. et Orph.
    Eleusis et ad lacum Hylike.
Hordeum murinum Lin.
    Euboea (Chalcis).
Aegilops ovata Lin.
    In montosis Atticae.
Triticum caespitosum DC. (Brachypodium ramosum Rm. et Sch.
    Brachypodium Plukenetii Lk.)
    In monte Hymetto.
Triticum villosum M. B.
    In montosis Atticae.

Andropogoneae.

Andropogon distachyus Lin.
    Cephalonia.

Andropogon hirtus Lin.
Cephalonia.

CYPERACEAE.
Cariceae.

Carex distans Lin.
In monte Pentelikon.
Carex intermedia Good.
In paludosis Corcyrae.
Carex alpestris All.
In monte Pentelikon.
Carex glauca Scop.
Ad urb. Corcyram et Levkimo Corcyrae.

Rhynchosporeae.

Schoenus nigricans Lin.
Ad urb. Corcyram et Levkimo Corcyrae.

Scirpeae.

Scirpus holoschoenus Lin.
Ad lacum Hylike Boeotiae.

Juncaceae.

Juncus maritimus Lin.
In maritimus Cephaloniae et Graeciae.
Juncus bufonius Lin.
In maritimus Cephaloniae.
Luzula Forsteri DC.
In monte Pentelikon.

Liliaceae.

Fritillaria Fleischeriana Sch. Syst. VII. 388. F. pyrenaica Sibth fl. gr. t. 328.
In cacumine montis Delphi Euboeae.
Asphodelus ramosus L.
Corcyra.
Scilla nivalis Boiss.
In monte nigro Cephaloniae et in monte Delphi Euboeae.

Lloydia graeca Endl.
Cephalonia.
Muscari comosum Lin.
Corcyra.
Muscari racemosum Lin.
In monte nigro Cephaloniae et in insula Corcyra.
Gagea polymorpha Boiss.
In monte nigro Cephaloniae.
Ornithogalum tenuifolium Guss.
Corcyra.
Allium Schoenoprasum Lin.
Cephalonia.
Allium subhirsutum Lin.
Cephalonia.

Smilaceae.

Tamus cretica Lin.
In insula Ithaca.

Asparageae.

Asparagus acutifolius Lin.
Corcyra.

Irideae.

Iris unguicularis Poir.
Corcyra.
Iris Sisyrinchium Lin.
Corcyra.
Gladiolus communis Lin.
Cephalonia.
Crocus nivalis Bory.
In monte Delphi Euboeae.

Orchideae.

Ophrys lutea Cav.
Ad Bragagniotica Corcyrae.
Ophrys ferrum equinum Desf.
Ad Bragagniotica Corcyrae.
Ophrys tabanifera.
Corcyra et in monte Pentelikon.

Ophrys apifera Huds.
: In monte Pentelikon.

Ophrys fusca Willd.
: Cephalonia.

Ophrys atrata Lindl.
: Cephalonia.

Orchis coriophora Lin.
: In monte Pentelikon.

Orchis pyramidalis Lin.
: In monte Pentelikon.

Orchis provincialis Balb.
: In montosis Euboeae.

Orchis provincialis β pauciflora Rchb. fil. (O. pauciflora Ten.)
: In monte nigro Cephaloniae.

Orchis Brancifortii Bivon.
: In monte Pentelikon.

Cephalanthera Xiphophyllum Rchb. fil. (Serapias ensifolia L.)
: In monte Pentelikon.

Aceras anthropophora R. Br.
: In monte Pentelikon.

Serapias parviflora Parlat.
: Ad Bragagniotica Corcyrae et in monte Pentelikon.

Callitrichinae.

Callitriche stagnalis Scop.
: In aquis stagnantibus olivetorum Corcyrae.

Najadeae.

Zanichellia palustris Lin. (Z. pedunculata Rchb.)
: In aquis stagnantibus Corcyrae.

Potamogeton pectinatus Lin.
: In rivulo substagnante Corcyrae.

CONIFERAE.

Juniperus phoenicea Lin.
: Ad Samó Cephaloniae.

Juniperus rufescens Link.
: In monte Pentelikon.

Juniperus foetidissima Willd.
    In monte Delphi Euboeae.
Pinus Apollinis Ant. (Abies Apollinis Link.)
    In montosis Euboeae supra 2000 ped.
Pinus cephalonica End. (Abies cephalonica Loud.)
    In monte nigro Cephaloniae inter 3000 et 4800 ped. alt.
Pinus halepensis Mill.
    In insul. Jonicis et in Graecia infra 3000 ped.

Cupuliferae.

Quercus pubescens Willd.
    Prope Lotó et Hagios Mercurios.
Quercus calliprinos Webb. (Q. pseudococcifera Labill.)
    Prope Lotó Euboeae.
Quercus coccifera Lin.
    Corcyra, Ithaca, Cephalonia, in Graecia.
Quercus Ilex Lin.
    Prope Lotó Euboeae.

Urticaceae.

Urtica urens Lin.
    In ruderatis Corcyrae.
Parietaria judaica Lin.
    Ad muros vetustos Corcyrae.

Salicineae.

Salix alba Lin.
    Prope Thebas Graeciae.

Chenopodeae.

Salicornia fruticosa Lin.
    In arenosis fluminis Potamó Corcyrae.
Atriplex portulacoides Lin.
    Cum priori.
Salsola Kali Lin.
    In arenosis maritimis ad Rheitro Graeciae.

Polygoneae.

Polygonum maritimum Lin.
In arenosis maritimis ad Rheitro Graeciae.
Rumex bucephalophorus Lin.
Corcyra, Cephalonia.

Daphnoideae.

Passerina hirsuta Lin.
In montosis ad Lotó.
Daphne sericea Vahl.
In monte Pentelikon Graeciae.

Aristolochieae.

Aristolochia rotunda Lin.
Ad sepes collium prope Lixuri Cephaloniae.

Plantagineae.

Plantago Psyllium Lin.
Corcyra, Cephalonia.
Plantago Lagopus Lin.
Ithaca.

Plumbagineae.

Statice sinuata Lin.
In arenosis maritimis ad Rheitro Graeciae.

Valerianeae.

Fedia eriocarpa Guss.
In monte nigro Cephaloniae.
Valerianella truncata DC.
In montosis prope Lotó.
Valeriana italica Lam.
In rupibus serpentinis ad Lacum Hylike Boeotiae.
Centranthus angustifolius DC.
In monte Lykabettos prope Athenas.
Centhranthus Calcitrapa DC.
In montibus Cephaloniae.

Dipsaceae.

Knautia hybrida Coult.
: Euboeae, in monte Lykabettos.

Scabiosa hymettica Boiss et Spr.
: Culta in horto bot. atheniensi.

COMPOSITAE.

Eupatoriaceae.

Tussilago Farfara Lin.
: Ad rivulorum margines Corcyrae.

Asteroideae.

Bellis annua Lin.
: In arenosis prope ostium Potamó Corcyrae.

Bellis silvestris Cyril.
: Ubique in arvis et herbidis Corcyrae.

Phagnalon rupeste DC.
: Ad rupes calcareas Palaeocastri Corcyrae.

Micropus erectus Lin.
: In montibus aridis Cephaloniae.

Inula candida Cassin.
: In horto regio atheniensi ad rupes.

Inula crithmifolia Lin.
: In arenosis maritimis Corcyrae.

Pallenis spinosa Cassin.
: In monte Lykabettos prope Athenas.

Senecioideae.

Anthemis Chia Lin.
: Ubique in arvis et muros Corcyrae.

Anthemis Melampodia DC.
: In arenosis maritim. ad Rheitro Graeciae.

Artemisia maritima Lin.
: In rupibus calcareis ad Palaeocastro Corcyrae.

Senecio viscosus Lin.
: Ad vias et in arvis Corcyrae.

Senecio vernalis Waldst. et Kit.
    In olivetis montis Deca Corcyrae.
Doronicum Columnae Tenor.
    In monte Pentelikon.
Helichrysum conglobatum Vis.
    In monte Pentelikon.
Helichrysum orientale Gaert.
    Ad lacum Hylike Boeotiae.

Cynereae.

Calendula arvensis Lin.
    In arvis Corcyrae.
Silybum marianum Gaertn.
    Cephalonia.
Jurinea mollis Rchb.
    In monte Pentelikon.
Crupina vulgaris Cass.
    Athenis.
Centaurea Cyanus Lin. var.
    In insula Ithaca.
Centaurea hellenica Boiss et Spr.
    In monte Pentelikon.
Galactites tomentosa Mönch.
    Cephalonia.
Notobasis syriaca Cass.
    Cephalonia.

Cichoraceae.

Tragopogon porrifolius Lin.
    In herbidis Cephaloniae.
Leontodon crispus Vill.
    In monte Pentelikon.
Urospermum picroides Desf.
    In herbidis Cephaloniae.
Scorzonera crocifolia Sibth.
    In monte Pentelikon, in insula Cephaloniae.
Thrincia tuberosa DC.
    In arvis, ad vias Corcyrae.

Barkhausia purpurea Guss.
    In campis Cephaloniae.
Cichorium pumilum Jacq.
    In campis aridis ad Dramesi Graeciae.
Rhagadiolus stellatus Gaert.
    In herbidis Cephaloniae.
Crepis biennis Linn.
    In herbidis Corcyrae.
Crepis fuliginosa Sibth. et Smith.
    Cephalonia.
Taraxacum officinale Wigg. γ alpestre.
    In monte nigro Cephaloniae prope pinetum.
Sonchus tenerrimus Lin.
    In herbidis Corcyrae.

Campanulaceae.

Campanula spathulata Sibth.
    In graminosis Ithacae.
Campanula drabaefolia Sibth.
    In monte Lykabettos.
Campanula rupestris Sibth.
    In rupibus calcar. Lykabetti et ad Kyme.
Prismatocarpus Speculum Herit.
    Cephalonia.

Rubiaceae.

Rubia peregrina Lin.
    Ad sepes Corcyrae.
Galium boreale Lin.
    In montosis silvaticis Euboeae.
Galium Cruciata Scop.
    Ad sepes Corcyrae.
Vaillantia muralis Lin.
    Cephalonia.
Sherardia arvensis Coult.
    Ad argrorum margines Corcyrae.

Lonicereae.

Lonicera balearica Viv.
: In dumetis ad Kakosialesi Boeotiae.

Oleaceae.

Olea europaea Lin.
: In Attica, Boeotia et Euboea sponte.

Phillyraea media Lin.
: In montosis australibus Corcyrae frequens.

Asclepiadeae.

Cynanchum monspeliacum Lin.
: In campis prope Eleusin.

Vinca herbacea Wald. Kit.
: Ad sepes prope Lixuri Cephaloniae.

Gentianeae.

Erythraea tenuiflora Link.
: In pratis humidis Corcyrae.

Labiatae.

Salvia triloba Lin.
: In montosis prope Palaeocastro Corcyrae.

Salvia Horminum Lin.
: In insula Ithaca.

Salvia viridis Lin.
: In montosis Cephaloniae.

Rosmarinus officinalis Lin.
: Ad Palaeocastro Corcyrae ad Klephto-Vuno Boeotiae frequens.

Satureia Thymbra L.
: In monte Hymetto et ad Klephto-Vuno.

Melittis Melissophyllum L. var. grandiflora Smth.
: In pinetis Euboeae.

Lamium amplexicaule Lin.
: In arvis Corcyrae.

Lamium striatum Sibth.
: In monte nigro (2500' alt.) Cephaloniae.

Lamium album Lin. var.
: Ad sepes Corcyrae.

Stachys Spruneri Boiss.
In rupibus calcareis ad Gyphto-Castro Graeciae.
Stachys spinulosa Sibth.
In herbidis Corcyrae.
Stachys candida Borg.
In rupibus calcareis Cephaloniae.
Sideritis romana Lin.
Cephalonia.
Sideritis montana Lin.
In rupibus calcareis ad Rheitro Graeciae.
Prasium majus Lin.
Corcyrae, in Boeotia.
Prunella vulgaris Lin.
Corcyra.
Ajuga reptans Lin.
In insula Corcyra.
Ajuga Iva Schreb.
In monte Pentelikon.
Ajuga orientalis Labill.
In herbidis pineti montis nigri Cephaloniae.

Globularineae.

Globularia Alypum Lin.
In monte Pentelikon.

Asperifoliae.

Myosotis alpestris Schmidt.
In montosis silvaticis Euboeae, in monte Delphi.
Myosotis cretica Boiss.
In monte Pentelikon.
Myosotis littoralis Stev. (M. stricta Lehm).
In saxosis aridis montis nigri Cephaloniae.
Symphytum ottomanum Friv.
In insul. Euboea prope Aquaeductum.
Symphytum bulbosum Schmp.
In pratis umbrosis Corcyrae.
Echium violaceum Lin.
In campestribus Corcyrae.

Echium calycinum Viv.
: In arenosis maritimis ad Rheitro Graeciae.

Cerinthe aspera Roth.
: In graminosis Corcyrae.

Lycopsis variegata Lin.
: In pratis Corcyrae.

Alkana tinctoria Tausch. (Anchusa tinctoria Lin.).
: In asperis montis Deca Corcyrae.

Alkana graeca Boiss. et Spr.
: In insula Euboea.

Cynoglossum pictum Ait.
: In monte Delphi.

Cynoglossum Columnae Ten.
: In montosis Corcyrae (prope Pelleca).

Lithospermum purpureo-coeruleum Lin.
: In dumetis prope Bragagniotica Corcyrae.

Borago officinalis Lin.
: Ad rheumata rupium calcarearum Corcyrae (sponte?).

Onosma arenarium W. Kit. (O. echioides fl. gr.).
: Ad lacum Hilike Boeotiae.

Onosma Orphanidis Boiss.
: In Boeotia.

Mattia Schmidtii Heldr.
: In rupestribus (supra 3780') montis Delphi Euboeae.

Convolvulaceae.

Cuscuta minor Bauh.
: In Thymo capitato montis Hymetti.

Convolvulus althaeoides Lin.
: Cephalonia.

Convolvulus silvaticus W. Kit.
: Ad sepes Corcyrae.

Scrophularineae.

Veronica Buxbaumii Ten.
: In herbidis vinetis Corcyrae.

Veronica Cymbalaria Bertol.
: Corcyrae et in pineto montis nigri Cephaloniae.

Veronica glauca Sibth.
    In monte Deca et monte nigro.
Linaria Pelisseriana DC.
    In monte Delphi.
Trixago viscosa Stev.
    In pratis Euboeae.
Trixago apula Rchbch.
    In montosis Cephaloniae.
Scrophularia caesia Sibth.
    Ad lacum Hilica Boeotiae.
Scrophularia peregrina Lin.
    In herbidis Corcyrae.
Scrophularia canina Lin.
    Cephalonia, Euboea.
Euphrasia latifolia Sm.
    Ad Bragagniotica Corcyrae.

Orobancheae.

Orobanche pubescens D'Urv.
    In herbidis Ithacae.
Orobanche minor Sutton.
    In monte Lycabettos.
Orobanche Epithymum DC.
    In radicibus Melissae, Cephaloniae.
Orobanche pruinosa Lapeyr.
    In rad. Viciae Fabae ad Dramesi.
Phelipea coerulea O. A. Meyer.
    Cephalonia.

Primulaceae.

Anagalis coerulea Lin.
    Corcyra. Cephalonia.

Ericaceae.

Erica arborea Lin.
    In fructicetis australibus Corcyrae.
Erica verticillata Forsk. (E. vagans Lin.)
    In fructicetis australibus Corcyrae.

Arbutus Unedo Lin.
In fructicetis australibus Corcyrae.
Arbutus Andrachne Lin.
In monte Pentelikon, ad Lotó Euboeae.

Umbelliferae.

Pimpinella cretica Poir.
Ad Rheitro Graeciae.
Oenanthe pimpinelloides Lin.
In fossis humidis Corcyrae.
Malabaila involucrata Lin.
In monte Pentelikon.
Tordylium apulum Riv.
Cephalonia. Corcyra.
Torilis nodosa Gart. (Tordylium nodosum Lin.).
Prope Chalcin Euboeae.
Lagoecia cuminoides Lin.
In monte Hymetto.
Smyrnium rotundifolium Mill.
In umbrosis depressis Corcyrae.
Smyrnium Olusatrum Lin.
In rupibus castelli veteris Corcyrae.

Araliaceae.

Hedera Helix Linn.
In insula Euboea, in hortis atheniensibus.

Crossulaceae.

Sedum hispanicum Lin.
In monte Pentelikon. Corcyrae.
Sedum cespitosum DC. (Crassula Magnoliae DC.).
Cephalonia.
Umbilicus parviflorus DC.
In muris vetustis Corcyrae.

Saxifrageae.

Saxifraga media Gouan.
In monte Delphi.

Saxifragia hederacea Lin.
 In monte Pentelikon, ad Steni Euboeae.
Saxifraga chrysosplenifolia Boiss.
 In monte Deca, in monte nigro et in insula Euboea.
Saxifraga tridactytiles Lin.
 In monte Deca Corcyrae.
Saxifraga parnassia Boiss.
 In monte nigro Cephaloniae.

Ranunculaceae.

Anemone fulgens Gay. (A. pavonia Lois. A. pavonia β fugens L.)
 In montosis Euboeae prope Steni.
Anemone hortensis Lin. (A. stellata Lam.)
 Corcyrae ubique.
Anemone apennina Lin.
 In montosis borealibus Corcyrae, in monte nigro Cephaloniae.
Ficaria calthaefolia Reichb.
 In Pineto montis nigri (4000′) Cephaloniae.
Ranunculus muricatus Lin.
 In depressis humidis Corcyrae.
Ranunculus ophioglossifolius Vill.
 In fossis Corcyrae.
Ranunculus aquatilis Lin. α heterophyllus DC
 In fonte Vrisi Musa prope Chalcin temp. $16°2$ C.
Nigella aristata Sibth.
 In monte Hymetto.
Nigella damascena Lin.
 Corcyra, Euboeae prope Lotó.
Delphinium tenuissimum Sibth.
 In insula Ithaca.
Helleborus viridis Lin.
 In dumetis Corcyrae.

Papaveraceae.

Papaver Rhoeas Lin. (forma pusilla similis plantae persicae a cl. Kotschy lecta).
 In aridis montosis Cephaloniae.

Corydalis densiflora Prsl.
    In cacumine montis nigri Cephaloniae.
Fumaria capreolata Lin.
    Ad sepes Corcyrae.
Fumaria densiflora DC.
    In aggeribus Corcyrae.
Fumaria parviflora Lam.
    Ad sepes Corcyrae.

Cruciferae.

Cardamine hirsuta Lin.
    In herbidis silvaticis Corcyrae.
Pteroneurum graecum DC. (Cardamine graeca Lin.)
    In cacumine montis nigri Cephaloniae.
Dentaria bulbifera Lin.
    In montosis Euboeae.
Lunaria bennis Mach. γ corcyraea DC.
    In umbrosis Corcyrae.
Arabis verna R. Br.
    In monte Deca et in monte nigro.
Aubrietia deltoidea DC.
    In rupestribis Pentelikonis.
Alyssum argenteum Willd. (floribus aurantiacis).
    In valle depressa prope Steni Euboeae.
Alyssum campestre Lin.
    Cephaloniae.
Alyssum micropetalum Fisch.
    In monte nigro Cephaloniae.
Aurinia orientalis Grieseb.
    Corcyrae prope Palaeocastro, Chalcis et in monte Lykabettos.
Clypeola Jonthlaspi Lin.
    Athenis.
Draba verna Lin.
    Corcyra, Cephaloniae (in monte nigro et alibi) in monte Pentelikon.
Thlaspi cochleariforme DC.
    In monte Delphi Euboeae.
Thlaspi praecox Wulf.
    In monte nigro Cephaloniae.

Cochlearia Draba Lin.
    Ad vias prope Lixuri Cephaloniae.
Cochlearia saxatilis Lin.
    In monte nigro Cephaloniae.
Teesdalia Lepidium DC.
    In summitate montis nigri Cephaloniae.
Iberis sempervirens Lin.
    In monte Delphi Euboeae.
Malcolmia Chia DC.
    In rupibus Cephaloniae.
Malcolmia incrassata DC.
    In rupibus calcareis Corcyrae prope Palaeocastro.
Sisymbrium Sophia Lin.
    In ruderatis prope Chalcin.
Erysimum canescens Roth.
    In campis aridis prope Chalcin.
Erysimum Boryanum Boiss. et Spr.
    In monte Pentelikon.
Biscutella Apula Lin. (silicculis grabris).
    Cephalonia.
Sinapis pubescens Lin.
    In salsis ad Rheitro Graeciae.
Sinapis arvensis Lin.
    In arvis Corcyrae.
Cakile maritima Scop.
    In arvis prope Athenas.
Moricandia arvensis DC.
    In arvis prope Lixuri Cephaloniae.
Aethionema saxatile R. Br.
    In monte Lycatettos.

Resedaceae.

Reseda alba Lin.
    Cephalonia.

Cistineae.

Cistus polymorphus Wk. A. incanus. c. orientalis.
    In olivetis Corcyrae.

Cistus creticus Lin.
   In olivetis Corcyrae.
Cistus salivaefolius Lin. β longipedunculatus Wk.
   In olivetis Corcyrae.
Cistus parviflorus Lin.
   In monte Pentelikon.
Cistus umbellatus Lin.
   In monte Pentelikon.
Helianthemum vulgare Gaertn. A. flavum a. genuinum.
   In monte Delphi Euboeae.
Helianthemum lavandulaefolium DC.
   In fruticetis circa Dramesi Boeotiae.
Helianthemum viride Tenore.
   In fruticetis circa Dramesi Boeotiae.
Helianthemum arabicum Lin.
   Cephalonia.

Violarieae.

Viola odorata Lin.
   Corcyrae et in monte nigro Cephaloniae.
Viola calcarata Lin.
   In monte Delphi Euboeae.
Viola gracilis Sibth.
   In monte Delphi Euboeae.

Frankeniaceae.

Frankenia pulverulenta Lin.
   Ad Rheitro Graeciae.

Mesembryanthemeae.

Mesembryanthemum crystallinum Lin.
   In ruderatis Acropolis Athenarum.

Caryophylleae.

Spergula rubra Pers.
   In arenosis maritimis ad Rheitro.
Sagina apetala Lin.
   In monte Deca Corcyrae, ad Kyme Euboeae.

Alsine tenuifolia d. **brachypetala** Fenzl.
    Cephalonia.
Alsine verna Bartl. d. **mediterranea** Fenzl.
    In monte Pentelikon.
Arenaria serpyllifolia Lin.
    In monte nigro Cephaloniae et in monte Deca Corcyrae.
Cerastium semidecandrum Lin.
    Cephalonia.
Cerastium vulgatum Lin.
    Cephalonia, in monte Deca Corcyrae.
Cerastium pilosum Sibth.
    In montosis prope Lotó Euboeae.
Cerastium brachypetalum Desf.
    In insula Euboea.
Stellaria media Smith (floribus decandris).
    In herbidis et in monte Deca Corcyrae, in monte Delphi Euboeae.
Stellaria holostea Lin.
    In montosis insulae Euboeae prope Steni.
Dianthus vaginatus Guss.
    Ad agrorum margines Ithacae.
Dianthus pubescens DC.
    In pascuis montis Hymetti.
Saponaria calabrica Gusson.
    In rupibus calcareis Corcyrae.
Silene sericea Allion.
    In insula Euboea, Graecia prope Rheitro.
Silene italica DC.
    In monte Delphi Euboeae.
Silene inflata Smth. (Cucubalus Behen Lin.).
    Cephalonia.
Silene Behen Lin.
    In graminosis Ithacae.
Silene cerastoides Lin.
    In monte Pentelikon.
Silene picta Pers.
    In insula Euboea.
Silene rigidula Sibth.
    Athenis.

Silene graeca Boiss. et Spr.
   Cephalonia.

Silene Ungeri Fenzl*) (Sect. Eusilene, Div. Cymosae Willk.) S. annua, nunc a basi, nunc altius stricte ramosa, patule cymosa multiflora, spithamea ac ultra pedalis, glabriuscula, caule, ramis pedicellisque cum calyce passim glutinoso illinitis. Folia basilaria rosulata pollicaria spathulato-oblonga, cum infima caulis parte minutissime confervoideo-puberula; reliqua cum bractealibus erecto-patula oblongo-linearia ac anguste linearia acuta glabra. Cymae digitales 9—1 florae bracteis subherbaceis subulatis, pedicello floris primarii $1^1/_2$—1 pollicari, florum reliquorum 12—2 lin. longis, omni aetate strictis vel brevi tempore patulis. Calyx 8—$6^1/_2$ lin. longus tenue membranaceus, omni aetate clavatus, deorsum eximie attenuatus, basi angustissima subintrusus, argutissime 10 nervius ac inter nervos exsiccando (ad lentem) tenuissime multistriatus, limbi dentibus triangularibus excurrente nervo acutissimis, 1 lin. longis, margine angustissime scariosa laevibus. Petalorum lamina 3—4 lin. longa purpurea, obovata, apice rotundata vel retusa, nec emarginata, coarctata basi in unguem sublongiorem cuneatum exappendiculatum glabrum sursus dilatata; coronae 1 lin. longae lobi lineares acutiusculi liberi. Carpophorum tenue $3^1/_2$—$2^1/_2$ lin. longum glabrum. Capsula semitrilocularis, calyce adstricto, infra eam sub-coarctato et abhinc clavato nec cylindrico inclusa, sub-ovideo-elliptica, 4—5 lineas longa, ac medio vel parum infra $2^1/_2$—2 lin. lata. Semina $1/_2$ lin. lata, reniformia, faciebus plana, dorso late canaliculato 4—5 seriatim obtuse granulata.

Hab. in graminosis aridis insulae, fama classica celebris, „Ithacae" ubi ultimis hebdomatibus mensis Aprilis ann. 1860 floridam legit amicissimus Collega Dr. Fr. Unger, in cujus honorem suo nomine salutavi.

---

*) Speciem hanc novam descripsit amicissimus Dr. E. Fenzl.

Malvaceae.

Lavatera cretica Lin.
    Cephalonia.
Althaea hirsuta Lin.
    Ithaca.

Hyperianeae.

Hypericum olympicum Lin.
    In motosis prope Lotó Euboeae.
Hypericum ciliatum Lam.
    In insula Ithaca et ad Hagios Mercurios Atticae.

Polygaleae.

Polygala comosa Schkr.
    In monte Pentelikon et ad Pelleca Corcyrae.

Ilicineae.

Ilex Aquifolium Lin.
    In montosis Euboeae.

Rhamneae.

Rhamnus alaternus Lin.
    In praeruptis montium Cephaloniae.

Euphorbiaceae.

Euphorbia spinosa Lin.
    In rupibus calcareis Cephaloniae.
Euphorbia Paralias Lin.
    In montosis Cephaloniae.
Euphorbia fragifera Jam.
    In herbidis Corcyrae.
Euphorbia terracina Lin.
    In montosis Euboeae.
Euphorbia Peplus Lin.
    In cultis Corcyrae.
Euphorbia dendroides Lin.
    In rupibus calcareis Corcyrae.
Euphorbia helioscopia Lin.
    In cultis Corcyrae.

Mercurialis annua Lin.
   In agris Corcyrae.

Anacardiaceae.

Rhus cotinus Lin.
   In declivis mont. Pentelikon.
Pistacia Lentiscus Lin.
   In montibus Corcyrae.

Geraniaceae.

Geranium asphodelloides Willd. (G. collinum Steph.).
   In montibus Euboeae.
Geranium pyrenaicum Lin.
   In collibus apricis Corcyrae.
Geranium molle Lin.
   In monte nigro Cephaloniae.
Geranium columbinum Lin.
   In herbidis Corcyrae.
Geranium lucidum Lin.
   Ad rupes muscosos montis nigri Cephaloniae.
Geranium Robertianum Lin.
   In fissuris rupium Corcyrae.
Erodium malachoides Willd.
   In arvis Corcyrae.

Myrtaceae.

Myrtus communis Lin.
   In dumetis Corcyrae.

Pomaceae.

Crataegus monogyna Lin.
   In dumetis Corcyrae.
Pyrus syriaca Boiss.?
   In monte nigro Cephaloniae.

Rosaceae.

Rosa sempervirens Lin.
   In sepibus prope Kolonos Graeciae.
Rubus fruticosus Lin.
   In sepibus Corcyrae.

Poterium spinosum Lin.
>Ad rupes calcareas Corcyrae et Cephaloniae frequens.

Poterium Sanguisorba Lin.
>In herbidis Ithacae.

Amygdaleae.

Prunus spinosa Lin.
>In sepibus Corcyrae.

PAPILIONACEAE.

1. Loteae.

Ononis spinosa Lin.
>In monte Hymettos.

Ononis viscosa Lin.
>In monte Pentelikon.

Cytisus lanuginosus DC. (Spartium lanuginosum Desf.)
>In sepibus Corcyrae.

Anthyllis Vulneraria L. var. rubriflora Koch.
>Ad Palaeocasto Corcyrae et in insula Cephalonia.

Anthyllis tetraphylla Lin.
>Cephalonia.

Cornicia circinnata Boiss.
>In insulis Cephalonia et Ithaca.

Medicago Echinus DC.
>In montosis Corcyrae.

Trigonella aurantiaca Boiss.
>Cephalonia.

Trigonella corniculata Lin.
>Cephalonia.

Trifolium stellatum Lin.
>In campestribus Cephaloniae.

Trifolium incarnatum Lin.
>Cephalonia.

Trifolium incarnatum var. Molineri DC.
>Cephalonia.

Trifolium procumbens Lin. α campestre Sturm.
: In arvis Corcyrae.

Trifolium nigrescens Viv.
: Cephalonia.

Trifolium resupinatum Lin.
: Çephalonia.

Trifolium ovatifolium Bory.
: Ad Hagios Mercurios Graeciae.

Trifolium formosum D'Urv.
: In montibus prope Samó Cephaloniae.

Trifolium pratense Lin.
: In herbidis prope Bragagniotica Corcyrae.

Lotus edulis Lin.
: Corcyra.

Lotus peregrinus Lin.
: Cephalonia.

Tetragonolobus purpurascens Mönch.
: Corcyra.

Bonjeania hirsuta Reichb.
: In herbidis Corcyrae et Ithacae.

Astragalus Tragacantha Lin.
: In monte nigro Cephaloniae.

Astragalus praecox Baumgr. (A. monspessulanus Lin.)
: In monte Deca et in monte Pentelikon.

2. Vicieae.

Ervum monanthos Lin.
: Cephalonia.

Vicia hybrida Lin.
: In herbidis Cephaloniae.

Vicia grandiflora Scop.
: In monte Deca Corcyrae.

Vicia Cracca Lin.
: Cephaloniae ad Kyme. Euboeae.

Vicia sativa Lin.
: Corcyra.

Vicia lathyroides.
: Ad Levkimo Corcyrae.

Vicia pseudocracca Bert.
In insulis Cephalonia, Corcyra et in monte Pentelikon.
Vicia microphylla D'Urv.
Ad Lotó Euboeae.
Vicia Sibthorpii Boiss.
Ad Hagios Mercurios Graeciae.
Vicia hirsuta Fisch.
Ad Hagios Mercurios Graeciae.
Vicia pinetorum Boiss.
Ad Hagios Mercurios Graeciae.
Lathyrus articulatus Lin.
Cephalonia.
Lathyrus Cicera Lin.
In insulis Corcyra et Cephalonia.
Lathyrus Aphaca Lin.
Cephalonia.
Orobus sessilifolius Sibth.
Ad Palaeocastro Corcyrae et in monte Pentelikon.

3. Hedysareae.

Coronilla Emerus Lin.
Ad sepes Corcyrae.
Astrolobium scorpioides DC. (Ornithopus scorpioides Lin.)
Cephalonia.
Hedysarum capitatum Desf.
In montosis Cephaloniae.
Onobrychis ebenoides Boiss. et Sprun.
In monte Pentelikon.

Literatur.

J. E. Smith et J. Sibthorp. Florae graecae prodromus. 2. Vol. 8. I. 1806. II. 1813.

Chaubard et Bory de S. V. (Fauché, lid. Brongniart.) Expédition scientifique de Morée. T. III. 2. Part. Botanique 4. 1832.

Nicolo Dallaporta. Prospetto delle piante, che si trovano nell' isola di Cephalonia, e che si possono adoperare a titulo di remedio o di alimento. Corfu 1821.

Dr. Michele P. Pierri. Della corcirense Flora, Centuria prima seconda e terza. Corfu 1814. Fol.

Anonymus (Alex. Domin. Mazziari). Flora Corcirese secondo Linneo (Χλωρις κερκυραικη κατα Λινναῖον). — Ιονιος Ανθολογια κερκυραι, Φακελ. II., III., IV. 1834. V. 1835. Incompleta!

H. Margot et F. G. Reuter. Essai d'une flore de l'ile de Zante. Mémoires de la société de physique et d'hist. natur. de Genève 1834. 4. 6 Tab.

Dumont d'Urville. Enumeratio plantarum in insulis Archipelagi. Paris 1833. 8. 135 pag. (Extrait des Mémoires de la soc. Linn. à Paris Vol. I).

E. Boissier. Diagnoses plantarum orientalium novarum. Vol. I., II., III. 8. 1842 — 1854.

VIII. Die fossile Flora von Kumi auf Euboea.

Die Süsswasser-Ablagerungen von Kumi, charakterisirt durch Fischreste, Süsswasser- und Land-Conchylien und eine grosse Menge von Landpflanzen, haben eine nicht geringe Verbreitung, sowohl auf der Insel Euboea selbst als auf dem griechischen Festlande. Aber auch über die nördlichen Sporaden, namentlich Skyro, Scopelo, Chelidhromi, Pelagonisi, Giura und Piperi, über Mytilene, so wie über einen Theil der südlichen Sporaden (Samó) und einige Küstenstrecken von Kleinasien (Bucht von Smyrna) bis in den cilicischen Taurus findet man dieselben Lager zerstreut. Von allen diesen ist die Süsswasserformation von Kumi an der Ostküste von Euboea, als die zugänglichste von allen, am besten bekannt, ferner jene von Oropo in Boeotien und auf der Insel Chelidhromi, die überdies noch den Vorzug hat, am ersten entdeckt worden zu sein.

Sämmtliche Ablagerungen dieser Art zeichnen sich durch einen Wechsel von sandigen, mergeligen und kalkigen Schichten aus, die zusammen eine Mächtigkeit von 200—300 Fuss, wohl auch bis 1000 Fuss erreichen. Zum Complexe derselben gehören fast überall auch Lager von Lignit und Braunkohle, die mit den Zwischenmitteln bis zu 16 Fuss anschwellen, obgleich die ausschliesslichen Lignitschichten selten mehr als 4 Fuss erreichen. Eben dadurch und durch die beigemengten Schwefelkiese erlangt die Braunkohle weniger Brauchbarkeit in der Anwendung als Feuerungsmittel zu technischen Zwecken. Es sind daher die Braunkohlenbergbaue auf Chelidhromi, auf Oropo u. s. w. nach kurzer Zeit ihrer Bebauung wieder aufgelassen worden und nur jener von Kumi ist dermalen noch im Betriebe. Aber auch hier sind alle älteren Felder in der Colonie von Kumi im Stiche gelassen worden, ungeachtet man zur Verführung der Kohle mit grossen Kosten eine Strasse von der Stadt über eine Stunde Weges lang dahin anlegte. Gegenwärtig wird Kohle nur in Kastrovala gewonnen und zur Verschiffung nach Kumi gebracht.

Diese Süsswasser-Ablagerung von Kumi hat eine nicht geringe Ausdehnung und bietet durch den leicht verwitterbaren Mergelschiefer einen verhältnissmässig fruchtbaren Boden. Sie ist durchaus von Kalksteinmassen, deren Natur aus Mangel an Petrefacten schwer festzustellen ist, eingeschlossen und an vielen Stellen durch Serpentin-, Trapp- und Trachytmassen durchbrochen, welche die regelmässige Lagerung der Schichten auf das Mannigfaltigste verwerfen. Ein Blick auf beifolgendes Profil, das einen Querschnitt von Nordost nach Südwest darstellt, zeigt uns jenes Depot in Verbindung mit den angrenzenden Gebirgsgesteinen und den Hebungsmassen.

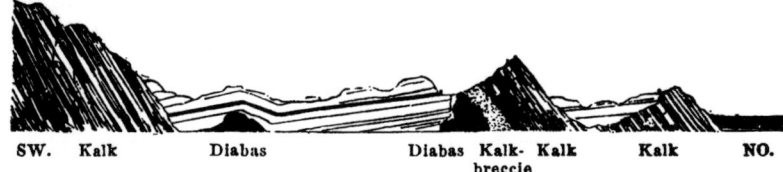

SW.   Kalk   Diabas   Diabas Kalk- Kalk   Kalk   NO.
breccie

Der Kalkdiabas *), welcher hier als Eruptionsgestein auftritt, ist von einem dunkelrothen Kalk und einer Kalkbreccie begleitet, deren Bestandtheile Kalksteintrümmer mit einem kalkigen Cement bilden. Die Kalke selbst, aus denen sie entstanden, sind stark aufgerichtet und streichen Stunde 20—23, doch wechselt ihr Verflächen bald nach Südwesten, bald nach Osten. Auch die Süsswassermergel, welche das Kohlenflötz einschliessen, sind bei einem ähnlichen Streichen gehoben und verflächen sich mit einem Winkel von 30 Grad nach Westen. Nur die oberen Schichten, die bald kreideartig und mürbe, bald fest, kalkstein-

---

*) Hornblende und Feldspath in inniger Vermengung mit vorwaltender Hornblende. Die Kalkbeimengung macht ihn mit Säuren brausen. Auf Klüften desselben finden sich Krystalle von Epidot.

artig und dem lithographischen Schiefer ähnlich sind, enthalten Petrefacte. Durch den Umstand, dass diese Kalk- und Mergelschiefer sich als Baustein, einzelne dünnblätterige Schichten sogar zum Decken der Häuser brauchbar erwiesen, sind eben dieselben durch zahlreiche Steinbrüche aufgeschlossen. Begreiflicher Weise ist dadurch dem Sammler der Petrefacte nicht nur ein schönes Feld geöffnet, sondern durch den Verbrauch der gebrochenen Steine auch fort und fort erneut und in Erweiterung gestellt.

Bisher hatten blos die prachtvoll erhaltenen Fischreste bei den fremden Sammlern Anwerth gefunden, daher von den Steinbrechern vorzüglich auf diese Rücksicht genommen und um gutes Geld verkauft worden; die wenig auffallenden Conchylien so wie die Pflanzenreste sind an dieser reichen Fundstätte bisher fast ganz ausser Acht gelassen worden. Der erste, welcher über diese Ablagerungen und deren organische Einschlüsse etwas mittheilte, war Sauvage *). Er sagt p. 144: „Les calcaires marneaux supérieures au lignite sont remarquables par de belles empreints de feuilles que chaque coup de marteau met en evidence et les calcaires fissiles des niveaux plus éléves par des empreintes de poissons admirablement conservées. De grandes carrières sont ouvertes dans ces calcaires d'ou l'on tire des dalles de o. ^{m} 10 a o. ^{m} 15 d'epaisseur".

Ausführlicher äussert sich hierüber Spratt **), indem er seiner Arbeit zugleich ein Verzeichniss der bisher gefundenen Petrefacte anhängt (Appendix. Quart. Journ. VIII.), welche E. Forbes bestimmt hat. Die in demselben aufgeführten Pflanzenreste beschränken sich auf folgende meist zweifelhaft gebliebene Arten. Sie sind:

Fagus spec.
Quercus spec.
 " "
Laurus

---

*) Observations sur la géologie d'une partie de la Grèce continentale et de l'île d'Eubée. Ann. de Mines 1846, Vol. X.

**) On the Geologie of a part of Euboea and Boeotia. Quart. Journ. of the geol. Soc. Vol. III. 1847. p. 67.

Salix?
Celtis?
Nerium Oleander?
Pinus — (Nadeln und Früchte).

Man sieht es diesem Verzeichnisse an, dass darin die Vorstellung vorgeherrscht hat in den gefundenen Pflanzenresten nur Analogien mit lebenden in dieser Localität vorkommenden Pflanzen zu suchen. Diese Ansicht mag wahrscheinlich durch die an derselben Stelle vorgefundenen Mollusken herbeigeführt worden sein, in welchen E. Forbes gleichfalls nur Reste noch lebender Arten erkannt haben will. Dieser Fall soll mit *Planorbis orientalis*, einer *Paludina*- und einer *Cyclas*-Art sein, von welchen erstere noch dermalen lebend in Kumi, eine der zweiten nächstverwandten Art in Griechenland und eine der fossilen Cyclas ähnliche in Kleinasien lebend vorkommt. Die von mir daselbst gesammelten wenigen Exemplare lassen keine Entscheidung über diese zweifelhafte Angabe zu.

Herr Dr. Rolle, der die Gefälligkeit hatte, dieselben zu untersuchen, äussert sich hierüber in folgender Weise: „Zwei Exemplare gehören ganz sicher einem *Limneus* von niederem Gewinde und sehr bauchiger Schlusswindung, ähnlich dem gemeinen europäischen *Limneus auricularis* Liane, wenn auch vielleicht nicht dieser Art an; eines der Exemplare erinnert zum Theil noch mehr an *Limneus glutinosus* Müller. Indess ist auch dies nicht sicher zu bestimmen.

Ein anderes drittes Exemplar könnte vielleicht *Limneus Adelina* Forbes sein, doch genügt auch dieses zu keiner sicheren Identification."

Die weiteren Aufschlüsse, welche F. A. B. Spratt über die Süsswasser-Formation dieser Gegenden gibt *), haben die Petrefacte von Kumi nicht weiter berührt.

Was die gleiche Formation auf Chelidhromi (Iliodroma der Franzosen), worüber uns Th. Virlet berichtet **), so besteht

---

*) On the freshwater deposits of Euboea, the coast of Grece and Salonika. Quart. Journ. of the geol. Soc. Vol. VIII, 1857. p. 177.

**) Notes géologiques sur les îles du nord de la Grèce et en particulier sur un terrain de calcaire d'eau douce à lignites. Ann. de scienc. natur. XXX. 1833. p. 160.

dieselbe in ihren untersten Schichten aus blauen und grünlichen Mergeln mit *Planorbis*, *Paludina* und *Helix*, über welchen dünne Lagen von weissem Mergelkalk ohne Fossilien sich befinden. In diesen lagert ein zwei Fuss mächtiges von Mergeln durchsetztes Lignitflötz mit denselben Muschelfragmenten. Über diesen Lagern finden sich andere graue Kalkmergel, die reich an Pflanzenabdrücken sind. Noch weiter darüber befindet sich eine 2—3 Fuss mächtige Schichte von lithographischem Schiefer, so dass die ganze Mächtigkeit der Süsswasser-Formation 50 bis 60 Meter betragen dürfte. Virlet hat in den dreissiger Jahren zuerst dieses Lignitlager aufgedeckt, es zeigte sich aber nicht bauwürdig. Unter den vielen von ihm mitgebrachten Pflanzenabdrücken befand sich *Glyptostrobus europaeus (Taxodium europaeum* Brong.*)*. Derselbe hält die Süsswasser-Ablagerung von Chelidhromi älter als jene von Öningen und ungefähr gleich alt mit der Schweizer Melasse.

Sicher dasselbe Lager wie in Kumi und auf den Sporaden ist auch das von Herrn Dr. Th. Kotschy im cilicischen Taurus entdeckte Lager von fossilen Pflanzen. Nicht nur die Ähnlichkeit des weissen Kalkmergels, sondern auch die Art, wie sich die Abdrücke erhalten, so wie die Natur dieser selbst sprechen die Übereinstimmung aus. Die in der Nähe von Nimrun von Kotschy gesammelten Stücke*) habe ich bestimmt und folgende Pflanzen darin erkannt: *Podocarpus eocenica* Ung., *Comptonia laciniata* U., *Quercus Lonchitis* U., *Daphnogene lanceolata* U., *Diospyros Myosotis* U., *Andromeda vaccinifolia* U., *Vaccinium acheronticum* U. und *Eucalyptus oceanica* U.**)

Die neuesten Aufschlüsse hat uns Herr A. Gaudry über das Petrefactenlager von Kumi gegeben. Er schreibt an Elie de Beaumont***), dass fossile Pflanzen da häufig vorkommen und so gut erhalten sind, dass man glaubt, sie seien erst vor Kurzem in das Gestein eingeschlossen worden. Am häufigsten

---

*) Dr. Th. Kotschy, Reise in den cilicischen Taurus, 1858, 8., p. 237.
**) Fr. Unger, Notiz über ein Lager Tertiärpflanzen im Taurus. Sitzungsber. der k. Akad. der Wissenschaften, Bd. XI, p. 1076 (1853).
***) Plantes fossiles de l'île d'Eubée; Lettre de M. A. Gaudry à M. Elie de Beaumont. Comptes rendus 1860. I. p. 1093.

sind Blätter, ausserdem aber auch Stengel und Samen vorhanden, auch glaubt er den Rest einer Blume gefunden zu haben. Vorherrschend schienen ihm Abdrücke von Dicotyledonen; unter den Coniferen zeigte sich *Taxodium europæum* als das gewöhnlichste Petrefact. Von Süsswasser-Mollusken führt er ebenfalls *Paludina*, *Planorbis* und *Cyclas* an, ohne sie näher der Art nach zu bestimmen. Fische kommen selten vor, denn er konnte nur 3 Exemplare erlangen. Der Mergelschiefer *(marnes tabulaires)* hat Ähnlichkeit mit jenem von Monte Bolea, doch hält ihn Gaudry für jünger als den genannten und von demselben Alter wie den von Kalamos, Marcopulo und Oropo, den er jedoch nicht für älter als miocän erklärt. Sein Verflächen ist im Mittel Ostsüdost in einem Winkel von 20 Grad.

Gaudry sah fossile Pflanzen und Süsswasser-Conchylien auch an den Felsenriffen zwischen Exolithos und Kumi. Die sie einschliessenden Mergel bedecken die Lignite etwa 3 Kilom. östlich von Kumi. Es sind dieselben, welche einst von Sauvage untersucht wurden. Dieser Lignit, ein Glied der Süsswasser-Formation zeigt Baumstämme von wohlerkennbarer Structur und ist an die secundären Gebirgsgesteine angelehnt, daher als die unterste Schichte der Tertiärformation zu betrachten; dasselbe Verhältniss ist in den Ligniten von Marcopulo und Nilesi (Attica) zu bemerken, wo dieselben jedoch nicht abgebaut werden.

Die Schichtenfolge von Kumi gibt Gaudry in folgender Weise von oben nach unten an.

1. Weisse und grauliche in feine Schiefer spaltbare Mergel mit Pflanzen-, Süsswasser-Conchylien- und Fisch-Resten. Zu oberst die Fische, tiefer Conchylien. Überall Pflanzenreste. — Mächtigkeit 60 Meter.

2. Lignite in 5 Schichten, meist von 5 Decim. Mächtigkeit, von einander gesondert durch schwärzlichen plastischen Thon, der im Mittel 3 — 4 Decim. beträgt. — Mächtigkeit 4—5 Meter.

3. Conglomerat von kleinen Geschieben und grünlicher Farbe. — Mächtigkeit 3 Meter.

4. Grüner thoniger Sand. — Mächtigkeit 3 Meter.

5. Conglomerat von kleinen Geschieben mit wenig Bindemittel, graulichgrün. — Mächtigkeit 4 Meter.

(Nr. 3, 4 und 5 ist von den Trümmern der grünen Schiefer, der Serpentine und der Kreidekalke, worauf alle tertiären Schichten liegen, gebildet.)

6. Kreidekalke, sehr verstürzt; grüne Schiefer oder graue Macignos mit dicht grauen oder krystallinischen Kalken wechsellagernd. — Mächtigkeit 200 Meter.

7. Serpertine, ausgebreitet über den Kalk und Macignos der Kreideperiode.

Aus dem Ganzen ist ersichtlich, dass sowohl die Lagerungsverhältnisse als der Inhalt der Schichten von Kumi uns bis jetzt noch ziemlich räthselhaft sind, noch unsicherer aber die Parallelisirung derselben mit den ähnlichen mittel- und südeuropäischen Schichten ist.

Das Hauptaugenmerk, das ich während einem dreitägigen Aufenthalte in Kumi auf die in diesen Schichten eingeschlossenen Pflanzenabdrücke richtete, liess mir wenigstens ein Urtheil in letzterer Beziehung zu, woraus sich ergab, dass viel öfter eine Vergleichung mit den tieferen tertiären Ablagerungen namentlich mit eocänen als mit den miocänen Schichten erlaubt ist. Bekanntlich gehören die Schichten von Monte Bolca der Eocänformation an. Wenn die in Kumi gefundenen Pflanzenabdrücke auch nicht eine grosse Übereinstimmung mit den Arten jener Lagerungsstätte zeigen, so muss man doch zugeben, dass sie wenigstens ihrem Charakter nach am meisten mit denselben übereinkommen. Dasselbe ist auch der Fall mit Sotzka in Steiermark, von welchen nicht wenige fossile Pflanzenarten auch in Kumi wieder erscheinen.

Wenn man sich einen Überblick über die weiter unten näher beschriebenen Fossilien von Kumi verschafft, so erstaunt man über die Menge von neuen, bisher anderswo noch nicht aufgefundenen Pflanzen-Arten und eine nähere Betrachtung zeigt, dass die meisten derselben zu kleinblätterigen, immergrünen Formen gehören und offenbar mehr Analogien in der

Vegetation der südlichen als in der nördlichen Hemisphäre finden *).

Im Ganzen muss man die Mannigfaltigkeit der fossilen Flora von Kumi gross nennen, denn die 56 im nachstehenden Verzeichnisse angeführten Arten gehören nicht weniger als 41 Gattungen und 29 Familien an, unter welchen die Coniferen, Cupuliferen, Moreen, Laurineen, Proteaceen, Myrsineen und Papilionaceen noch am zahlreichsten vertreten sind.

Da der ganze Reichthum meiner in Kumi veranstalteten Sammlung sich auf 200 Stück beläuft, so ergeben sich auf diese Ausbeute 28 Perc. verschiedene Arten, — eine Mannigfaltigkeit der Formen, wie man sie nicht leicht anderswo wieder findet.

Ich gebe hier zuerst einen Überblick der Gattungen und Arten nach dem natürlichen Systeme angeordnet und lasse darauf den speciellen Theil mit den Beschreibungen und Abbildungen folgen.

Um auf eine treue Darstellung der Petrefacte alle Sorgfalt zu verwenden, habe ich die Zeichnungen durchaus mit dem Zeichenprisma angefertiget, zuweilen sogar um sicher zu gehen, Vergrösserungen hinzugefügt, auch habe ich es nicht unterlassen, dieselben selbst auf den Holzstock aufzutragen. Wo daher die Darstellungen nicht ganz den Originalien entsprechen, ist dies die Schuld des Xylographen, der sich bei dieser Gelegenheit erst in einen ihm bisher fremden Gegenstand einstudiren musste.

Was die zur Vergleichung beigegebenen Naturselbstdrücke betrifft, so sind sie zwar mit grosser Accuratesse ausgeführt, geben aber, wie begreiflich, zuweilen ein stellenweise zu sehr dilatirtes, daher der Natur nicht vollkommen adäquates Bild.

Da die ganze Sammlung nunmehr einen Theil der paläontologischen Sammlung des k. k. Hof-Mineralien-Cabinetes bildet, so steht dieselbe auch von anderer Seite einer weiteren Erforschung zugänglich.

---

*) Wie es scheint, kann dies auch für die fossilen Fische gelten, da ein aus Kumi mitgebrachter Fischrest von Prof. Kner für eine den indischen Formen verwandte Art (*Periophthalmus*) erklärt wurde.

FOSSILE FLORA VON KUMI.

I. ÜBERSICHT.

Algae.
1. *Sphaerococcites tenuis* U.

Gramineae.
2. *Phagmites oeningensis* Heer.

Smilaceae.
3. *Smilax Schmidtii* U.

Coniferae.
4. *Callitrites Brongniarti* Endl.
5. *Glyptostrobus europaeus* Br. sp.
6. *Pinus megalopsis* U.
7. „ *aequimontana* U.
8. „ *Neptuni* U.
9. „ *Pinastroides* U.
10. „ *centrotos* U.
11. *Podocarpus eocenica* U.

Cupuliferae.
12. *Quercus Lonchitis* U.
13. „ *mediterranea* U.
14. *Fagus pygmaea* U.
15. „ *chamaephegos* U.

Betulaceae.
16. *Betula Oreadum* U.

Moreae.
17. *Ficus Aglajae* U.
18. „ *multinervis* Heer.
19. „ *Dombeyopsis* U.

Laurineae.
20. *Cinnamomum lanceolatum* H.
21. „ *Rossmaessleri* H.
22. „ *polymorphum* H
23. „ *Scheuchzeri* H
24. *Laurinostrum dubium* U.

Proteaceae.
25. *Grevillea kymeana* U.
26. *Embothrium salicinum* Heer.
27. *Banksia Solonis* U.
28. *Dryandroides lignitum* U. sp.

Oleaceae.
29. *Elaioides ligustrina* U.
30. *Olea Noti* U.

Asclepiadeae.
31. *Asclepias Podalyrii* U.

Myrsineae.
32. *Myrsine graeca* U.
33.   „   *kymeana* U.
34.   „   *Proteus* U.

Sapotaceae.
35. *Chrysophyllum olympicum* U.
36. *Bumelia Oreadum* U.

Anonaceae.
37. *Anona lignitum* U.

Acerineae.
38. *Acer tilobatum* A. Br.

Malpighiaceae.
39. *Malpighiastrum gracile* U.

Sapindaceae.
40. *Sapindus Ungeri* Ett.

Pittosporeae.
41. *Pittosporum ligustrinum* U.
42.   „   *Putterlicki* U.

Celastrineae.
43. *Celastrus oxyphyllus* U.

Ilicineae.
44. *Prinos Euboeos* U.

Juglandeae.
45. *Juglans radobojana* U.
46.   „   *acuminata* A. Br.

Anacardiaceae.
47. *Rhus eleodendroides* U.

Combretaceae.
48. *Terminalia radobojana* U.

Myrtaceae.
49. *Eucalyptus aegaea* U.

Amygdaleae.
50. *Amygdalus pereger* U.

Papilionaceae.
(Phaseoleae.)
51. *Glycine Glycyside* U.
52. *Rhinchosia populina* U.

Papilionaceae.
(Dalbergieae.)
53. *Andira relicta* U.

Papilionaceae.
(Caesalpinieae.)
54. *Copaifera radobojana* U.

Mimoseae.
55. *Prosopis graeca* U.
56.   „   *Conarus* U.

II. SPECIELLER THEIL.

ALGAE.

Sphaerococcites tenuis Ung.

Fig. 1.

S. fronde pluries ramosa, ramis filiformibus ramulisque alternis simplicibus v. divisis fastigiatis.

Terra lignitum prope Kyme Euboeae.

Diese Meeresalge, die einzige, welche bisher in Kumi gefunden wurde, stimmt mit keiner der bisher beschriebenen Algen überein. Am besten ist sie unter das fossile Genus *Sphaerococcites* untergebracht, die wie begreiflich, eine Menge der verschiedensten Algen-Gattungen in sich fasst. Zur oben gegebenen Diagnose habe ich nichts Näheres hinzuzufügen.

Fig. 1.

Sphaerococcites tenuis U.

GRAMINEAE.

Phragmites oeningensis Heer.

Ich bringe nur frageweise einen in Kumi gesammelten Pflanzenrest hieher, mit welchem er nach den Abbildungen der *Flor. tert. Helv.* I, tab. 24, fig. 3 am meisten übereinstimmt. Übrigens ist die Armuth von Resten grasartiger Pflanzen in der Flora von Kumi auffallend.

SMILACEAE.

Smilax Schmidtii Ung.

Fig. 2.

S. foliis hastato-cordatis oblongis obtusis 7-nerviis integerrimis, nervo medio recto excurente, nervis lateralibus basi apiceque curvatis, nervis secundariis omnimode obsoletis.

Terra lignitum prope Kyme Euboeae.

Ein wohlerhaltenes Smilax-
blatt mit einem Einbug der Spitze
und der beiden Seitenlappen des
Grundes. Die 7 Nerven sind
deutlich ausgeprägt und beinahe
gleich stark. Das secundäre und
tertiäre Nervennetz fehlt bis auf
die letzte Spur gänzlich.
Dieses Blatt gleicht dem in
der rheinischen Braunkohle vorkommenden, von Wessel und
O. Weber als *Smilax remifolia*
beschriebenen und tab. II, fig. 5
abgebildeten Blatte sehr*), weicht
jedoch sowohl durch die Zahl
der Lateralnerven, als durch
den Mangel der Secundärnerven
nicht wenig ab. Durch die obige
Bezeichnung, die ich dieser Art
beilegte, glaube ich das Andenken meines verehrten Reisegefährten Herrn Jul. Schmidt, Director der Sternwarte in
Athen, am besten zu ehren.

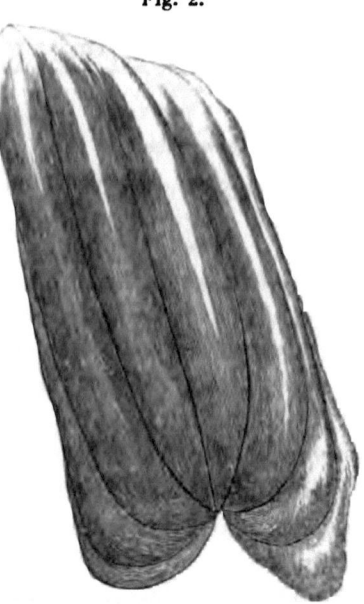

Fig. 2.

Smilax Schmidtii Ung.

CONIFERAE.

Callitritis Brongniarti Endl.

Diese Pflanzenreste gehören zu den verbreitetsten in Kumi.
Grössere und kleinere Zweiglein mit und ohne Frucht finden
sich hier ganz in derselben Form wie in Radoboj und in Häring
und an mehreren anderen meist eocenen Lagerstätten Deutsch-
lands und Frankreichs.

Glyptostrobus europaeus Brong. sp.

Noch häufiger als die vorhergehende Art ist diese Pflanze
unter den Petrefacten von Kumi. Ad. Brongniart hat sie zuerst

---

*) Palaeontographica von W. Dunker und H. v. Meyer, Bd. IV, Lief. 4, 5.

unter dem Namen *Taxodium europaeum* in dem Werke „*Expedition scientifique de Morée (Ser. II, Géologie, pag. 235, tab. III, 2. part., pag. 364, tab. XII)* beschrieben und abgebildet. Das abgebildete Exemplar stammte von der Insel Chelidhromi. Seither ist diese Pflanze häufig in den Lignitablagerungen Europa's und namentlich in Deutschland gefunden worden.

Wohlerhaltene grosse Exemplare, selbst mit Früchten, sind eben nicht selten in Kumi zu finden.

Pinus megalopsis Ung.

Fig. 3, 4.

P. Strobilis ovatis obtusis? Squammis cuneatis apophysi dimidiata late-rhombea obtusa, umbone terminali protracto linguaeformi acuto, foliis quinis elongato-filiformibus.

Obs. 1. Tantummodo squamae solutae fig. 3 nec non fasciculi foliorum fig. 4 reperti sunt.

Obs. 2. An huc referendum Pinites Palaeostrobus Ett.?

Terra lignitum prope Kyme insulae Euboeae.

Obgleich es waglich ist die Schuppen und den aus 5 nadelförmigen Blättern bestehenden Blattbüschel zu Einer Art zu vereinigen, so hat diese Conjectur doch manches für sich. Von diesen grossen, dicken Schuppen habe ich selbst mehrere neben einander liegend auf einem Steine oder Exemplare gefunden. Sie sind so eigenthümlich durch den weit vorstehenden Nabel, dass sie nur mit den Schuppen von *Pinus excelsa* Wall. aus dem Himalaya und der europäischen *Pinus Cembra* einige

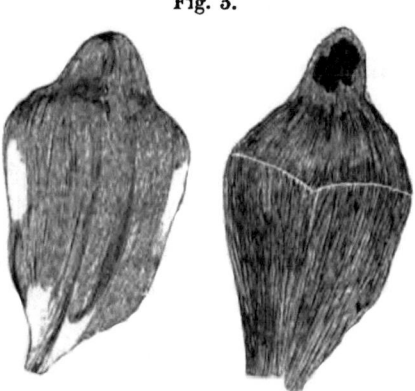

Fig. 3.

Pinus megalopsis Ung.

Ähnlichkeit besitzen. Beide dieser höhere Gebirge bewohnenden Arten besitzen aber 5 Nadeln in einer Scheide. Was die Nadelbüschel betrifft, wovon mir ausser dem hier abgebildeten verletzten (die fünfte Nadel ist abgebrochen) Exemplare noch andere unverletzte mit sämmtlichen 5 Nadeln vorliegen, so müssen dieselben 5—6 Zoll lang und ziemlich dünn gewesen sein, auch ergibt sich aus dem Petrefacte, dass die Scheide der Nadeln mehr kurz als lang war. Da v. Ettingshausen in Häring nur sehr unvollkommene 5-nadelige Büschel gefunden hat, die er als *Pinites Palaeostrobus* bezeichnet, so dürften dieselben wohl zu der vorstehenden Art gehören.

Fig. 4.

Weder über die Grösse, noch über die Figur des Zapfens dieser fossilen *Pinus*-Art lässt sich vorläufig etwas angeben, doch ist es mir wahrscheinlich, dass die Zapfen mehr kurz und breit als cylindrisch und lang gewesen sein mögen, daher dem Zapfen unserer *Pinus Cembra* im Allgemeinen ähnelten.

Pinus (Pitys) aequimontana Ung.

Ein an der Basis und an der Spitze unvollständiger Zapfen dieser Art befindet sich im naturhistorischen Museum von Athen. Die Schuppenschilder von schwarzer Farbe bilden eine Art Kruste um den inneren braunen Kern, und obgleich dieselbe sehr zerbrechlich ist, war ich doch im Stande an deren Innenseite die Anfänge der abgerissenen braunen Schuppen des Zapfens zu erkennen. Auch durch eine Quetschung in die Breite hat dieser Zapfen von seiner ursprünglichen Gestalt viel verloren. Vergleicht man indess die Abbildungen von *Pinus aequimontana*, welche ich in meiner *Chloris protogaea*, Taf. 20, Fig. 5—7 und in meiner Iconographie, Taf. 15, Fig. 2, gegeben habe,

Pinus megalopsis U.

mit diesem Fossile, so ist es kaum möglich erhebliche Unterschiede zwischen beiden zu finden. Ich habe diese fossile

Pinus-Art mit der lebenden *Pinus Laricio* γ *Pallasiana*-Art verglichen.

Pinus (Pinites) Neptuni Ung.

Eine zweinadelige *Pinus*-Art, welche ich in meiner Iconographie beschrieb (pag. 29, Taf. 15, Fig. 4, 5) und die aus Radoboj stammt. Aus einer verlängerten Scheide entspringen 2 verhältnissmässig dünne, aber sehr lange (6 Zoll) Nadeln.

Pinus Pinastroides Ung.

Keine Zapfen, nur zwei lange und breite Nadeln aus einer Scheide, habe ich unter vielen Petrefacten in Kumi gefunden. Die Ähnlichkeit derselben mit den Nadeln von *Pinus pinaster* ist auffallend. Auf Taf. III, Fig. 1—3 meiner Sylloge pl. foss. sind Zapfen dieser Art abgebildet, doch fehlten die Zweige. Vielleicht gehören die oben beschriebenen zu dieser Art.

Pinus (Pinites) centrotos Ung.

Fig. 5.

Ich weiss, um nicht aus den vorliegenden Samen eine neue fossile *Pinus*-Art zu construiren, vor der Hand keinen besseren Vergleich als mit den in meiner Iconographie abgebildeten Samen, Taf. 14, Fig. 2 u. 3; — dazu kommt noch dass ich in Kumi mehrere männliche Blüthen ganz in derselben Form wie auf derselben Tafel, Fig. 4, traf. Weitere Untersuchungen werden hierüber die nähere Aufklärung geben.

Fig. 5.

Pinus centrotos U.

Podocarpus eocenica Ung.

Auch von dieser in der Eocenformation Mitteleuropa's sehr verbreiteten Pflanzenart finden sich nicht selten Blattabdrücke in Kumi.

CUPULIFERAE.

Quercus Lonchitis Ung.

Blätter dieser Pflanze, wovon Abbildungen in der Foss. Flora von Sotzka, Taf. 9, Fig. 3—8, gegeben sind, gehören keineswegs zu den Seltenheiten der Flora von Kumi.

Quercus mediterranea Ung.

Auch von dieser in der *Chloris protogaea*, Taf. 32, Fig. 5—9, abgebildeten Eichenart findet sich ein Blattrest in der Flora von Kumi.

Fagus pygmaea Ung.

Fig. 6.

F. foliis minutis ovato-ellipticis in petiolum attenuatis, argute serratis nervis secundariis crebris simplicibus parallelis craspedodromis.

In formatione eocenica ad Kyme Euboeae.

Dieses Blatt, von beiden Spaltflächen des Gesteines gezeichnet, gibt sich auf den ersten Blick als Blatt eines Baumes oder Strauches, der zur grossen Abtheilung der Kätzchentragenden (Juliflorae) gehört. Sucht man unter den lebenden Pflanzen dieser grossen Abtheilung des Gewächsreiches, so finden sich in der That in der *Fagus obliqua* Mirb. eine auffallende Übereinstimmung. Die beifolgenden Naturselbstdrucke Fig. 7 und 9 von zweien von W. Lechler bei Valdivia gesammelten Pflanzen und Fig. 8 von

Fig. 6.

Fagus pygmaea U.

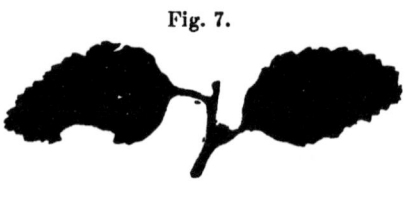

Fig. 7.

Fagus obliqua Mirb.

Exemplaren aus dem Pariser Museum stammend und gleichfalls in Chile gesammelt, geben hierüber näheren Aufschluss. So unvollkommen der Holzschnitt sich ausnimmt, und so ferne er den verglichenen Pflanzenblättern zu stehen scheint, so ist das doch nicht mit dem Originale der Fall, das man kaum von dieser kleinblätterigen Form von *Fagus obliqua* zu unterscheiden vermag. Nur die schärfere Zahnung mag das Fossil von der chilenischen Pflanze unterscheiden.

Fig. 8.

Fig. 9.

Fagus Chamaephegos Ung.

Fig. 10. *Fagus obliqua* Mirb.

F. foliis minutis ovatis argute serratis breviter petiolatis nervis secundariis crebris simplicibus parallelis craspedodromis.

In formatione eocenica ad Kyme Euboeae.

Ob dieses Blättchen, welches ich wie das vorhergehende Blatt selbst in Kumi sammelte, mit diesem letzteren zu einer Art gehöre oder eine besondere Art darstelle, ist mir jetzt noch zweifelhaft, indem Abänderungen der Grösse und Form auch in den lebenden dieser ähnlichen Arten nicht selten vorkommen. Bis auf weiteres mag dies Blättchen indess dennoch als eigene Art ausgezeichnet sein.

Fig. 10.

Fagus Chamaephegos Ung.

Die Figuren 11 und 12 stellen ohne Zweifel die nächsten Verwandten dieser fossilen Art dar, erstere *Fagus betuloides* Mirb. von Sandy Point

Fig. 11. Fig. 12.

Fagus betuloides Mirb.

Fagus Cunninghami Hook.

aus der Magellanstrasse von Exemplaren, welche W. Lechler da gesammelt, letztere *Fagus Cunninghami* Hook von Van Diemens Land.

BETULACEAE.

Betula Oreadum Ung.

Fig. 13.

B. *foliis ovatis acuminatis basi inaequalibus denticulatis nervatione craspedodroma venis interstitialibus transversalibus rete angustum formantibus.*

In formatione eocenica ad Kyme Euboeae.

Fig. 13.

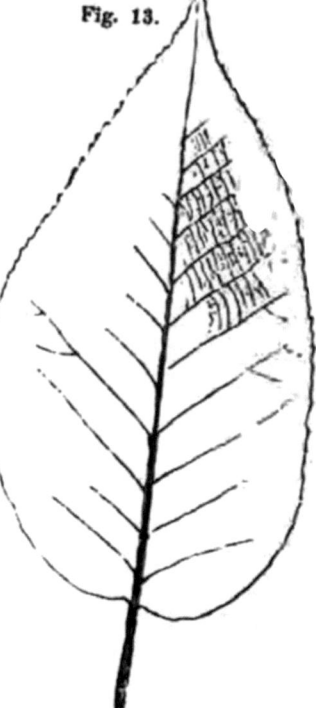

Betula Oreadum.

Fig. 14 a, b.

a, b. *Betula excelsa* Ait.

Von diesem Blatte fehlt die Spitze und ein Seitentheil, daher es nur in einer ergänzten Abbildung gegeben werden konnte. Unter den lebenden Arten kommt dieser Art die *Betula excelsa* Ait. aus Nordamerika (Fig. 14) am nächsten. Auch gibt C. v. Ettingshausen in seiner Abhandlung „Die Blattskelete der Apetalen", Denkschr. der kais. Akad. d. Wiss., Bd. XV, Taf. VII, einen Naturselbstdruck einer unbestimmten asiatischen *Betula*-Art, der mit unserer fossilen verglichen werden kann.

MOREAE.

Ficus Aglajae Ung.

Fig. 15.

F. foliis lanceolatis acuminatis longe petiolatis integerrimis triplinerviis v. subtriplinerviis, nervis basalibus longissimis reliquis minoribus arcuatis.

In formatione eocenica ad Kyme Euboeae.

Ein prachtvoll erhaltenes Blatt, von dem die Nervatur bis in das kleinste Detail erkennbar ist. Das Blatt muss, seinem feinen Nervennetze nach zu schliessen, lederartig und etwas derb gewesen sein. Wenn gleich im vorliegenden Blatte die untersten Secundärnerven unmittelbar von der Basis ausgehen, so ist das bei anderen Exemplaren nicht der Fall, wo sie oft sichtlich alterniren. Auch ändert die Breite beträchtlich ab, so dass andere noch einmal so breit als das abgebildete sind.

Fig. 15.

Fig. 16.

Ficus Aglajae Ung.

Ficus salicifolia Vahl.

Unter den lebenden Pflanzen kommen ihnen nur Blätter von *Ficus* und *Urostigma* nahe. Die ähnlichsten sind *Ficus cordata* Thbg. vom Cap der guten Hoffnung; ferner *Ficus cordato-lanceolata* Hochst. aus Abyssinien und den Umrissen nach am meisten übereinstimmend *Ficus salicifolia* Vahl. (Fig. 16) vom glücklichen Arabien, obwohl gerade bei dem letzteren die Basalnerven mit den übrigen mehr in Harmonie getreten sind.

Ficus multinervis Heer.

Ein nicht ganz vollständig erhaltenes, über 5 Zoll langes und mehr als ein Zoll breites lanzettförmiges ganzrandiges Blatt, das einen starken Mittelnerven, aber sehr schwache Secundärnerven hat, die sich gegen den Rand in ein feines Nervennetz auflösen. Der Grösse und Form nach stimmt dieses Blatt mit dem von O. Heer in seiner Flora tert. Helv. II, Taf. 82, Fig. 1 überein.

Ficus Dombeyopsis Ung.

Auch diese in der Tertiärformation Mittel-Europa's häufig vorkommende *Ficus*-Art findet sich in deutlich zu erkennenden Blattresten unter den Fossilien von Kumi. Mit den von mir in Sylloge pl. Foss. p. 13, Taf. 5, Fig. 1—7 und Taf. 6, Fig. 1, gegebenen Abbildungen stimmen dieselben in allen Theilen vollkommen überein.

LAURINEAE.

Cinnamomum lanceolatum Heer.

Es ist dies dieselbe Pflanze, welche ich als *Daphnogene lanceolata* der Flora von Sotzka (Taf. 16, Fig. 1—6) beschrieben habe. Sie kommt auch in Radoboj, Häring, Altsattel bei Bonn und in der Schweiz vor. In Kumi gehört sie zu den häufigeren Petrefacten.

Cinnamomum Rossmaessleri Heer.

O. Heer vereiniget die in der Flora von Sotzka von mir unter der Bezeichnung *Daphnogene cinnamomeifolia* und zum

Theile auch von *Daphnogene melastomacea* beschriebenen und Taf. 18, Fig. 8 und 9 und Taf. 18, Fig. 4 abgebildeten Blattreste unter obigen Namen. Auch in Häring und Altsattel, so wie in der Schweiz ist diese Pflanzenart entdeckt worden. In Kumi hat sich bisher nur ein einziges dahin gehöriges Blatt gefunden.

Cinnamomum polymorphum Heer.

Auch diese ungemein verbreitete Pflanze des Tertiärlandes von Mitteleuropa findet sich in Kumi, jedoch eben so selten als die vorhergehende Art.

Cinnamomum Scheuchzeri Heer.

Auch sehr verbreitet in der Tertiärformation Mitteleuropa's und fehlt nicht in Kumi.

Laurinastrum dubium Ung.

Fig. 17.

L. foliis lanceolatis acutis in petiolum attenuatis coriaceis nervo primario crasso nervis secundariis crebris parallelis simplicibus brochydodromis.

In formatione eocenica ad Kyme Euboeae.

Ein schwer zu enträthselndes Blatt, das bezüglich der Substanz und Nervatur noch am ehesten mit *Cryptocarya angustifolia* vom Cap übereinstimmt, von diesen kommen auch zweimal so grosse Blätter wie Fig. 17 vor.

Laurinastrum dubium Ung.

PROTEACEAE.

Grevillea kymeana Ung.

Fig. 18.

G. foliis linearibus utrinque attenuatis apice obtusiusculis integerrimis vel sparse dentatis breviter petiolatis nervo primario gracili nervis secundariis angulo acuto e primario egredientibus simplicibus elongatis.

In formatione eocenica ad Kyme Euboeae.

Die beiden, Fig. 18 abgebildeten Blätter gehören ihrer Form und Nervation zu Folge ohne Zweifel den Proteaceen an. Während die Grösse, Form und die Beschaffenheit des Randes mit den Blättern von *Lomatia linearis* R. Br. Fig. 19 übereinkommt, spricht die Nervenvertheilung mehr für *Grevillea*, wie z. B. *Grevillea oleoides* R. Br.

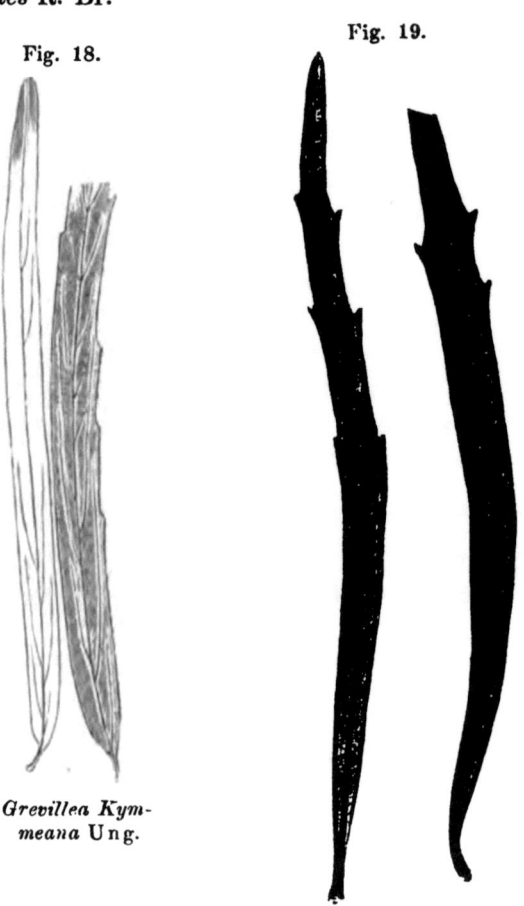

Fig. 18.

Fig. 19.

Grevillea Kymmeana Ung.

Lomatia linearis R. Br.

Bisher sind nur 2 Arten von *Grevillea* beschrieben worden, mit denen die griechische Art nicht übereinstimmt, obgleich sie der *Grevillea Jaccardi* Heer ziemlich nahe zu stehen scheint.

Embothrium salicinum Heer.

Fig. 20.

E. Seminibus $4^1/_2$ lin. longis alatis, ala dorso recurvo tenero nervis destituta.

In formatione eocenica ad Kyme Euboeae.

Ich habe es nicht gewagt zur Vergleichung dieses geflügelten Samens einen ähnlichen Samen von *Embothrium* im Naturselbstdrucke beizufügen, indem derselbe bei noch viel zarteren Früchten nicht gut ausfiel. Samen dieser Art sind in derselben Formation in Mittel-Europa nicht selten und bereits an mehreren Punkten der Schweiz und Österreichs gefunden worden. Es hält nicht schwer diese Samen von den geflügelten *Pinus*-Samen, die häufig in derselben Localität vorkommen, zu unterscheiden.

Fig. 20.

Banksia Solonis Ung.

Fig. 21.

B. foliis lanceolatis v. ovato-lanceolatis utrinque attenuatis longe-petiolatis semipedalibus grosse dentatis coriaceis, nervo primaris valido, nervis secundariis angulo subrecto e primario egredientibus simplicibus crebris.

In formatione eocenica ad Kyme Euboeae.

Diese grossen, schönen, meist wohlerhaltenen Blätter gehören zu den häufigsten fossilen Resten des Kalkmergelschiefers von Kumi auf Euboea, wo ich sie selbst gesammelt habe. Die Form und Beschaffenheit dieser Blätter, die jedenfalls derber Natur gewesen sein muss, so wie die sehr gut ausgeprägte Nervatur lässt selbst den Laien eine auffallende Übereinstimmung derselben mit *Banksia*-Blättern nicht verkennen. Eines

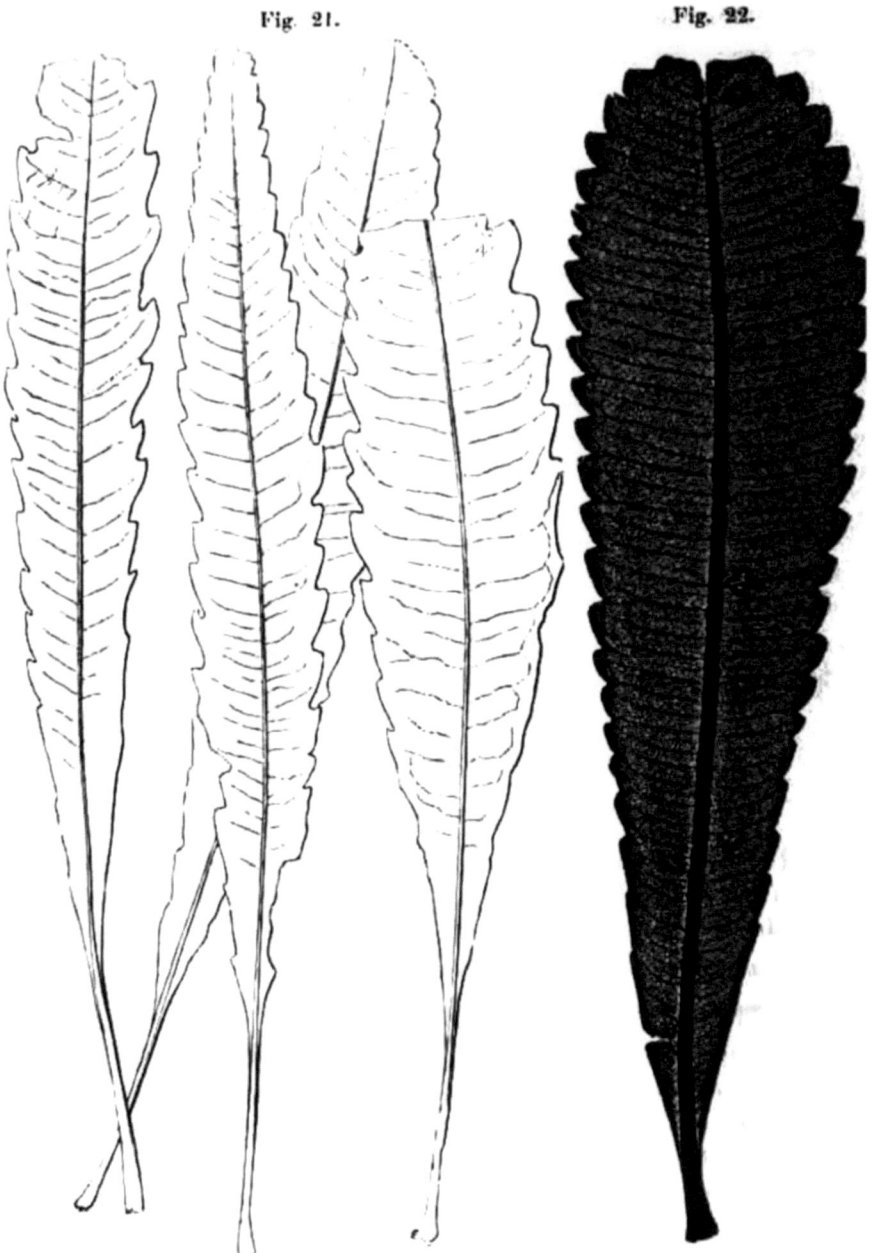

Fig. 21. *Banksia Solonis* Ung. Fig. 22. *Banksia serrata* R. Br.

der ähnlichsten ist das Fig. 22 beigefügte Blatt von *Banksia serrata* R. Br.

Aber auch die Unterschiede beider, abgesehen von der Grösse, fallen nicht minder in die Augen als die Ähnlichkeit. Mit Übergehung des Hauptnervens, der, obgleich er in den Fossilien zu schwach gezeichnet ist, dennoch von den dicken, breiten Nerven der recenten Blätter der *Banksia serrata* bedeutend absticht, ist es besonders der Blattstiel, welcher in den Blättern von *Banksia Solonis* eine solche Länge erreicht, wie er in *Banksia-* und in den Proteaceen-Blättern nie erreicht. Eben dieses Merkmal weiset dem Fossile einen eigenen Platz an, den ich nicht besser als in der Erinnerung auf den grossen Weisen Griechenlands zu bezeichnen vermochte.

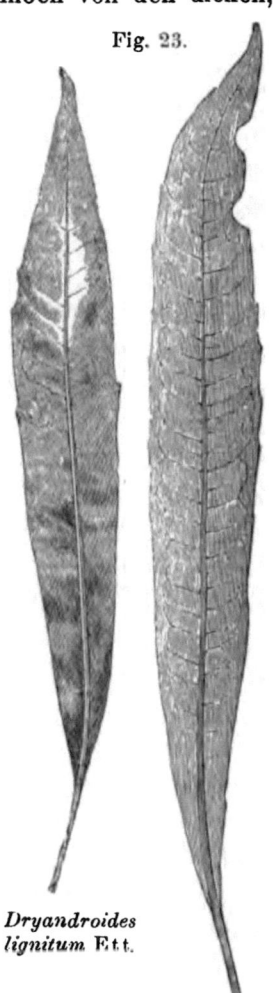

Fig. 23.

Dryandroides lignitum Ett.

Fig. 23.

D. foliis coriaceis lanceolatis utrinque attenuatis petiolatis denticulatis integerrimisque, nervo medio valido, nervis secundariis tenuibus camptodromis.

In formatione eocenica ad Kyme Euboeae.

Auch dieses in Mitteleuropa sehr verbreitete Fossil, welches ich ehedem als *Quercus lignitum* bezeichnete, gehört zu den häufigsten Vorkommnissen der fossilen Flora von Kumi. Ich habe in Fig. 23 zwei von daher stammende Blätter abgebildet. Man kann wohl sagen, dass diese Blattreste hier eben so häufig erschei-

Dryandroides lignitum Ett.

nen wie in Parschlug in Steiermark, wo ich sie zuerst auffand. Früher schien mir die Verwandtschaft dieser Blätter mit jenen von *Myrica pennsylvanica* Lam. sehr in die Augen springend, gegenwärtig deucht es mich in der *Lomatia longifolia* R. Br., die ebenfalls bald ganzrandig, bald gezahnt vorkommt, ein besseres Analogon gefunden zu haben. Die Nervation kommt indess, so weit sie erkentlich ist, mit keinem von diesen ganz überein. Am meisten sprechen für diesen neuen Vergleich die Anzeichen einer grösseren Steifheit und die Lederartigkeit der Blattsubstanz, während die Blätter der *Myrica*-Arten mehr membranös sind und daher mit unserem Fossile weniger leicht verglichen werden können. Bezüglich der Nervatur zeigen die Secundärnerven von *Dryandroides lignitum* eine viel grössere Übereinstimmung mit der Nervatur der Banksien als mit jener der *Lomatia*, woraus wenigstens ihr Zusammengehören mit der auf dem vorhergehenden Blatte beschriebenen *Banksia Solonis* unter eine und dieselbe Pflanzenfamilie gefolgert werden kann.

Sowohl die Blätter dieser als der vorhergehenden Pflanze gehören, wie bereits angegeben, zu den häufigsten Fossilien von Kumi

Fig. 24.

Lomatia longifolia R. Br.

und bedingen so zu sagen durch ihre Menge den Charakter der Flora dieser Localität.

Fig. 25.

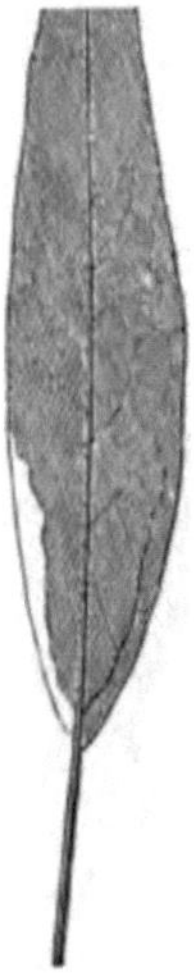

OLEACEAE.

Elaioides ligustrina Ung.

Fig. 25.

E. foliis lanceolatis longe petiolatis integerrimis nervo medio robusto, nervis secundariis vix expressis distantibus brochydodromis.

In formatione eocenica ad Kyme Euboeae.

Ein dem Liguster ähnliches Blatt, was ohne Zweifel mehr lederartig als hautartig war, indem die Secundärnerven kaum zu unterscheiden sind, während der Mittelnerv sehr stark ausgedrückt ist. In dem Blatte von *Notalaea ligustrina* von Van Diemensland hat es ein sehr entsprechendes Ebenbild.

Elaioides ligustrina Ung.

Fig. 26.

Olea Noti Ung.

Fig. 26.

E. foliis lanceolatis linearibus obtusis in petiolum attenuatis integerrimis coriaceis nervosis, nervis secundariis crebris simplicibus reticulo nervorum minimorum inter se conjunctis.

In formatione eocenica ad Kyme Euboeae.

Ein Blatt, das bis in die feinste Nervenvertheilung erhalten ist, obwohl die Basis etwas beschädigt ist.

Olea Noti Ung.

Mit Blättern von *Olea*-Arten vom Cap der guten Hoffnung ist dieses Fossil am ehesten zu vergleichen, wie z. B. jener von *Olea exasperata* Jaq., *Olea divaricata*, *Olea verrucosa* u. s. w.

ASCLEPIADEAE.

Asclepias Podalyrii Ung.

Fig. 27.

A. foliis lanceolato-linearibus obtusiusculis, in petiolum attenuatis integerrimis, nervis secundariis subsimplicibus crebris.

In formatione eocenica ad Kyme Euboeae.

Dieses Blättchen gleicht in Form, Grösse und Nervatur ganz den Blättern von *Asclepias linifolia* Lagas. von Mexico.

Fig. 27.

Asclepias Podalyrii U.

MYRSINEAE.

Myrsine graeca Ung.

Fig. 28.

M. foliis obovato-ellipticis retusis in petiolum attenuatis integerrimis, nervatione brochydodromis, nervo primario valido nervis secundariis simplicibus.

In formatione eocenica ad Kyme Euboeae.

Fig. 28.

Myrsine graeca Ung.

Diese in zahlreichen Blättern vorkommende Art hat mit mehreren brasilianischen *Myrsine*-Arten, als: *Myrsine ovalifolia* Miq., *Myrsine divaricata* Cunning., vorzüglich aber mit *Myrsine ferruginea* (*Prinus ferrugineus* Pohl) (Fig. 29)

Fig. 29.   Fig. 30.

Myrsine ferruginea.   a, b, c. *Myrsine crassifolia* R. Br.

grosse Ähnlichkeit, deren etwas weiter gestellte Secundärnerven mit dem Fossile am meisten übereinstimmen. Das beigegebene Blatt ist eine etwas stumpfere Form.

Aber auch *Myrsine crassifolia* R. Br. von Neu-Holland (Fig. 30) darf als eine verwandte Art angesehen werden.

Fig. 31.

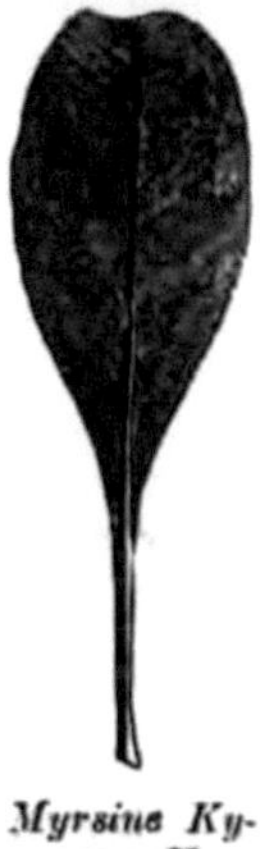

Myrsine kymeana Ung.

Fig. 31.

M. foliis obovato-lanceolatis in petiolum attenuatis integerrimis coriaceis, nervo medio crasso nervis secundariis tenuissimis evanidis.

In formatione eocenica ad Kyme Euboeae.

Stimmt noch am meisten mit *Myrsine crassifolia* R. Br. aus dem trop. Theile Neu-Hollands überein.

Myrsine Kymeana Ung.

Myrsine Proteus Ung.

Fig. 32.

Fig. 32. *M. foliis obovato-lanceolatis in petiolum attenuatis integerrimis coriaceis, nervo medio valido, nervis secundariis tenuissimis crebris ramosiusculis in rete nervorum minimorum solutis.*

Myrsine Proteus Ung.

Fig. 33.

Myrsine variabilis R. Br.

Nur ein einziges Blatt, das seiner Nervatur nach am meisten mit *Myrsine variabilis* R. Br. von Botany-Bay übereinstimmt.

Beifolgende 4 Blätter dieser Pflanze (Fig. 33) im Naturselbstdrucke sind zur Vergleichung des Fossils beigefügt, und ich bemerke, dass die starken Mittelnerven derselben nur eine Folge der erlittenen Quetschung sind, daher im Originale weit zarter erscheinen.

SAPOTACEAE.

Chrysophyllum olympicum Ung.

Fig. 34.

Ch. foliis ellipticis obtusis in petiolum attenuatis integerrimis subcoriaceis nervosis, nervo primario valido nervis secundariis crebris intra marginem reticulo nervorum minimorum conjunctis.

In formatione eocenica ad Kyme Euboeae.

Ist dem *Chrysophyllum Martianum* Al. DC. in Brasilien (Fig. 35) täuschend ähnlich. Leider fehlt der Grund des Blattes an dem Petrefacte, der daher in der Zeichnung ergänzt werden musste. Im Holzschnitte sind die Seitennerven ersten Grades zu schwach ausgefallen.

Fig. 34.

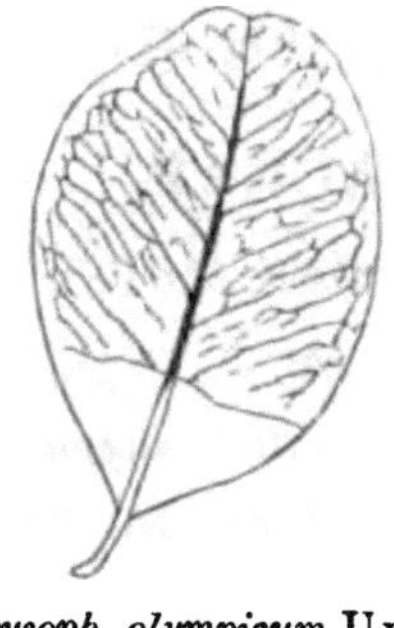

Chrysoph. olympicum Ung.

Fig. 35.

Chrysophyllum Martianum Al. DC.

Bumelia Oreadum Ung.

Fig. 36.

Ich habe dieses Fossil bereits in meiner fossilen Flora von Sotzka, S. 172, Taf. 42, Fig. 7—14, beschrieben und abge-

Fig. 36.

Bumelia Oreadum Ung.

Fig. 37.

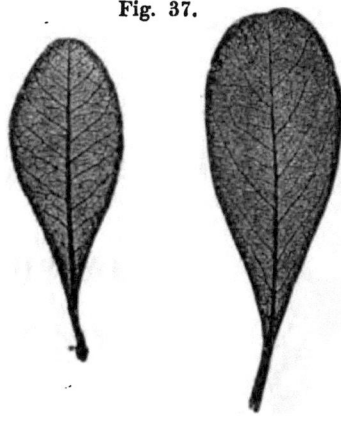

Bumelia tenax Willd.

bildet. Durch die Auffindung zweifelloser *Bumelia*-Früchte in den Ligniten der Wetterau hat diese Bestimmung an Sicherheit gewonnen. Das hier im Holzschnitte in natürlicher Grösse gegebene (*a*) und auf das Doppelte vergrösserte Blatt (*b*) hat ausserordentliche Ähnlichkeit mit den Blättern von *Bumelia tenax* Willd. aus Carolina (Fig. 37).

ANONACEAE.

Anona lignitum Ung.

Fig. 38.

Ich bringe dieses im Ganzen ziemlich wohl erhaltene Blatt zu der von mir in meiner Sylloge pl. foss., S. 25, Taf. 10, Fig. 1—7, beschriebenen Pflanze, von der es sich nur durch den Nebenumstand einer scheinbar stumpfen Spitze unterscheidet, wodurch sich Ähnlichkeiten mit Laurineen herausstellen, denen die Nervatur nicht entgegen ist.

ACERINEAE.

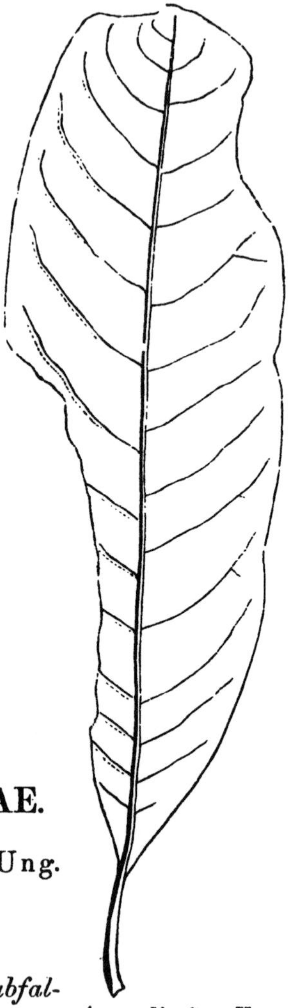

Acer trilobatum A. Br.

Nur ein einziges sehr verstümmeltes, aber doch immer sicher bestimmbares Blatt fand sich von dieser im Tertiärlande sehr verbreiteten Art in Kumi.

Fig. 39.

MALPIGHIACEAE.

Malpighiastrum gracile Ung.

Fig. 39.

M. foliis lanceolatis subfalcatis longe petiolatis integerrimis coriaceis, nervis secundariis crebris curvatis simplicibus.

Anona lignitum Ung.

In formatione eocenica ad Kyme Euboeae.

Mulpigh. gracile Ung.

Blätter, die sich mit einigen Arten von *Byrsonima* noch am besten vergleichen lassen.

CELASTRINEAE.

Celastrus oxyphyllus Ung.

Aus der Flora von Sotzka, Taf. 51, Fig. 22 — 24, dem *Celastrus acuminatis* Linn. vom Cap am ähnlichsten.

ILICINEAE.

Prinos Eoboeos Ung.

Fig. 40.

Prinos verticillatus Linn.

P. foliis lanceolatis utrinque attenuatis integerrimis petiolatis membranaceis, nervis secundariis tenuibus curvatis subsimplicibus, rete nervorum minimorum exsculpto.

In formatione eocenica ad Kyme Euboeae.

In Grösse, Form, Nervatur, Länge des Blattstieles und der membranösen Beschaffenheit mit *Prinos verticillatus* Linn. von Nordamerika (Fig. 41) sehr übereinstimmend, obgleich diese Pflanze in der Regel grössere Blätter mit gezähntem Rande besitzt.

SAPINDACEAE.

Sapindus Ungeri Ett.

Fig. 42.

Ein an der Basis nicht ganz erhaltenes Blättchen, das dem in der Sylloge pl. foss. aus Radoboj stammenden Blättchen am meisten gleichkommt.

PITTOSPOREAE.

Pittosporum ligustrinum Ung.

Fig. 43.

P. foliis alternis linearibus longe petiolatis subcoriaceis, nervo medio solo conspicuo.

In formatione eocenica ad Kyme Euboeae.

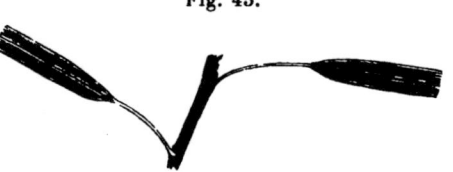

Fig. 42.

Sapindus Ungeri Ett.

Bei meinem Sammeln in Kumi ist mir dieses höchst interessante Stück nur ein einziges Mal vorgekommen. Zwei lineare Blätter, deren Spitzen abgebrochen sind, sieht man hier in ihrer Verbindung mit einem schmächtigen Zweiglein sammt den Knospen in den Achseln derselben.

Fig. 43.

Pittosporum ligustrinum Ung.

Die Ähnlichkeit dieser Blätter und ihre Verbindung mit dem Zweige mit schmächtigen Exemplaren von *Pittosporium ligustrifolium* All. Cunning. ist in die Augen springend. Ich gebe hier ein Stück davon, am Swan river (Westküste von Australien) gesammelt, zur Vergleichung im Naturselbstdrucke bei, muss aber zugleich hinzufügen, dass dasselbe durch die erlittene Quetschung bei weitem massiver erscheint als es ursprünglich aussah. Die Übereinstimmung des Fossils mit der gedachten Pflanze ist daher auffallender, als es durch die Illustration erscheint.

Fig. 44.

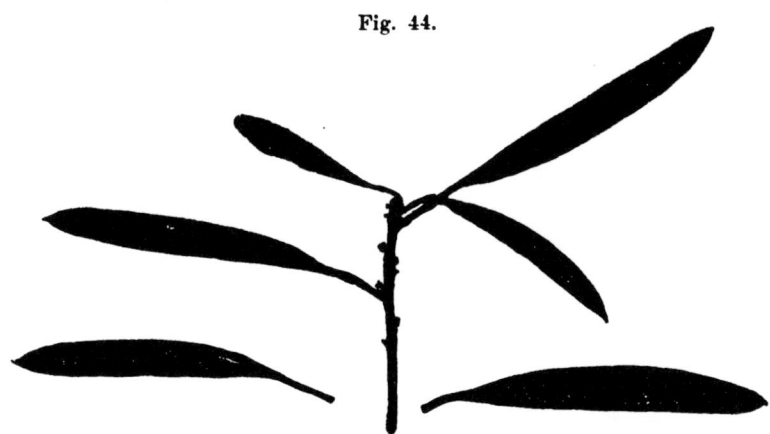

Pittosporum ligustrifolium A. Cuningh.

Pittosporum Putterlicki Ung.

Fig. 45.

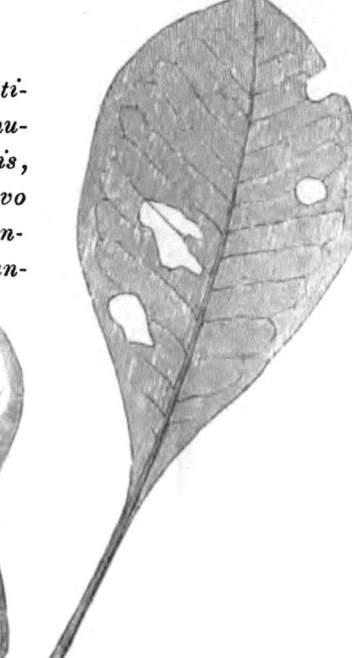

P. foliis obovatis v. obovato-ellipticis in petiolum longum attenuatis integerrimis subcoriaceis, nervatione dictyodroma, nervo primario valido, nervis secundariis tenuibus e primario angulis subacutis oriundis versus marginem inter se conjunctis, nervis tertiariis rete tenerum formantibus

Obs. In honorem Cl. Dr. A. Putterlick qui egre-

Pittosporum Putterlicki Ung.

gie disseruit de *Pittosporeis in opusculo Synopsis* **Pittosporearum**. *Vindob. 1839, 8.*

In formatione eocenica ad Kyme Euboeae.

Die Blätter dieser fossilen Pflanzenart wechseln in Grösse und Gestalt, wie die beiden Abbildungen darthun; eben so zeigen die aus dem dicken Primärnerven entspringenden Secundärnerven nicht immer die gleichen Winkelabstände. Gewöhnlich ist der Winkel der unteren Nerven stumpfer als jener der oberen Nerven. Die Secundärnerven sind schon ziemlich weit vor dem

Fig. 46.

a. b. Pittosporum n. Sp.

Rande unter einander durch Schlingen verbunden, aus welchen so wie tiefer zahlreiche Tertiärnerven ihren Ursprung nehmen und so ein Nervennetz zusammensetzen, das kaum mehr sichtbar wird. Nach mannigfaltiger Vergleichung stellt sich die Verwandtschaft mit Pittosporeen-Blättern unzweideutig heraus, und der nächste Verwandte ist eine ostindische *Pittosporum*-Art, die Perrotet in den Nilgeris sammelte und von der hier zur Vergleichung ein Naturselbstdruck beigefügt ist. Allerdings treten hier die Randschleifen nicht so deutlich wie bei dem Fossile hervor. Auch mit *Pittosporum eugenioides* A. Cung. von Neu-Seeland sind Ähnlichkeiten zu bemerken.

JUGLANDEAE.

Juglans radobojana Ung.

Ein einzelnes Fiederblättchen, mit der aus Radoboj stammenden *Juglans radobojana* (Sylloge pl. foss., Taf. 19, Fig. 11), wohl auch mit *Juglans parschlugiana* U. (ibid. Fig. 1—7) übereinstimmend.

Juglans acuminata A. Br.

Mehrere Fiederblättchen, auch ein männliches Kätzchen.

ANACARDIACEAE.

Rhus eleodendroides Ung.

Fig. 47.

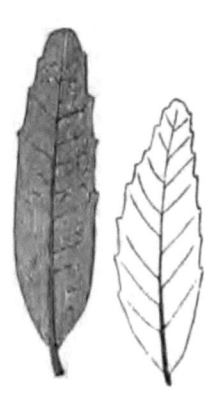

Die hier abgebildeten Blättchen stimmen ebensowohl, wenn sie Fiederblättchen sind, mit den auf Taf. 21, Fig. 1—11 meiner Sylloge pl. foss. dargestellten Fossilien, als, falls sie einfache Blätter wären, mit kleinen Formen vom Blatte der *Quercus Lonchitis* (Fossile Flora von Sotzka, Taf. 30, Fig. 6) überein. Da das Erstere das Wahrscheinlichere ist, so habe ich danach die Bezeichnung gewählt.

Rhus eleodendroides Ung.

PAPILIONACEAE. (PHASEOLEAE.)

Glycine Glycyside Ung.

Fig. 51.

G. foliolo obovato breviter petiolato integerrimo 9 lin. longo, 5 lin. lato, nervis secundariis crebris simplicibus, arcuatim inter se conjunctis, tertiariis ramosis rete laxum efficientibus.

In formatione eocenica ad Kyme Euboeae.

Blättchen dieser Form und Beschaffenheit finden sich unter den Arten der Gattungen *Cassia*, *Inga*, besonders aber von *Glycine*. Mit den Blättchen von *Glycine Schimperi* Hochst. aus Abyssinien (Fig. 52), auch mit jenen von *Glycine ovatifolia*

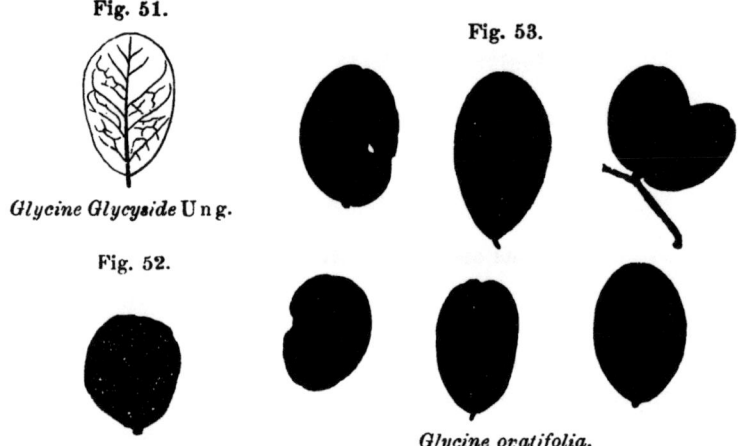

(Fig. 53) aus Guatemala hat das Fossil am meisten Ähnlichkeit. Ich muss noch bemerken, dass, ungeachtet die Zeichnung des Fossiles untadelhaft von mir ausgeführt wurde, der Holzschnitt dennoch namhafte Gebrechen enthält.

Rhynchosia populina Ung.

Fig. 54.

Fig. 54.   Fig. 55.

Rhynchosia populina Ung.

R. foliolis deltoideo-acuminatis basi paululum productis potiolo destitutis? integerrimis, nervis secundariis basalibus longissimis extus ramosis reliquis minoribus subsimplicibus.

In formatione eocenica ad Kyme Euboeae.

Copisma gibbum E. Mey.

Scheint, obgleich die beiden Seiten dieses Fossiles nicht vollkommen gleich sind, dennoch ein Endblättchen zu sein. Mit *Rhynchosia punctata* DC. aus Surinam und *Rhynchosia flavissima* Hochst. aus Abyssinien übereinstimmend, hat es doch in *Copisma gibbum* E. Mey. vom Cap der guten Hoffnung (Fig. 55) seinen nächsten Verwandten.

PAPILIONACEAE. (DALBERGIEAE.)

Andira relicta Ung.

Fig. 56.

A. foliolis ellipticis bipollicaribus breviter petiolatis integerrimis coriaceis nervosis, nervis secundariis crebris ramosis, ramulis inter se conjunctis.

In formatione eocenica ad Kyme Euboeae.

Offenbar ein Fiederblättchen, ähnlich den Fiederblättchen von *Andira pauciflora* Pohl aus Brasilien (Fig. 57), nur treten bei dem Fossile die Secundärnerven in stumpferen Winkeln als dort ab. In wie weit dieses Blättchen mit *Podogonium latifolium* Heer übereinstimmt, zeigt die Nervatur beider. Auch bei diesem Naturselbstdrucke sind die Nerven viel breiter geworden, als sie ursprünglich sind, daher die Übereinstimmung mit dem Fossile grösser ist, als sie hier erscheint.

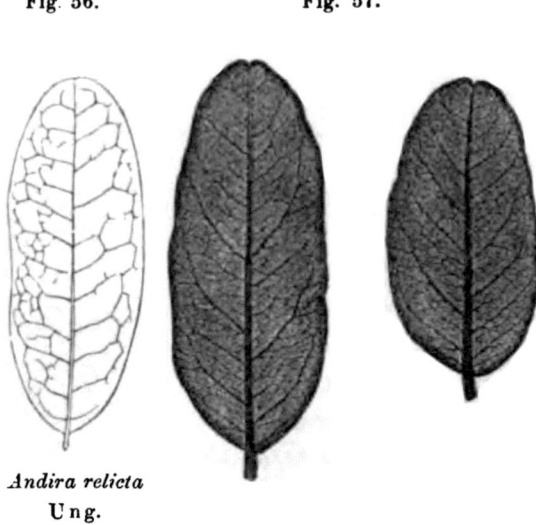

Fig. 56. *Andira relicta* Ung.

Fig. 57. *Andira pauciflora* Pohl.

PAPILIONACEAE. (CAESALPINIEAE.)
Copaifera radobojana Ung.
Fig. 58.

Von dieser bisher noch nicht beschriebenen Pflanze findet sich in Kumi eine fossile Frucht, jedoch so wenig gut erhalten, dass ich davon keine Abbildung geben wollte. Viel vollständiger sieht dieselbe Frucht aus Radoboj aus, die ich bei anderer Gelegenheit näher beschreiben werde.

MIMOSEAE.
Prosopis graeca Ung.
Fig. 59.

P. foliolo inaequali obovato retuso integerrimo breviter petiolato minimo, nervis secundariis simplicibus curvatis.

In formatione eocenica ad *Kyme Euboeae*.

Dieses Blättchen stellt sich unverkennbar als Fiederblättchen einer Mimoseen-Gattung heraus und hat sowohl Ähnlichkeit mit beifolgender *Inga*-Art (Fig. 60) aus Bahia in Brasilien, von Blanchet gesammelt, als mit Blättchen von *Prosopis phyllanthoides* Popp vom Amazonenstrome (Fig. 61).

Fig. 59.

Pros. graeca U.

Fig. 60.

Es dürfte schwer zu entscheiden sein, ob Heer's *Caesalpinia Jaccardi* hierher gehört oder nicht.

Fig. 61.

Prosopis phyllanthoides Popp.

Inga sp.

Prosopis Conarus Ung.

Fig. 62.

P. foliolo inaequali ovato integerrimo petiolo destituto, nervo primario valido nervis secundariis ramosis, ramis recurrentibus.

Fig. 62.

In formatione eocenica ad Kyme Euboeae.

Gleichfalls ein Fiederblättchen ohne allen Stiel und mit einer ganz eigenthümlichen Nervatur, die mehr

Prosopis Conarus U.

die Nervenvertheilung der Fiederblättchen von *Conarus microphyllus* Hook, aus China (Fig. 63), als an die der beifolgen-

Fig. 63.

Conarus microphyllus Hook.

den unbestimmten *Prosopis*-Art aus Brasilien, Nr. 2899 von Blanchet's Sammlung erinnert (Fig. 64). Die in Kumi bisher gefundenen Mimoseen-Früchte sind zu stark verletzt, als dass sie näher verglichen werden können.

Fig. 64.

Prosopis? sp.

IX. Ist der Orient von Seite seiner physischen Natur einer Wiedergeburt fähig?

In einer Zeit wie die gegenwärtige, wo man das Licht, welches der Osten einst über den Westen verbreitete, im Brennspiegel einer civilisatorischen Politik auf den verfinsterten Orient zurückzuwerfen bemüht ist, wo man dies- und jenseits des Mittelmeeres sich grossen Hoffnungen von diesem Refluxus des Weltgeistes hingibt, ist die Frage nach den physischen Bedingungen einer solchen Wiedergeburt gewiss nicht ohne Nutzen.

Der menschliche Geist müht sich dort erfolglos ab, wo seinem Streben das natürliche Substrat fehlt, es genügt dagegen oft nur der halbe Wille, wo die Natur seinen Bemühungen entgegenkommt. Im grossen wie im kleinen Weltenlaufe der Ereignisse sind Natur und Geist im steten Verkehr, hemmen und fördern sich gegenseitig und was uns die Geschichte als Ergebniss der Entwickelung des letzteren hinstellt, ist eben so zum Theil Naturwirksamkeit und daher nur die Resultirende beider Kräfte.

Ein Wiedereintreten in Verhältnisse, wie sie einst vorhanden waren, sei für den Orient, sollte man meinen, um so eher möglich, als sich weder die Configuration der Land- und Wassermassen, die einst der Schauplatz eines so regen Lebens waren, noch die geognostische Beschaffenheit des Bodens änderte und eben so wenig das Klima, wie es scheint, wesentliche Veränderungen erfuhr. Was sich von der Naturbeschaffenheit der Länder änderte, liege mehr in der zufälligen Bekleidung, in dem Gewande, das sie anzogen, als in den Bedingungen der Bekleidung selbst.

Männern der Wissenschaft, die durch längeren Aufenthalt daselbst dieselben näher kennen lernten, ist es indess nicht entgangen, wie einflussreich selbst diese mehr ausserwesentliche Bedingung sich für das Gedeihen und die Gesittung der sie bewohnenden Völker gestaltet.

Was insbesondere Griechenland betrifft, hat schon **Fallmerayer** aufmerksam gemacht, dass neben einem gänzlichen Wechsel der Völkerracen des alten Hellas durch die klimatischen Verhältnisse desselben seine Fähigkeit zur Production abgenommen habe; dass statt den ehemaligen fruchtbaren, wasserreichen Weiden und Triften nur dürre Felder und kahle mit Gestrüpp bedeckte Berge vorhanden seien, und dass in Folge dessen es **unmöglich sei, das heutige Griechenland wieder in den Kreis abendländischer Gesittung zu ziehen.** Dasselbe führte noch weiter C. **Fraas** *) aus und unterstützte es durch neue Gründe.

Auch er meint die Länder des alten Sitzes der Cultur, Persien, Kleinasien, Syrien, Griechenland und Ägypten, indem sie durch die Civilisation ausgebeutet und ihr Klima so verändert worden sei, dass sie nun ausser Stande wären, dem Menschen die nöthigen Mittel zur Erreichung höherer geistiger und physischer Dignität darzubieten, könnten durchaus nicht mehr in den Kreis höherer Volksentwicklung gezogen werden, und eben so sei es vergebliche Mühe selbst durch neue aus dem Norden und Westen herbeigezogene Keime eine wesentliche Änderung bewirken zu wollen. „Die gewaltige Woge der Civilisation, die sich vom Osten nach dem Westen wälzt, habe eine Öde hinter sich gelassen, aus der keine Frucht der Natur und Humanität zur Reife gelangen könne". Stetig ohne Periodicität hat sich, wie C. Fraas meint, Klima und die Pflanzendecke in den alten Culturstaaten verändert. Mit der Verwüstung der organischen Natur, und insbesonders der baumartigen in geschlossenen Beständen sich erneuernden Vegetation trat Mangel atmosphärischer Feuchtigkeit,

---

*) Klima und Pflanzenwelt in der Zeit, ein Beitrag zur Geschichte beider. 1847. 8.

Verminderung wässeriger Niederschläge, dafür ungemilderte Sonnenhitze, Versiegung der Quellen und Bäche, Trockenheit der Winde u. s. w. ein, und in Folge davon eine totale Veränderung der Vegetation. Indem der Wald aus den Ebenen und Mittelgebirgen verschwand, kam an seine Stelle die niedere Kermes-Eiche und anderes Strauchwerk und überzieht die nun zu Trockenbergen (Xerovuni) gewordenen Höhen. Die im Alterthume übliche *satio trimestris* (Sommerbau) sei gegenwärtig unmöglich geworden. In ähnlichem Sinne sprechen sich auch mehrere Reisende aus, die Gelegenheit hatten Griechenland und den Orient in seinen wichtigsten Theilen kennen zu lernen. Ungeachtet die Configuration der Länder und die Naturkräfte dieselben geblieben, hat sich doch das Aussehen derselben wesentlich geändert und ist dem Wüstencharakter näher gekommen, gleichsam als sei die Wüste im Vordringen nach dem Westen begriffen und durch nichts zum Stillestehen zu bewegen. —

Auch ich war bei meinen Reisen in Ägypten, Syrien und Griechenland u. s. w. bestrebt, mir nicht blos von dem gegenwärtigen Zustande des Naturcharakters und namentlich seiner Vegetation ein vollständiges und lebendiges Bild zu verschaffen, sondern auch dasselbe mit den früheren Zuständen zu vergleichen und den Ursachen dieser Veränderungen nachzuspüren. Nur auf diese Weise konnte ich hoffen bei der Entscheidung der Lebensfrage dieser Länder auch ein Wort mitsprechen zu dürfen. Vor Allem suchte ich mich über den früheren Zustand dieser Ländereien aus geschichtlichen Quellen zu informiren. Wie sah z. B. Griechenland, von dem wir am besten unterrichtet sind, zur ältesten Zeit und zur Zeit seiner grössten Blüthe aus, ist offenbar eine Hauptfrage, um deren Beantwortung sich alle weiteren Untersuchungen drehen.

Was die älteste Zeit Griechenlands betrifft, welche mit dem Menschenleben in Conflict tritt, so fällt sie zum Theil der Vorgeschichte, zum Theil der Urgeschichte anheim und kann nur aus geologischen Principien und den Deutungen der Mythe beurtheilt werden. Die ersten in Griechenland einwandernden Völkerstämme fanden ohne Zweifel, mit Ausnahme einiger Küstenstriche und Flussgebiete, allenthalben waldbedecktes Land. Von zahlreichen Gegenden auf der Erde, welche gegenwärtig nur nackte baumlose Oberflächen darbieten, ungeachtet sie sowohl periodischen als unregelmässigen wässerigen Niederschlägen der Atmosphäre exponirt sind, wissen wir, dass sie einst dicht bewaldet waren. Dahin gehören vorzüglich Inseln, welche erst in einer verhältnissmässig späten Zeit dem Menschen zugänglich geworden sind. Unter den Tropen, wie im gemässigten und kalten Klima können hiefür Belege angeführt werden. Nicht blos von St. Thomas in den Antillen, von Island und anderen Inseln des nordatlantischen Oceans, sondern auch von den Canarien, den Azoren, Cap Verden, St. Helena u. s. w., ganz vorzüglich aber von den uns näher liegenden Inseln im Mittelmeere ist es bekannt, dass sie zur Zeit, als sie entdeckt wurden, ganz und gar von Wald bedeckt waren *). Soll die Natur,

*) Von St. Thomas in den Antillen sagt Schmarda (Reise um die Erde III, p. 8): „Die Wälder dieser anderthalb Quadratmeilen grossen Insel sind schon lange abgetrieben worden, aber alles nicht in Cultur stehende Land ist mit Strauchwerk vom üppigsten Hellgrün bedeckt".

Jamaica hat seinen Namen vom indischen Xaymaca, das waldig, wohlbewässert heisst.

Die canarischen Inseln liefern die besten Beweise für den Einfluss des Waldes auf die Erhaltung der Quellen, denn überall entspringen dieselben aus bewaldeten Schluchten. Die meisten Wälder auf Tenerife haben desshalb mit Recht das Prädicat „Aqua" erhalten. (Sehr sehenswerth sind die Laubwälder Aqua Garcia und Aqua Mercedes.) Mehrere Ortschaften aber, die vormals Wasser hatten, liegen jetzt durch unvernünftige Waldverwüstung auf dem Trockenen. (Schacht, Madeira und Tenerife etc. p. 117.)

Der Name Madeira kommt von dem lateinischen Worte materies (ia) und zunächst von dem portugiesischen Worte madeira Bauholz, Schiffbauholz her. Dieser Name deutet darauf hin, dass diese Insel einst stark bewaldet (mit *Pinus canariensis ?*) gewesen sein muss. Als die Portugiesen dieselbe im Jahre 1419 colonisirten, haben sie die Waldungen grösstentheils ausgerodet. Auf der mediceischen Hafenkarte von 1551 führt sie den Namen Isola di Legname, d. i. Holzinsel. Schacht l. c. p 131 gibt an, dass das höhere Gebirge Madeira's noch fast überall bewaldet sei, während die Gebirge Tenerifa's jetzt grösstentheils davon entblösst seien. Madeira habe desshalb reichlich Wasser und sei fruchtbar, während Tenerifa dagegen wasserarm und stellenweise sehr steril sei.

Ithaca's höchster Berg, der Neriton, wird von Homer (Odyss. IX, 12) Νηριτον εινοσιφυλλον genannt. Getreide hegt es ohne Ende, auch wächst Wein darin und beständig hat es Regen und befeuchtenden Thau.

Die Insel Syra (Συρος) wird als reich an Weiden und Schafen, gesegnet mit Wein und Getreide bezeichnet (Εοβοτος, ευμελος, οινο πληθης, πολυπυρος).

Die Insel Sphacteria, Pylos gegenüber, wird im peloponnesischen Kriege (425 a. Ch.) als waldig geschildert.

Zante, von Homer „υληεσσα" und noch von Virgil „nemorosa" genannt, hat jetzt nur Strauchwerk aber keine Bäume mehr. Die kleinen Bosquete von *Pinus pinea* und *Pinus* welche das Gesetz auf einzelnen Inseln und Gruppen derselben allenthalben ausführte, nicht auch auf die nachbarlichen mehr oder weniger vom Meere umspülten, im Charakter des Bodens und der Luft diesen verwandten Landstriche ausgedehnt haben? Dieses Gesetz der Pflanzen-Production aber lautet: kraut-, strauch- und baumartige Pflanzen werden bei gegenseitiger Berührung stets von den gesellig lebenden, massenhaften Formen in ihrer Ausdehnung beherrscht. — Immerhin ist es also der Wald, welcher im natürlichen und unbehinderten Laufe der Dinge sich zum Autokraten über niedriges Gestrüpp und zarte Wiesenpflanzen aufwirft und sie, wo sie vorhanden sind, nach und nach verdrängt und vertilgt. Nur besondere meist locale Einflüsse mögen dort und da dem Aufkommen der Baumvegetation hinderlich sein und der krautartigen Vegetation ihr Territorium ungeschmälert erhalten. Die Fluren, Steppen, Savanen erscheinen mir nur als Enclaven, und zeigen die Grenzen, bis wie weit die Herrschaft des Waldes durch gegenwirkende Ursachen gehemmt, vorzudringen im Stande ist. Es ist bestimmt nicht zufällig und von den Ursachen der Erhaltung abhängig, dass aus den vorweltlichen Landvegetationen fast ausschliesslich nur Holzgewächse auf uns übergegangen sind; nicht weil nur Reste von baum- und strauchartigen Pflanzen allein in den

halepensis, welche an der unfruchtbaren Westseite der Insel die armen Klöster gegen den Windanfall schützen und daher wie heilig gehalten werden, sind die einzigen noch bestehenden Reste einer früheren Waldvegetation. Nur die Olivenwälder an der Ostseite machen noch eine Ausnahme. Dasselbe gilt auch von Corfu und Cephalonia, obgleich auf letzterer Insel noch ein Stück ursprünglichen Waldes am Monte nero erhalten ist. —

Die Insel Thasos war bis zum Schlusse des V. Jahrhunderts v. Chr. eine wilde waldbedeckte Insel. Archilochus vergleicht sie mit dem borstigen Rücken eines Ebers.

In Ägina stand das von dorischen Säulen getragene Heiligthum der Athene auf einem Fichtenhügel. — Pindar bezeichnet an verschiedenen Stellen, am Schlusse der VII. und am Anfange der III. und eben so am Schlusse der II nemeischen Ode den Siegeskranz des isthmischen Siegers als einen Kranz aus der isthmischen Waldschlucht. Eine alte Bauurkunde, die sich bei Böckh (C. t. Nr. 1104) findet, nennt diese Schlucht eine heilige Schlucht und bezeichnet sie als von einer Mauerumfassung umschlossen. War hier in diesem nun so kahlen und vegetationsleeren Thale der heilige Fichtenhain und der Epheu, aus dessen Zweigen der isthmische Siegerkranz geflochten wurde? (Hettner l. c. p. 178).

Eratostenes berichtet in der Geschichte von Amathus, dass die ganze Insel Cypern in den frühesten Zeiten mit Wald bedeckt gewesen sei, so dass kein Ackerbau hätte betrieben werden können. Durch die Eröffnung der Kupfer- und Silbergruben so wie durch die Ausrüstung von Flotten sei derselbe bedeutend gelichtet worden. Die Freiheit, nach Gefallen Holz zu fällen, habe endlich zur Entwaldung geführt.

schlammigen Absätzen der damaligen Wässer erhalten werden konnten, sondern weil die damalige Vegetation fast ausschliesslich eine Holzproduction war. Der Wald war also bis zur Ankunft des Menschen die bei weitem vorherrschende Form der Pflanzenschöpfung.

Der Mensch ist in seiner Verbreitung über die Erde, dort wo diese nicht eine regenlose Wüstenei war, ohne Zweifel stets mit dem Walde in Conflict getreten. Derselbe stellte seinem Vordringen sicher eben solche Hindernisse entgegen, wie Meere, Seen, Flüsse und hohe Bergketten. Ein Krieg mit dem Walde musste namentlich dort eine unausbleibliche Folge sein, wo er sich in grösserer Menge zeitweilig oder bleibend niederliess, denn er war ein Gebot der Noth. Dieser nach allen Seiten, wohin sich der Mensch zerstreute, mit Feuer und Schwert fortgesetzte Krieg ist es nun auch, der sich bis in die historische Zeit hinein fortspinnt. Der Mythus, namentlich der griechische, ist voll von Überlieferungen jenes Vertilgungskampfes.

Unmöglich konnten die Folgen eines so ungleichen Kampfes, worin der Mensch jedenfalls als Sieger hervorgehen musste, für Griechenland ausbleiben, und so begegnen wir schon in den ältesten Zeiten, als der Baumwuchs noch bis in die Ebenen des Landes herunterreichte, Schilderungen, die nur zu deutlich die beginnende Wasserarmuth einzelner Theile darthun. Schon Homer nennt z. B. Argos das durstige (πολυδίψιον Αργος). Die vielen Schluchten und Spalten der von dürren Kalksteinbergen umgebenen Ebene von Argos schlürfen gierig den herabströmenden Regen auf und das durstende Land lechzt immer von neuem nach Erquickung. Diese Eigenthümlichkeit hat in der Mythe der 50 Töchter des Danaos seinen kindlich-physikalischen Ausdruck gefunden. Sie schöpfen fortwährend Wasser, aber ihre Arbeit endet nie, weil das Fass einen durchlöcherten Boden hat *). Damit im Einklange sind die alten Cisternen, welche die von den Pelasgern erbaute Larissa von Argos enthielt.

Nicht viel besser ist schon zu jener fernen Zeit Attica daran. Mit Poseidon hatte Athene streiten müssen, wer diesem

---

*) H. Hettner. Griechische Reiseskizzen. 1853. 8.

Lande die grösste Wohlthat zu bieten vermag. Da hatte, während Athene den Ölbaum pflanzte, Poseidon mit seinem Dreizacke an den dürren wasserarmen Felsen geschlagen, dass eine Salzquelle daraus hervorsprudelte. Jedenfalls muss diese berühmte Quelle (θαλασσα Ἐρεχθηις) der Acropolis, wenn gleich höchst werthvoll, doch sehr unbedeutend gewesen sein, da gegenwärtig weder von ihr noch von der weiter unterwärts bei der Grotte des Pan hervortretenden Quelle (κλεψύδρα) auch nur eine Spur zu entdecken ist.

Noch deutlicher für den trocknenden und versengenden Einfluss der Sonne und für die Wohlthat wässeriger Niederschläge des lechzenden Landes spricht die uralte Einrichtung der Skirophorien und der Hersephorien. Zur Zeit des Sonnenbrandes wurde am Feste der Skirophoren (dessen Name von σκίρον το, Sonnenschirm — σκῖρος ὁ Gyps) Gypserde in das Erichtheion getragen und das Bildniss der Göttin damit eingerieben, ein Sinnbild des trockenen und staubigen Erdbodens, dem die erfrischende und stärkende Befeuchtung Noth thue.

An dem Feste der Thautragung (Hersephorien) pflegten zwei atheniensische Jungfrauen, die ein Jahr lang neben der Priesterin den Tempeldienst besorgten, durch eine nächtliche Procession nach dem Ilissos mit verhüllten Gefässen auf dem Haupte den Segen des nächtlichen Thaues für die durstende Erde zu erflehen, eine symbolische Handlung, die sich an die Sage knüpfte, dass sich Herse und Aglauros im Wahnsinn über den Berg heruntergestürzt hätten, da sie gegen das Gebot der Pallas den anvertrauten Kasten mit dem Schlangenbilde des Erechtheus geöffnet.

Aber auch über Attica hinaus mögen die Wirkungen des Sonnenbrandes und der Mangel nährender Feuchtigkeit nur zu sehr gefühlt worden sein.

In Halos, nördlich von Aedipsos in Thessalien, am pagasäischen Meerbusen, hatte in grauer Zeit Zeus der Verschlinger ein Heiligthum, in dem ihm nach Art des Moloch-Cultus Männer und Kinder geopfert wurden. — Zur Zeit der Dürre will Athamas, der Sohn des Gottes der Winde (Aeolos) seinen Sohn

Phrixos dem Gotte opfern, aber ein Widder entführt ihn sammt der Schwester Helle über das helle Meer in das Land der Sonne. Der Regen kommt auch ohne Opfer, der Gott will es nicht und die Menschenopfer hören auf. Beide Kinder gebar ihm die gute Wolkenmutter Nephele. Es ist schwer sich in diese physikalische oder meteorologische Vorstellung der damaligen Zeit hineinzufinden, so viel geht aber daraus hervor, dass Regen zur Sommerszeit als glückbringend und nothwendig angesehen wurden.

Wer kennt nicht, der Griechenland auch nur auf kurze Strecken bereiste, die im Mittelgebirge allenthalben auftretenden Rheumata, die trockenen mit Schutt und Steinen erfüllten Bette, in denen die rasch vorübergehenden Regenschauer und Gewitterstürme ihre plötzlich anschwellenden Wassermassen den Thalgründen zusenden. Sie stehen mit dem Wechsel der Trockenheit und des gewöhnlich heftigen Eintrittes der Regenperiode in Verbindung und bilden so einen Charakterzug im Klima des Landes. Auch aus dem grauesten Alterthume sind uns in Form der Mythe dergleichen gewaltige Ergüsse des wolkenversammelnden Zeus und die Bildung solcher Giessbäche bekannt. Die Seitenwände des Treton im Thale von Nemäa sind von einer Unmasse von Höhlen durchlöchert, die im Winter durch jäh herabstürzende Bergbäche gebildet werden. In einer dieser Höhlen hauste der berühmte nemäische Löwe, dessen Erlegung die alte Sage unter den Thaten des Herakles erzählt. Die heutige Mythenerklärung, sagt Hettner, erblickt in dieser That des Herakles nur die mythische Spiegelung einer geregelten Dämmung und Leitung der wildströmenden Regenwässer. Der nemäische Löwe ist der Sohn des Typhon — des Unwetters.

Etwas Ähnliches gilt auch von vielen Flüssen Griechenlands, die im Sommer in der Regel trocken liegen. So führt unter andern der Hauptfluss der argeischen Ebene, der Inachus, so wie der sich von Westen mit ihm vereinigende Choradros, die beide aus dürren und kahlen Bergen kommen, nur während der Regenzeit Wasser, den grössten Theil des Jahres sind sie trocken und keineswegs von Kräutern und Sträuchern wie kleinere Flüsse und Bäche umsäumt. Vischer *) bemerkt hiebei: „Und wenn auch im Alterthume die umliegenden Berge noch mehr bewachsen waren, so war doch die Beschaffenheit dieser Flüsschen früher ungefähr die gleiche wie jetzt", wie das aus dem früher angegebenen Epitheton von Argos hervorgeht. Lucian sagt, man sehe nicht einmal mehr das Bett des Inachos und Pausanias musste die Behauptung aussprechen, es gebe wirklich Quellen des Inachos.

So liessen sich noch viele Beispiele anführen, aus denen hervorgeht, dass **Griechenland schon ursprünglich ein wasserarmes Land war, und sein Klima bis jetzt sich darin nicht wesentlich änderte.**

Gehen wir auf einige spätere Einrichtungen des Alterthumes über, so bestätigen auch diese den eben ausgesprochenen Satz. Hieher gehören vor allen anderen die Wasserleitungen. Die Versorgung der Städte durch mehr oder minder ansehnliche Wasserleitungen ist eine allgemeine durch ganz Griechenland und gehört schon den ältesten Zeiten ihrer Gründung an. Megara, die einst so blühende Stadt, erhielt schon im Jahre 600 v. Ch. durch Theagenes eine grossartige Wasserleitung.

Athens Wasserleitungen, die eine aus unbekannten Quellen am Pentelikon, die andere (Hagia Triada) eben so unbekannten Ursprunges, eine dritte — Kallirhoe, im Flussbette des Ilissos aus Quellen am Hymettus hergeleitet, gehen ihrer Entstehung nach sicherlich in das grauste Alterthum zurück.

Auch Theben erhält durch zwei offenbar durch Kunst hinzugeleitete Wasseradern, der Dirke und Ismene, sein Wasser. Während diese einst so vielvermögende Stadt nun einem elenden Dorfe gleicht, bestehen die alten Brunnenbauten fast noch in ihrer ursprünglichen Gestalt aus pentelischem Marmor, und die Barbarei zweier Jahrtausende hat an diesem Kleinode nichts zu verändern vermocht.

Mit Wehmuth erfüllt den Wanderer der Anblick des einst so wohl befestigten und so gut vertheidigten Plataä, von der nur

---

*) Erinnerungen und Eindrücke aus Griechenland. 1857. 8. p. 292.

einige kyklopische Mauerreste den einstmaligen Umfang der Stadt bezeichnen. Selbst die gigantischen Quadern sind grösstentheils zertrümmert und zerfallen, nur die Quelle am Fusse des Hügels in marmorner Fassung, ohne Zweifel der Abfluss einer Wasserleitung des Alterthumes aus dem Kithæron ist wie die nebenstehenden trauernden Sarkophage von der Zeit unberührt geblieben.

Auch Chalkis hatte seine Wasserleitung, bis zur Zeit der Venetianer-Herrschaft dieselbe aus dem nicht unfern vorbeiströmenden Flusse in grosser Ausdehnung erneut wurde. In anderen kleineren Städten und Flecken Griechenlands findet man dasselbe. Überall ist für die Zufuhr des Wassers, als nöthigsten Lebensbedürfnisses am meisten Sorge getragen. Daher wird es auch erklärlich, wie im Bundeseide der Αμφικτύονες gelobt werden musste, keiner amphyktyonischen Stadt weder im Kriege noch im Frieden das Wasser abzuschneiden; und wenn einer dieser Verbündeten dies nicht thäte, gemeinsam gegen ihn zu kämpfen und seinen Ort zu vertilgen. —

Wenn das bisher Angeführte sattsam beweiset, dass Griechenland von den ältesten Zeiten an, als es bewohnt wurde, niemals einen Überfluss an Wasser hatte und die meteorologischen Verhältnisse denselben Charakter wie gegenwärtig hatten, so muss hiefür auch in ihrem Religionssysteme eine Bestätigung dessen zu finden sein. Abgesehen davon dass, wie oben erwähnt wurde, bei der jährlich normal wiederkehrenden oder ungewöhnlichen Dürre Gottheiten angerufen und denselben Opfer gebracht wurden, um sie zur Spendung von Thau, Feuchtigkeit und Regen zu veranlassen, wurden in Zeus und Dione insbesonders Naturgottheiten verehrt, die den Triften und Saatfeldern die nährende Feuchtigkeit zuführen und den Segen des Jahres vermehren. Überdies verehrte man allenthalben Wolken- und Regengötter, so wie der rossebändigende Flussgott Poseidon im ganzen Lande die grössten Ehren genoss. Ja selbst dort, wo es wahrscheinlich weniger an Regen fehlte, wie z. B. auf den Höhen von Kyllene sehen wir dem pelasgischen Hermes, dem Gotte der zeugenden und befruchtenden Naturkraft, der das wohlthätige Nass vom Himmel zur Erde führt, vom Lykaon einen Tempel erbaut.

Aber wenn Griechenland auch in Folge der Zerstörung seines Baumwuchses allmählich trockener und dürrer und zur Production von Gras und Feldfrüchten untauglicher wurde, wenn die Flüsse und Bäche weniger Wasser führten, die „νομάδες κρῆναι Κηφισσοῦ" kaum mehr zu erkennen und man Sparta nicht mehr „die Stadt des beschifften Eurotas" nennen konnte, so sind doch viele im Alterthume wohlbekannte und berühmte Quellen nicht versiegt, was insbesonders für eine nicht wesentliche Veränderung des Klima spricht. Herrlich ist die Schilderung, welche diesfalls Hettner (l. c. p. 190) von den delphischen Quellen gibt: „Noch sind auf der höchsten Spitze des delphischen Berges die in den natürlichen Fels gehauenen Sitzstufen der Rennbahn und nicht weit von ihr entfernt, dicht unter schroffer Felswand, sprudelt nach wie vor jene hellperlende Quelle, die der ortskundige Ulrichs als den alten Stadtbrunnen der Delphier, als die Delphusa sicher erkannt hat. Noch sehen wir etwa hundert Schritte unter dieser eine andere Quelle, die Kassotis, deren heiliger immerströmender Born den pythischen Lorbeer tränkte und das heilige Myrthengebüsch des ewigen Götterhaines".

„Und noch sehen wir auch die liedergepriesene Quelle der Kastalia, in deren silberklarem Weihwasser sich die Priester des Gottes und alle, die von dem Gotte Rath oder Sühnung verlangten, sich baden und reinigen mussten."

Wenn es uns auch begreiflich ist, wie Quellen im gebirgigen Theile Griechenlands, wo der Holzwuchs noch nicht ganz vertilgt ist, wo daher häufige atmosphärische Niederschläge erfolgen und diese durch die schützende Decke der Erdoberfläche aufgehalten nach und nach den Quellen zugeführt werden (wofür sich noch viele Belege anführen liessen), so verdient es doch Beachtung, wenn selbst andere von Gebirgen entfernte Quellen des Alterthumes gegenwärtig nicht ganz versiegt sind. So heisst es bei Hettner: „Die von Pausanias erwähnte Quelle Lerna ist noch jetzt am Bergabhange von Acrokorynth vorhanden" —

und „noch erquickt uns der frische Quell der Pirene, an der einst Bellerophon den Pegasus einfing".

Und wenn der einst „mit Waldungen umhüllte Neriton so wie der Neion" jetzt keinen Baum sondern nur niederes Gestrüpp von Arbutus und Kermeseichen trägt, wenn Pallas-Athene von Ithaca sagt, „beständig hat es Regen und befruchtenden Thau", so träufelt dennoch, wenn gleich langsam, der arethusische Quell einst das Labsal der Bevölkerung und der zahlreichen Heerden dieser Insel. —

Sehen wir von Griechenland ab und betrachten wir das seinem Naturcharakter nach sehr nahe verwandte Syrien, Palästina und Kleinasien, so treten uns auch hier dieselben Verhältnisse wieder entgegen, Baumlosigkeit und Gestrüppvegetation selbst bis in die höheren Berge hinauf, aber desshalb im Gegensatze zur Vorzeit dennoch **keine wesentliche Änderung des Klima's sondern nur Verminderung wässeriger Niederschläge** und anhaltendere Dürre und Trockenheit. Sehr anschaulich lässt sich dies in dem ausgedehnten Gebirgszuge des Libanon und Antilibanon entnehmen. Von einem geschlossenen Walde ist auf dieser weiten Strecke keine Spur mehr zu entdecken. Dass diese Gebirge aber einst damit bedeckt waren, dafür sprechen nicht blos zahlreiche historische Angaben*), sondern auch einzelne Reste, die wie Stimmen aus der Vorzeit uns Kunde geben von der Üppigkeit des Baumwuchses und den Lebensbedingungen einer kraftvollen Vegetation. Noch stehen hie und da in den Vorbergen Gruppen von Seestrandskiefern *(Pinus halepensis)* und Kermes-Eichen *(Quercus coccifera L.)*, jene aus meist jugendlichen Individuen bestehend, letztere vor Alter gebeugt und durch die Axt**) auf das Schauerlichste entmannt. In höheren Bergregionen mischen sich damit noch einzeln stehenden Krüppeln von *Pyrus syriaca* Boiss. und traurige fast zu Mumien erstarrte Stammreste von *Juniperus excelsa* M. B. So betritt der Wanderer, über die kahlen oder nur von magerer Strauchvegetation bedeckten

---

*) Der Libanon, sagt Diodor, trug seine Waldungen aus Cedern, Fichten und Cypressen von staunenswerther Grösse und Schönheit.

**) Die Säge fehlt den Leuten.

Höhen des Libanon und Antilibanon hinwegeilend, in einer Höhe von 6306 Par. Fuss *) jenes weit berühmte, einzig in seiner Art dastehende vegetabilische Heiligthum, den Cederhain am Makmel. Eine Gruppe von zwei bis drei hundert uralter Cedern, mit ihren Kronen ein geschlossenes Laubdach bildend, durch das sich der klare Sonnenstrahl vergeblich durchzudrängen sucht, umfangen hier eine Waldesstille, die Jedermann mit heiligem Schauer erfüllt. An diesen letzten Zeugen vorübergegangener Jahrhunderte vermag selbst der alles verwüstende Muselmann nicht die Hand anzulegen. Während ringum Alles nackter Fels ist, in deren Ritzen nur struppige Astragalen ihr Leben fristen, haben sich unter dem Schatten dieser Cedern und auf den humusreichen, durch deren Abfälle fortwährend gedüngten Boden die lieblichsten Frühlingskräuter geflüchtet, von denen ich nur *Ornithogalum lanceolatum* Billard., *Allium Libani* Boiss., *Bulbillaria gageoides* Zucc., *Gagea Billardieri* Kunth, *Puschkinia libanotica* Zucc., *Trichonema Bulbocodium* Ker., *Chamaemelum Oreades* Briss., *Vinca libanotica* Zucc., *Anemone blanda* Schott & Kotschy, *Corydalis Erdelii* Zucc., *Corydalis triternata* Zucc., *Viola libanotica* Boiss., *Geranium libanoticum* Schenk, mehrere Gallium-, Veronica-, Arabis- und Alyssum-Arten bezeichnen will **). Spricht diese wundervolle Oase wohl für eine wesentliche Änderung des Klima, die, sollte sie den Orient betroffen haben, gewiss auch den Libanon nicht unberührt gelassen haben könnte? Im Gegentheile ersehen wir gerade daraus, dass die äusseren Bedingungen der Vegetation von der Zeit an, als die Cedern des Libanon für den Tempelbau in Jerusalem gefällt wurden, ganz und gar dieselben geblieben sind, und dass dort, wo durch den Baumwuchs eine stetige Quelle der Feuchtigkeit erhalten ist, derselbe auch jetzt noch so gedeiht wie vor 3000 Jahren.

Was soll ich nun von Palästina sagen, diesem durch seine starke Bevölkerung in einer Weise ausgenutzten Lande, in dem

---

*) Nach eigenen Messungen.

**) Eine vollständige Aufzählung der von mir an dieser Stelle Ende Mai (1858) gesammelten Pflanzen behalte ich mir auf einen andern Ort vor.

auch alle Spuren des ehemals sprichwörtlich gewordenen Segens verschwunden sind. Palästina hat keine hohen Gebirge; es konnten sich also hier nicht wie in Griechenland und Syrien die Reste seiner früheren Vegetation in jene vor der Barbarei sicheren Schlupfwinkel zurückziehen. Mit der Vernichtung der Wälder der niederen Berge und Ebenen *) musste hier die Erscheinung übermässigen Sonnenbrandes und Mangel an Feuchtigkeit um so fühlbarer werden. Wir lassen es dahingestellt, ob in der That der Hauptfluss des Landes, der durch bewaldete Thäler strömende Jordan, seit jener Zeit an Fülle des Wassers eingebüsst habe. Wahrscheinlich ist es allerdings, aber irrig ist jedenfalls die Meinung, dass in den benachbarten einst so gesegneten Ländern des Euphrat und Tigris die Wassermenge jener Flüsse bedeutend abgenommen und dadurch die einst so blühenden Culturstaaten Mesopotamien, Assyrien und Babylonien nunmehr zu einer Wüste geworden seien.

Die Sache verhielt sich in diesen Ländern wie in Ägypten. Nur durch Jahrtausende andauernden Fleiss in Anlegung von Dämmen, Canälen, Becken und Abzugsleitern, wodurch die grossen Pharaonen des Reiches Wohlstand begründeten, ist der fruchtbare Boden des Nilthales gegen die stetig ankämpfende Wüste Sieger geblieben und hat sein Territorium sogar dahin noch ausgedehnt. Mit der Erschlaffung der Kraft ist die umgekehrte Wirkung eingetreten, die wir noch jetzt beim Verfall und Vertrocknung der Canäle u. s. w. im Fortschritt begriffen sehen. So wie die Wassermasse des oberen Nils durch Jahrtausende ihre segenreichen Fluthen Ägypten unveränderlich zusendet, so sind es die Hochgebirge Armeniens, die auch jetzt noch wie einst ihre Wasser den unteren Stromthälern zusenden. Aber es fehlt auch hier an Fleiss und Beharrlichkeit. Die einstigen Verbindungscanäle beider Ströme und andere Abzugsgräben und Flussbauten, alle verschlämmt und versandet, liegen im Trockenen. Das Ackerland durstet vergeblich; statt der Weizenfelder

---

*) Strabon spricht von Fichtenwäldern von Basan und von einem „ingens sylva" südlich von Acca in der Nähe des Carmel (G. 16). — Um Sichem zu verbrennen, zerstörte Abimelech den Wald umher.

und Palmenhaine breiten sich Steppenkräuter über den unfruchtbar gewordenen Boden aus. „Nur die Wasserbäche Babels haben einst das dürre Land getränkt und in einen Fruchtgarten verwandelt". Nicht durch die Veränderung des Klima, sondern durch die Sorglosigkeit der Völker und der späteren Generationen sind die früheren Verhältnisse zurückgekehrt und haben das Land wieder in das verwandelt, was es früher war, — in eine Wüste *).

Weniger bekannt ist uns das Innere Kleinasiens; nur wissen wir so viel, dass „die waldbedeckten Landschaften dieser Halbinsel" ebenfalls in einer Weise ausgenützt sind, dass sich dadurch die früheren Verhältnisse bedeutend ändern müssten **). Nur der mächtige cilicische Taurus steht mit seinen Gebirgswäldern noch in alter Herrlichkeit da und zeigt uns gleich dem Libanon, wie wenig wesentliche klimatische Veränderungen auch über diese alten Culturlande hereingebrochen sein können ***). —

Wenn wir, wie ich glaube, aus dem Alterthume hinlänglich Beweise dafür haben, dass der Orient in seiner ganzen Ausdehnung bis zu den Steppen Persiens, Arabiens und den oberen Nilländern ein durch seinen Waldreichthum der Cultur äusserst zugänglichen Erdstrich bildete, wenn es andererseits nicht geleugnet werden kann, dass auf dieser Schaubühne Jahrtausende hindurch verschiedene Völker sich bewegten und die Mittel ihrer Existenz mit der Beschränkung des Baumwuchses in der Ausbreitung der Nahrungs- und anderer Nutzpflanzen suchten, — wenn wir ferner auch annehmen, dass der Waldstand nicht immer mit gehöriger Schonung in den Grenzen des Bedürfnisses zurückgedrängt wurde, so müssen wir doch darüber staunen und es unbegreiflich finden, wie die Fortschritte der Cultur und die Wogen des Bedrängnisses des Völkerlebens das

---

*) Schon Herodot (I. 193) behauptet, dass das Land (Mesopotamien) durchaus keinen Trieb, keinen Feigenbaum, keinen Ölbaum, keinen Weinstock habe.

**) Strabon erzählt von Galatien: der Senat der 12 Tetrachien bestand aus 400 Männern, die in dem Drymetum sich versammelten (240 a. Ch.). —
Man betete einst zur Kybele, der grossen Mutter der Phrygier unter hochragenden Pinien, Eichen und Cypressen. Eine Platane von hervorragender Schönheit zierte Xerxes zu Kelanä (in Phrygien) mit goldenem Schmuck und bestellte einen der Unsterblichen zum Hüter.

***) Dr. Th. Kotschy, Reise in den cilicischen Taurus, 1858.

ursprüngliche Naturkleid dieser Länder bis zur Unkenntlichkeit abgestreift haben.

Fast möchte man diese Momente allein für unzulänglich halten und jene Veränderungen in aussergewöhnlichen cosmischen Ursachen suchen. Es wird daher eben so erspriesslich sein, das Buch der Geschichte noch einmal aufzuschlagen, um zu ersehen, ob nicht doch hier in der verwüstenden Hand des Menschen, dort in seiner Sorglosigkeit und im Unverstande die ausreichenden Gründe für jene Veränderungen zu suchen seien.

Wie weit man in den ältesten Zeiten bei der ursprünglichen Ansiedlung mit der Ausrodung von Wäldern und Auen vor sich ging wird man wohl kaum zu eruiren im Stande sein. Sollten wir aber von den Ansiedlern in Amerika oder Australien, Neuseeland u. s. w. *) einen Massstab nehmen, so dürfte die dadurch bewirkte Veränderung des Landes nicht sehr unbedeutend gewesen sein. Dadurch jedoch, dass der Anbau der Cerealien nur sehr allmählich fortschritt, und diese selbst ehedem in geringerer Mannigfaltigkeit bekannt waren, die Hauptnahrung daher immerhin in der Viehzucht bestand, machen es wahrscheinlich, dass der Waldboden anfänglich sich in Weideland umgestaltete und erst dieses nach und nach in kleinen Parzellen in Ackerland überging.

Eben ist hierin wieder Griechenland derjenige Theil des Orients, der diese Metamorphose am deutlichsten nachweisen lässt. Wie werden wir in der Ilias und Odyssee von dem Reichthum der Heerden der griechischen Fürsten unterrichtet, wie fröhlich und üppig nehmen sich die Gelage aus, an denen nie Mangel herrschte! Nestor z. B. rühmt sich (Ilias 11, 677) in Elis eine Beute gemacht zu haben von 50 Rinderheerden und eben so vielen Schafen, Schweinen und Ziegen. Wie wohl bestellt war das Haus Odysseus auf Ithaca und wie bedeutend mag die Heerde gewesen sein, die sein edler Freund der Schweinhirte Eumæos zu hüten hatte? Wir staunen wie das Alterthum mit Hekatomben um sich wirft, als sei Griechenland froh, seine

---

*) Dr. Th. Kotschy (Überblick der Nillande, p. 18) erzählt, wie in Fazzogl auch der Neger den Wald niederbrennt, um seine Dura darauf zu bauen.

immensen Heerden an Mann zu bringen. Auch an Pferden fehlte es nicht, wie das aus vielen Angaben hervorgeht. Ganz vorzüglich musste das Bergland Arcadien mit seinen 1400—2000 Fuss über dem Meeresspiegel liegenden Hochebenen geeignet für eine ausgedehnte Viehzucht sein, in deren wenig zugänglichen Schluchten und Höhen noch jetzt Eichen- und Tannenwälder mit blumenbedeckten Wiesen nach den Zeugnissen der Reisenden sich vorfinden. „Die Thäler, die sich hier zuweilen öffnen, sind wild und grossartig. Sie bieten dem herumziehenden Hirten vortreffliches Weideland". Wie allmählich diesem für den Feldbau wenig günstigen Terrain der Ackerboden abgewonnen werden musste, zeigen noch die alten Terrassen, die an den Berghalden hinlaufen, ähnlich wie wir sie noch jetzt am Libanon hie und da sehen. Das Gleiche gilt auch von dem grasreichen Messene.

Ganz ähnliche Eindrücke wie der Peloponnes macht auch die Insel Euboea, da sie grösstentheils gebirgig ist. Scheint schon ihr Name auf gutes Weideland hinzudeuten ($εὐβοσία\ ἡ$, d. i. gute Weide), so findet sich in den höheren bergigen Theilen auch in der That noch üppiger Grasboden und treffliches Weideland. Und nur allmählich konnten in dem später so getreidereichen Bœotien die Saatfelder dem Walde abgetrotzt worden sein, da ein Hymnus auf den pythischen Apollo — die älteste Landessage — davon spricht, wie noch nicht Wege und Stege durch weizenreiche Gefilde zur heiligen Thebæ führten und alles Flachland in dichten Wald gehüllet war (Hettner).

Wenn wir hieraus ersehen, dass die Rodung der Wälder nur allmählich mit der Vergrösserung der Bevölkerung und der Ausdehnung des Culturlandes fortschritt, so kann der vermehrte Gebrauch des Holzes zu häuslichen Zwecken als Brenn- und Baumateriale ebenfalls nur eine Verminderung des Waldstandes zur Folge gehabt haben. Bei der Mässigkeit in Lebensgenüssen, die eine so glänzende Seite des griechischen und orientalischen Volkscharakters bildet, ist dieser Bedarf sicherlich ohne grosse Nachtheile des Waldes erfüllt worden *). So einfach und genüg-

---

*) Der wenig fruchtbare Boden Attica's machte von jeher Arbeitsamkeit und sparsame Lebensweise zur nothwendigen Bedingung des Unterhaltes und stach sehr ab gegen

sam die Lebensweise war, so einfach und ohne alle Holzverschwendung wurde auch der Bau der Wohnstätten, selbst in den grösseren und wohlhabenderen Städten ausgeführt *). Der Reichthum an guten Bausteinen und die Dauerhaftigkeit eines steinernen Baues mochte den Verbrauch des Holzes zu diesen Zwecken verhältnissmässig auf das Minimum reducirt haben.

Eben so wenig konnte der Bergbau eine namhafte Consumtion des Holzes herbeiführen, da die meisten derselben auf Tagbaue beschränkt waren, andere hingegen sich mitten in waldreichen Gegenden befanden **).

Wollen wir endlich den Verbrauch des Holzes zur Verbrennung der Todten in Rechnung bringen, so wird auch dieses kein besonders schweres Gewicht in die Wagschale legen. Zwar ersehen wir aus den Homerischen Gesängen, dass zur Verbrennung der Leichen ungeheuere Holzstösse aufgehäuft wurden. Es mag dies aber in der Regel nur bei vornehmen Personen stattgefunden haben, während die Verbrennung der übrigen mehr durch Reisig bewerkstelligt wurde, wie mir dies insbesonders durch vorgefundene Kohlenreste aus Römergräbern wahrscheinlich dünkt. In späterer Zeit muss bei Einäscherung der Leichen selbst hochgestellter und reicher Personen sicherlich mit noch grösserer Sparsamkeit vorgegangen worden sein. — Ich erinnere hiebei noch an die Kohlenmeiler, von welchen Theophrast Erwähnung thut, ohne hierüber Näheres angeben zu können.

Ganz in einem anderen Massstabe stellt sich hingegen der Verbrauch an Holz für den Schiffbau heraus. Griechenland und Kleinasien, Syrien und Phönicien waren durch ihre Lage auf Schifffahrt angewiesen, ihr Handel konnte nur durch dieses

---

die Üppigkeit und Genusssucht asiatischen Stammverwandten. — Die Meller baten die Spartaner einst um Aushilfe in der Hungersnoth. Die Spartaner beschlossen einen Tag zu fasten und ihnen das dadurch Ersparte zu schenken.

*) Die Häuser von Sardes, einer der reichsten Städte Kleinasiens waren mit Rohr gedeckt (499 a. Ch.).

**) Als Beispiele der ersteren können die Silberminen von Laurium, der letzteren die goldreiche Küste am Ausfluss der Strymon in Macedonien angesehen werden, wo schon die Phönicier im Grubenwalde am Berge Pangäos nach Metallen gegraben haben. Hier

Medium bewerkstelliget, ihr Reichthum und ihre Machtstellung nur auf Flotten gegründet sein. Athen hatte seine Hegemonie insbesonders der gut unterhaltenen Kriegsflotte zu danken; nur die Seeschlacht von Salamis hat die persischen Fesseln zerbrochen.

Wenn auch die Schiffe damaliger Zeit einfacher und mit grösserer Holzersparniss gebaut waren, so verlangte die Handels- und Kriegsflotte aller dieser meist selbstständiger Länder dennoch einen grossen Aufwand und es ist begreiflich, dass gutes Schiffbauholz aus den leicht zugänglichen Stellen der Küstenländer und Inseln bald verschwand, und dass auch die Gebirge des Innern dazu einen nicht unansehnlichen Tribut liefern mussten. Eretria (die Ruderstadt, von ἐρέττω) am Euripos hatte wahrscheinlich seinen Namen den Schiffswerften und den „unerschöpflichen Wäldern" von Eubœa zu danken. Selbst nach Alexander's Tode hatte die phönicische Küste noch viel Bauholz. Antigonus schuf sich in der grössten Schnelligkeit, um Ptolomäus zu bekriegen, aus den Waldungen des hieramitischen Königreiches eine Flotte von 500 Schiffen. (Diodor XIX, 58 ed Wessel f. 363.)

Auch die waldigen Höhen Kleinasiens waren ihres trefflichen Schiffbauholzes wegen berühmt. Im Perserkriege stellten die Kiliker allein 100 Schiffe und es ist bekannt, dass nach der Schlacht bei Kyzikos Pharnambazes seine Bundesgenossen, die Lacedemonier, nicht blos mit Kleidern, Nahrungsmitteln, Waffen und Geld versah, sondern ihnen auch Holzstämme zum Baue einer neuen Flotte verschaffte. Wenn man erfährt, dass die Karthager unter Hamilkar mit 200 Linienschiffen und 3000 Transportschiffen nach Kilikien kamen, und dass in der Schlacht von Himera (480 a. Ch.) das ganze Schiffslager in Flammen aufging — wenn man bedenkt, dass beinahe kein Krieg geführt wurde, ohne dass nicht ein Theil der streitenden Flotten vernichtet wurde, so kann man ersehen, wie viel Holz der Schiffbau im Alterthume

wurde von den Griechen um 437 a. Ch. die Colonie Amphipolis angelegt. Der Reichthum der Gegend an Schiffbauholz, an Gold- und Silberminen bewirkte, das Amphipolis in Kurz zur Blüthe gelangte.

verschlungen hat*). Nimmt man nun noch, was die Kriegsfurie an Brücken, Pfahlwerken u. d. gl. bedurfte und zerstörte, so kann kein Zweifel darüber obwalten, dass die Entholzung der mehr zugänglichen Gegenden vorzüglich auf diese Weise bewerkstelliget wurde **).

Doch das grösste und verheerendste Waldvertilgungsmittel ist und bleibt für alle Zeit der Brand, er mag zufällig oder absichtlich seine vernichtenden Flammen über ein Werk senden, woran die Natur Jahrhunderte, ja Jahrtausende mühsam gearbeitet hat. Wie mit einem Zauberschlage ist Alles der Vernichtung Preis gegeben und nur eine kümmerliche vom Winde leicht verwehte Asche ist das einzige flüchtige Denkmal, das sich die Wuth des entfesselten Elementes als Wahrzeichen setzt. Schauerlich sind die historischen Zeugnisse, die uns über Waldbrände der fraglichen Länder aus den früheren Zeiten Bericht erstatten und ersichtlich machen, wie oft hier die barbarische Absicht Schaden zu verbreiten, das zufällig eingetretene unglückliche Ereigniss überboten hat.

Fast von allen uns näheren und ferneren Inseln werden verheerende Waldbrände als Vertilger des Baumwuchses bezeichnet. So von den canarischen Inseln, von Madeira, den Azoren, Cap Verden, der Insel St. Helena, nicht weniger von den Inseln des Mittelmeeres (der Balearen) und namentlich des ägeischen Meeres. Von Waldbränden des Monte nero auf Cephalonia ist bereits schon das Nähere angegeben worden.

Ich füge nur noch hinzu, dass jener Waldbrand von 1798 so ungeheuer war, dass er die ganze Insel des Nachts zu Tageshelle erleuchtete und seine Flammenreiser bis nach Zante trug.

Noch im Jahre 1836 wüthete ein ähnlicher Waldbrand, absichtlich von Hirten angelegt, in der Gegend von Samó, der

---

*) Alexander liess bekanntlich auf seinem Zuge nach Indien, da er sonst kein Holz mehr fand, Cypressen aus den Hainen und Gärten von Babylon für seine Flotte schlagen (Strabon XVI, p. 741 ed Cass.).

**) Man denke an die von Darius über den Helespont erbaute Brücke. — Delion, wo sich im peloponnesischen Kriege die Athenienser durch Gräben, Pfahlwerke und Holzthürme verschanzt hatten, wurde nach der Schlacht (424 a. Ch.) von den Bœotiern erstürmt und ausser niederem Holze mehr als 4000 alte Stämme Bauholz dahinraffte. Ein ganzer Bergabhang bei Pronos hatte sich in Folge dessen mit dunkelvioleter Farbe überzogen *).

Bei der Belagerung von Paros durch Miltiades (489 a. Ch.) ergab sich das grosse Feuer auf der Insel Mikonos als zufälliger Waldbrand.

Noch während des peloponnesischen Krieges war die kleine Insel Sphacteria eine öde waldige Insel, sie wurde aber bei der Belagerung von Pylos durch einen grossen Waldbrand gelichtet.

Dass während der blutigen Kriege, welche die Griechen mit ihrem Stammgenossen und den äusseren Feinden führten, eben so viel durch das Feuer wie durch das Eisen vertilgt wurde, lässt sich bei Befriedigung des Rachedurstes dieses energischen Volkes wohl erwarten. So lesen wir z. B. wie nach der Schlacht von Tanagra (456 a. Ch.) die Lacedemonier, bevor sie ihren Rückzug über den Kranion des Isthmus antraten, alle Baumpflanzungen auf dem megarischen Gebiete zerstörten. Im peloponnesischen Kriege wurde durch Archidamos Eleusis und die ganze triasische Ebene mit Feuer und Schwert verheert und von Acharne aus alle Fruchtfelder und Weinberge verwüstet und die Ölbäume gefällt. — Gleich darauf (431 a. Ch.) verwüstete Perikles auf seinem Rachezuge die Felder, Gärten, Weinpflanzungen und Olivenhaine im megarischen Gebiete, was den kleinen Staat an den Rand des Verderbens brachte. Der Grausamkeit höchstes Mass hat jedoch folgende That erreicht. Die alte Eifersucht zwischen Sparta und Argos hatte einen neuen Krieg erzeugt (495 a. Ch.).

niedergebrannt. Auch Athen wurde noch bei dem Heranziehen Philipp's von Macedonien vergeblich mit Schanzen und Pfahlwerken versehen. Hippias liess alle Bäume der Ebene von Athen fällen, damit die zu Hülfe gerufene thessalische Reiterei gegen die Spartaner, die den Hafen von Phaleron inne hatten, wirken konnte. — Wichtig ist noch folgende Thatsache. Archidamos belagerte im peloponnesischen Kriege Platæa (429 a. Ch.). Zu dem Zwecke befahl er ein Pfahlwerk ringsum aufzuführen und gegen einzelne Theile der Stadtmauer schräg ansteigende Wälle zu errichten, indem er Baumstämme in die Länge und Quere gelegt, als Seitenwände anbringen und die Zwischenräume mit Erde, Steinen, Sand und anderem tauglichen Materiale ausfüllen liess. 70 Tage und Nächte wurde ohne Unterbrechung von dem ganzen Heere nach einer bestimmten Reihenfolge an dem Werke gearbeitet. Nachdem die Einschliessung vollendet war, wollte man durch einen ungeheueren vor den Mauern entzündeten Brand die Stadt in Flammen setzen, was aber wegen Mangel günstigen Windes fehlschlug.

*) Südöstlicher Bildersaal. Bd. III, p. 479 und 598,

Nach gewonnener Schlacht umstellte Kleomenes die Waldung, in der viele Flüchtlinge ihr Asyl suchten, liess dürres Holz herum aufschichten und anzünden. Bald ergriff die Flamme die Bäume des heiligen Bezirkes und die Unglücklichen fanden sämmtlich ihren Tod. „Pausanias war Zeuge", sagt E. Curtius*), „wie bei Leutra am Fusse des Taygetos ein Funke die dürre Blätterdecke, welche den Waldboden überzog, rasch entzündet und fast alle Eichen niederbrannte. Je mehr das entvölkerte Land den Heerden überlassen wurde, desto häufiger kommen solche Waldbrände vor, wie die Gleichnisse der Dichter beweisen und die Erfahrung bestätiget".

Durch zahlreiche ägyptische und assyrische Reliefe auf alten Denkmälern, welche Episoden aus den Kriegen darstellen, werden wir unterrichtet, wie es dem erobernden Feinde stets zu thun war, seinen Gegner nicht blos überwunden, sondern zugleich gänzlich vernichtet zu haben, indem man ihn aller Subsistenzmittel beraubte. Es ist eine der gewöhnlichsten Darstellungen der Sculptur, wie der feindliche Einfall mit dem Fällen der Fruchtbäume endet. Es ist daher begreiflich, wenn sich Pharnabazes gegen Argesilaus beklagt: „Was mir mein Vater hinterlassen hat, die schönen Paläste und Lustgärten voll Bäume und Wild, einst meine Freude und Lust, die sehe ich nun niedergebrannt und verwüstet".

Und so folgten die Gräuelscenen im blühenden und gesegneten Orient fortwährend auf einander, bis er das geworden ist, was er jetzt ist, Haufen von Schutt dort, wo einst blühende Städte, eine kahle, baumlose Wüste, wo unübersehbare Wälder und üppiges Culturland war.

Vor Allem rührend ist das Schicksal, welches das einst so hervorleuchtende Attica im Laufe der Jahrhunderte erfahren musste, nachdem es vom Gipfel seiner physischen und geistigen Macht herunterstürzte und für immer zusammenbrach. Fallmerayer, der uns den Orient an so vielen Seiten aufschloss, hat ein trauriges Bild in der Zusammenstellung der Schicksale der gelehrtesten Stadt der Welt gegeben. – In der Mitte des

*) Peloponnesos 1851. Bd. 1, p. 54.

sechsten Jahrhunderts, so erzählt er nach einer alten Chronik*), brachen die scythischen Horden zwischen der Donau und dem baltischen Meere über ganz Griechenland herein und liessen im ganzen byzantinischen Reiche keinen Landstrich, keinen Berg, keine Felsschlucht unverwüstet. Attica blieb beinahe 400 Jahre eine menschenleere Wüste. Auf den öden Strassen in Athen wuchsen Bäume und die einst so herrliche Stadt wurde ein Wald, ein Dickicht von Ölbäumen, in welches einmal, wahrscheinlich im Jahre 746 die Räuber Feuer anlegten. Dieser Brand verzehrte alles, Bäume, Häuser und Alterthümer, und zuletzt kam sogar ein Erdbrand hinzu, der die Weinberge am Piräus, die bis dahin die Athener von Salamis aus bebaut hatten und den grossen Olivenwald am Kephissos und alles Holz zwischen dem Hymettos und dem Meere vernichtete. „Nur die Wellen", sagt klagend die alte Chronik, „konnten der Wuth des Feuers Grenzen setzen".

Aber selbst der noch im Jahre 1590 erfolgte grosse Waldbrand am Hymettos machte der Verwüstung noch kein Ende. Das zum mageren Weideland heruntergekommene Griechenland setzt durch seine nomadisirenden Hirten in den Jahr für Jahr erfolgenden Gestrüppbränden dasselbe unheilvolle Treiben noch fort, gegen das die schärfsten Gesetze fruchtlos Einsprache thun. Dass dieses Übel ein über den ganzen Orient verbreitetes ist, lässt sich aus einer Mittheilung Dr. Th. Kotschy's ersehen, wo er vom Hadschin Dagh spricht**). „Hier", heisst es, „war einst verhältnissmässig dichter Waldbestand; jetzt liegt ein Theil gebrochen, ein anderer ist verdorrt, theils aufrecht, theils niedergesunken. Ähnliche Orte erscheinen im Bulgar Dagh nicht selten; sie rühren in der Regel von Feuerverheerungen her, denn Waldbrände sind hier gewöhnliche Erscheinungen, von Hirten verursacht, um bessere Hutweiden für spätere Jahre zu erzielen".

Mit dieser auf den Ruin des Landes hinzielenden Wirthschaft des Hirtenlebens hat sich aber noch ein vielvermögender

---

*) Ἱστορία τῆς Ἀθήνας Msc. und Επιστολή Ἀθηναίων πρὸς Πατρίαχην. Msc.
**) Reise in den cilicischen Taurus, p. 214.

Feind des Waldes verbunden, nämlich die Ziege. Was die verwüstende Hand des Menschen, was Windbrüche und andere elementare Ereignisse noch verschont haben, vernichten die Ziegenheerden, welche jeden weiteren Nachwuchs unmöglich machen. Es wäre wahrlich wunderbar, dass ungeachtet der vielen Waldbrände und anderer Verheerungen des Waldbodens sich nicht dennoch mit der Zeit wieder eine frische, grüne Decke über den öden Boden erhoben hätte, wenn nicht durch eine fortwährende Untergrabung dieser heilenden Naturthätigkeit entgegengewirkt würde. Nicht die Ungunst eines total veränderten Klima's lässt den Waldwuchs nicht aufkommen, sondern jener verborgene an der eigenen Brust ernährte Feind ist es, der fort und fort den unveränderten Zustand des Verfalles aller Cultur unterhält. Sollte man es glauben, dass die kleine Insel Ithaca gegenwärtig mit seinen 8000 Einwohnern zugleich 20.000 Ziegen ernährt? Beklagenswerthe Entwaldungen haben auch anderwärts stattgefunden, aber Fleiss und Industrie haben gezeigt, was sie der Natur abzutrotzen im Stande sind. Ein Beispiel gibt der vor Kurzem noch so unwirthliche Karst, und frische junge, durch Samen erzeugte Waldbestände sind mir auch in Griechenland hie und da in vielversprechender Gestalt vorgekommen (z. B. am Kithæron). —

Wir sind nun auf dem Punkte angelangt, um die als Überschrift gesetzte Frage mit kurzen Worten zu beantworten. Ist der Orient von Seite seiner physischen Natur einer glückbringenden Veränderung — einer Wiedergeburt fähig? Die Antwort lautet, wie nicht zu bezweifeln ist, ja. Doch muss ich zugleich beifügen, was ein unbekannter Schriftsteller irgendwo gesagt hat: „Gross ist die Unterbrechung des natürlichen Laufes der Dinge, gross müssen auch die Anstrengungen sein. Die Cultur macht kein Land zum ferneren Ertrag unfähig; es gibt keinen marasmus senilis der Natur. Die Cultur und Civilisation grabt sich keineswegs ihr eigenes Grab. Durch vernünftige Bewirthschaftung lässt sich dem ödesten Boden Fruchtbarkeit abgewinnen. Der durch Menschen hervorgebrachte Schaden ist jedenfalls verbesserlich. Die durch ihn bewirkten Veränderungen der äusseren Natur sind nicht so wichtig, um allmählich verschiedene Zweige der Menschenfamilie verdorren zu lassen. Indem er auf die Natur reagirt, hebt er den selbst gestifteten Schaden wieder auf".

Damit ist freilich ausser Zweifel gesetzt, dass es in den menschlichen Kräften liegt, den irregeleiteten Gang der Natur wieder in das Geleise zu bringen, jedoch dabei noch keineswegs entschieden, von welchen Mitteln und in welcher Folge und Andauer derselben hier Heil zu erwarten ist.

Die Beantwortung dieser höchst wichtigen nationalökonomischen Frage, die ausser der Absicht und wie ich nicht verhehle, auch ausser der Kraft meines Urtheiles liegt, möge anderen Intelligenzen vorbehalten sein.

Von einem bereits seit einiger Zeit namentlich in Griechenland in Anwendung gebrachten Mittel, nämlich von Colonisirungen haben wir bereits die Erfolge vor Augen, die keineswegs zu den einladendsten gehören. Ich verweise dabei auf die offenen bei Hettner l. c. p. 183, 221, 296 und 299 gegebenen Mittheilungen.

So viel ist entschieden, dass hier mit kleinlichen im minutiösen Maassstabe versuchten Ansiedlungen mit sogenannten Musterwirthschaften u. s. w. nichts zu erzielen ist. Was aber der noch ganz verhüllte Gang der Weltereignisse in diesem Theile der Erde schon seit geraumer Zeit vorbereitet, ist jedenfalls von der Art, dass, wenn auch dem Verfalle und der gänzlichen Erschöpfung der Natur ein Ziel gesetzt wird, es doch Jahrhunderte, vielleicht Jahrtausende bedarf, um die Segnungen des menschlichen Fleisses und der Beharrlichkeit zur Wahrheit zu machen.

Ich schliesse daher mit E. Curtius*): „Nur ein Theil dieser Übelstände kann wieder gehoben werden, wenn von Neuem die gestörte Ordnung der Natur hergestellt wird. Andere Schäden kann keine zweite Cultur ersetzen, so wenig wie im organischen Leben erstorbene Kräfte durch Kunst wieder erzeugt werden können".

---

*) Peloponnesos. Bd. I, p. 54.

Literatur.

H. Holland. Travels in the Jonian Isles, Albanie, Thessaly etc. London 1815. 8.

Kendrick. The Jonian Islands, London 1822. 8.

W. Goodison. A Histor. and Topogr. Essay upon the Islands of Corfu, Leucadia, Cephalonia, Ithaca and Zante etc. London 1822. 8.

Rühle v. Lilienstern. Das Homerische Ithaca. Berlin 1832.

E. Dodwell. Views and descriptions of cyclopian or pelasgic remains in Graece and Italy. London and Paris (Treuttel and Würz 1834). Fol.

William Gell. Probestücke von Städtemauern des alten Griechenlandes. Münch. und Stuttgart 1834. Fol.

J. Ph. Fallmerayer. Welchen Einfluss hatte die Besetzung Griechenlands durch die Slaven auf das Schicksal der Stadt Athen und der Landschaft Attica? etc. 1835. 8. 112 Seiten.

Ludwig Ross. Reisen in den griechischen Inseln. 3 Thl. 1840. 8.

Pückler-Muscau (Fürst). Südöstlicher Bildersaal. 3 Bände (3. Bd. Karte von Ithaca). 1840—1841. 8. Mit Abbildungen.

Joh. Davy. Notes and Observ. on the Jonian Isles and Malta. 1842. 8.

C. Fraas. Synopsis plantarum florae classicae, oder übersichtliche Darstellung der in den classischen Schriften der Griechen und Römer vorkommenden Pflanzen. München 1845. 8. 320 Seiten.

Dr. P. W. Forchhammer. Über die kyklopischen Mauern Griechenlands und die schleswig-holsteinischen Felsmauern. Der 11. Versammlung deutscher Land- und Forstwirthe ein Gruss des Willkommens im Namen der Christ. Albrechts-Universität. Kiel 1847. 4. 16 Seiten. Mit Abbildungen.

C. Fraas. Klima und Pflanzenwelt in der Zeit, ein Beitrag zur Geschichte beider. Landshut 1847. 8. 137 Seiten.

Ludw. Ross. Reisen des Königs Otto und der Königin Amalia in Griechenland. 2 Bände. 1848. 8. Mit Karte.

Dr. Friedr. Liebetrut. Reise nach den jonischen Inseln, der nördlichen und der mittleren Gruppe, Corfu, Zante, Cephalonia und Ithaca, Hamburg 1850. 8. 439 Seiten.

Ernst Curtius. Peloponnesos, eine historisch-geographische Beschreibung der Halbinsel. 1. und 2. Band. Gotha 1851. 8. 495 Seiten.

Herm. Hettner. Griechische Reiseskizzen. Braunschweig 1853. 8. 308 Seiten.

Wilh. Vischer. Erinnerungen und Eindrücke aus Griechenland. Basel 1857. 8. 301 Seiten.

Alb. Mousson. Ein Besuch auf Corfu und Cephalonien im September 1858. Zürich 1859. 8. 83 Seiten.

N. F. Bulgari. Les sept iles Joniennes et les traités, qui les concernent. Leipzig 1859. 8.

A. Conze. Reise auf den Inseln des thrakischen Meeres. Hannover 1860. 4. 21 Tafeln.